NEGÓCIOS COM IMPACTO SOCIAL NO BRASIL

NEGÓCIOS COM IMPACTO SOCIAL NO BRASIL

Edgard Barki
Daniel Izzo
Haroldo da Gama Torres
Luciana Aguiar (orgs.)

EDITORA
Peirópolis

PREFÁCIO

Stuart L. Hart

A partir de 2002, quando C. K. Prahalad e eu introduzimos o conceito segundo o qual as empresas deveriam atender às necessidades dos 4 bilhões de pobres que se encontram na base da pirâmide[1], houve um movimento significativo em torno dessa agenda, com literalmente dezenas de empresas, instituições multilaterais, organizações não governamentais e acadêmicos de todo o mundo trabalhando ativamente nesse domínio. Ao refletir sobre os dez anos de experiências acumuladas desde aquela época, este livro contribui para se dar um passo importante em direção à evolução da teoria e da prática sobre a base da pirâmide.

De fato, nos últimos dez anos, uma rede crescente de laboratórios de estudo sobre a base da pirâmide (mais conhecidos como Laboratórios BoP, em alusão à base da pirâmide em inglês, *Base of the Pyramid*) foi criada ao redor do mundo, dos quais o laboratório do Brasil (sediado na Escola de Administração de Empresas de São Paulo da Fundação Getulio Vargas (FGV-Eaesp) tornou-se um dos mais atuantes e produtivos. Os autores dos capítulos deste livro – um dos quais é o responsável pelo laboratório do Brasil – são profissionais que estão na vanguarda do pensamento e da divulgação sobre a prática de criação de atividades sustentáveis na base da pirâmide e dos negócios sociais no Brasil. Assim, estão bem posicionados para fornecer uma visão sobre o estado da arte dessa área que surge no panorama brasileiro.

Um aspecto comum às empresas que atuam na base da pirâmide é o uso de uma abordagem de mercado para lidar com a pobreza ou com os problemas sociais. No entanto, dentro desse amplo conceito, surgiu, na década passada, uma série de abordagens diferentes sobre os negócios na base da pirâmide. Os autores reunidos neste livro distinguem essas diversas abordagens que incluem negócios sociais, negócios inclusivos, empreendedorismo social e iniciativas na base da pirâmide, apenas para citar algumas. Eles ilustram e investigam toda a gama de atores envolvidos nesse campo emergente: multinacionais, pequenas e médias empresas (PME) e organizações do terceiro setor, bem como cooperativas e parcerias público-privadas.

Eles também abordam questões relevantes e os desafios impostos por esse novo tema, que vão desde a medição do impacto social até o papel das organizações não governamentais e do governo, as fontes de financiamento e o potencial dos negócios na base da pirâmide para conduzir a inovação tecnológica. Esta última questão, aliás, de particular importância, pois ela

1 PRAHALAD, C. K.; HART, S. (2002). The fortune at the bottom of the pyramid. *Strategy + Business*, New York, n. 26, p. 1-15, 2002.

pode ser a *chave* que nos abrirá o caminho que leva rapidamente à sustentabilidade ambiental.

Na verdade, para vender e gerar lucro, muitas empresas optaram por simplesmente adaptar produtos ambientalmente insustentáveis e oferecê-los para o "mercado de massa" da base da pirâmide. Se nada for feito, esse caminho levará inexoravelmente ao esquecimento do meio ambiente. Servir a base da pirâmide de maneira sustentável exige inovação radical – a incubação de tecnologias limpas e sustentáveis. Novas tecnologias são determinantes para resolver muitos dos transtornos ambientais que grassam pelo mundo. Aprender a fechar o ciclo ambiental na base da pirâmide econômica constitui, portanto, um dos principais desafios estratégicos – e de oportunidades – que as empresas certamente enfrentarão na próxima década.

Como as tecnologias limpas são quase sempre "disruptivas" nas suas características (ou seja, ameaçam operadores estabelecidos em mercados já servidos), a base da pirâmide é muitas vezes o melhor lugar para focar na fase inicial de comercialização. Ao contrário do modelo tradicional de industrialização rápida, que depende muito de tecnologia convencional (insustentável), essa nova abordagem do desenvolvimento procura fomentar o crescimento por meio da incubação e da rápida comercialização das tecnologias verdes (sustentáveis) do futuro. De fato, por meio de uma estratégia desse tipo, as economias do mundo em desenvolvimento podem se tornar terreno fértil para uma revolução, um "salto verde". E, finalmente, essas inovações podem "reverberar para cima", para o topo da pirâmide, por meio de um processo que tem sido chamado de "inovação reversa".

Aumentar a atividade empresarial na base da pirâmide também suscita uma preocupação, que tais estratégias constituem-se na mais recente forma de imperialismo corporativo. Um coro crescente de vozes pondera que as estratégias comerciais implementadas na base da pirâmide representam nada mais que tentativas veladas de "vender para os pobres", ao admitir que a simples transformação de pobres em "consumidores" resolveria os problemas fundamentais da pobreza e do desenvolvimento sustentável. Aneel Karnani, professor de economia da Universidade de Michigan, aborda de maneira provocativa essa preocupação crescente em seu artigo "Misfortune at the bottom of the pyramid". Em vez de tratar os pobres como consumidores, adverte Karnani, é preciso considerá-los produtores, pois a única maneira de aliviar a pobreza seria aumentar a renda real dos mais desfavorecidos. Eu não poderia concordar mais. No entanto, gostaria de levar essa discussão um passo adiante: é preciso ir além da ideia de pensar os pobres como "consumidores" ou "produtores". Essa forma de encarar a questão continua a sustentar o equívoco de que a redução da pobreza se obtém simplesmente com o aumento da renda dos pobres para que eles possam ampliar o "consumo". Na verdade, nós, como pessoas de negócios, devemos começar a pensar nos pobres como "colegas" e "parceiros" envolvidos na cocriação de negócios inteiramente novos que gerem valor compartilhado. Para isso, as empresas devem combinar tecnologia avançada e alcance global com uma compreensão profunda do local de atuação. As empresas precisam deixar de lado o "martelo" corporativo e conviver em comunidades da base da pirâmide com um espírito de humildade e aprendizagem mútua. Essa mudança de mentalidade requer o desenvolvimento de novas habilidades, que chamo de "capacidade nativa"[2].

Infelizmente, a maioria das incursões corporativas à base da pirâmide tem sido "alienígena" por natureza. Embora sejam louváveis como primeiro passo, as estratégias de "primeira geração" empregadas na base da pirâmide são tentativas regidas pelo princípio do *arms length,* ou seja, ao alcance da mão, para ganhar um novo mercado, sem compreender as reais necessidades ou aspirações daqueles que ali vivem. Infelizmente, essas estratégias que chamei de BoP 1.0 têm causado uma reação crescente, não só entre os acadêmicos, mas também entre os parceiros da sociedade civil e, de maneira mais preocupante, entre os pobres. Se a visão empresarial para o desenvolvimento quiser prosperar no futuro, é imperativo que ela se direcione rapidamente para uma "segunda geração", baseada na capacidade local. Uma abordagem BoP 2.0 exige mais do que uma escuta profunda, ela demanda um *diálogo profundo,* por meio da construção de relações pessoais de confiança, de compreensão e de respeito, das quais podem emergir novas possibilidades de negócios com feições locais.

Em síntese, parece que a construção de negócios na base da pirâmide que criam valor duradouro e sustentável para a comunidade demanda novo processo estratégico e capacidade corporativa. Os autores dos artigos deste livro abordaram praticamente todos os desafios para dar conta dessa conjuntura – e muito mais. Você encontrará um rico acervo de contribuições de autores altamente qualificados. A experiência brasileira tem muitas lições a oferecer para o mundo. Na verdade, nas páginas deste livro encontram-se muitas respostas, bem como uma série de novas e importantes questões sobre a promissora abordagem para o desenvolvimento sustentável chamada base da pirâmide.

2 HART, S. *Capitalism at the crossroads.* Upper Saddle River: Wharton School Publishing, 2005.

SUMÁRIO

APRESENTAÇÃO

Claudia Lorenzo

"Desculpem o transtorno, estamos construindo um novo país." A frase, escrita no cartaz levado por um manifestante durante as passeatas que se espalharam pelas ruas das grandes cidades brasileiras em junho de 2013, ganhou notoriedade ao ser reproduzida exaustivamente pela imprensa. No futuro, o ano de 2013 não será lembrado como um ano qualquer no Brasil, mas sim como aquele em que a voz das ruas clamou por condições de vida mais dignas, repetindo um movimento que já havia ocorrido, e ainda ocorre, em várias culturas e países. Múltiplas manifestações, de forma espontânea, escancarando a realidade e pedindo mudanças.

De onde devem provir as mudanças? De todos os lados...

Não poderia haver hora melhor para o lançamento deste livro, que nos inquieta e entusiasma com o conceito de negócios com impacto social. Sim, os negócios também podem e devem evoluir para enfrentar os novos desafios do mundo. Não se trata aqui de negar tudo o que foi construído pelos modelos convencionais de negócio. Ao contrário, é hora de usarmos toda a expertise acumulada pela iniciativa privada para recriar novas soluções e modelos, adequados para as demandas sociais dos sete bilhões de habitantes do planeta.

Negócios com impacto social no Brasil nos presenteia com uma visão holística sobre os desafios dos novos modelos em construção. Cada capítulo traz excelentes reflexões sobre muitos temas para os quais ainda não temos respostas. De fato, isso importa menos. A beleza deste livro está no convite para que todos comecemos essa trajetória, que vai demandar coragem para inovar, humildade para aprender e colaborar e integridade intelectual para assumir os erros e celebrar os acertos do caminho.

Queridos autores, camaradas de jornada, obrigada! Foi um prazer ler cada página deste livro e poder refletir, de forma otimista, sobre o novo mundo que estamos construindo juntos. Que novas experiências, novos conceitos e modelos despontem!

Os leitores familiarizados com o tema encontrarão nestas páginas subsídios fundamentais para enriquecer o debate dos assuntos mais críticos.

Os iniciantes, por sua vez, se defrontarão com uma discussão imperdível que esse grupo valoroso de autores nos traz.

Boa leitura!

Claudia Lorenzo
Negócios Sociais – Coca-Cola Brasil

INTRODUÇÃO

Haroldo da Gama Torres
Daniel Izzo

O grupo de autores aqui reunido – composto por empreendedores, acadêmicos, investidores e técnicos de diferentes áreas – compartilha o sonho de que outro capitalismo é possível. As elevadas desigualdades sociais e o estilo predador do capitalismo vigente em certas regiões do planeta fazem com que vivamos em tempos de grande insatisfação. Além disso, a crise do capitalismo global observada desde 2008, o esgotamento dos modelos filantrópicos e as limitações do Estado em lidar com os problemas sociais são uma realidade.

Está cada vez mais claro que a clássica e cômoda divisão entre atividades com fins lucrativos e com fins sociais não necessariamente nos conduzirá a um futuro melhor. Para vivermos esse novo mundo, precisamos ultrapassar a aparente contradição entre fazer negócios rentáveis e produzir impacto social positivo. É preciso ousar e iniciar a quebra de velhos paradigmas. Este livro é dedicado àqueles que, mesmo sem conhecer essas ideias a fundo, compartilham dessa perspectiva.

Entendemos que as empresas podem ter papel diferenciado na sociedade, em que todos os participantes ganham: a empresa, pois continua auferindo resultados financeiros; os consumidores, pelo acesso a novos produtos e serviços de qualidade; e a sociedade, em virtude do processo de inclusão social. E essa tendência (também chamada de *triple win*) não é passageira: assim como a crise do capitalismo leva a uma pressão da sociedade por uma nova forma de atuação das empresas, presenciamos a emergência de uma nova geração de cidadãos, empreendedores, administradores e pessoas responsáveis por negócios, que têm uma visão mais holística do mundo e da necessidade de mudarmos a relação entre as empresas e a sociedade.

Pela nossa perspectiva, os negócios podem ter impacto social positivo em diversas áreas, para além de efeitos mais conhecidos, como a geração de empregos e o pagamento de impostos. Estamos falando aqui de pequenos e grandes negócios, como o microcrédito, que revolucionam a vida de milhões de pequenos empreendedores em todo o mundo, e da provisão de serviços de internet para famílias pobres, aumentando o acesso a informação, serviços educacionais e oportunidades de trabalho. Referimo-nos ao desenvolvimento de novos negócios que – por meio de inovações e modelos apropriados – têm o potencial de incluir milhões de novos consumidores, incorporar microempresas à cadeia produtiva de grandes organizações e buscar soluções inovadoras e de baixo custo para servir à população de baixa renda em setores cronicamente problemáticos, como os de educação, saúde e habitação.

O argumento de que determinados negócios têm impacto social positivo representa também uma transformação importante na forma de atuação de empresas privadas, no estilo de gestão das políticas sociais e no papel desempenhado pelo terceiro setor. Por um lado, as empresas se veem diante da oportunidade de ampliar substancialmente o escopo e o leque de atuação, tanto dos tipos de mercadorias e serviços comercializados como dos segmentos de consumidores atendidos. Para desenvolver tais soluções, porém, torna-se necessário repensar os produtos oferecidos, os canais de distribuição e as formas de promoção, comunicação e relacionamento com o consumidor. Além disso, algumas empresas já começam a perceber que, para trabalhar com o público de baixa renda, não basta considerá-los meros consumidores. É preciso cocriar, envolvê-los na cadeia produtiva e no desenho dos produtos e serviços a serem oferecidos.

O governo, por sua vez, pode encontrar novas soluções para o permanente desafio de otimizar os recursos empregados em políticas sociais, produzindo iniciativas que, de modo combinado, envolvam provedores públicos e privados de serviços de diferentes naturezas. Aprofundar a reflexão sobre negócios com impacto social traz para o Estado o benefício de poder desenvolver projetos a um custo mais baixo, que ampliem a cobertura dos serviços oferecidos e promovam um permanente processo de inovação. No entanto, para que isso ocorra, são necessários marcos legais adequados e processos contínuos de monitoramento e avaliação.

Quanto às organizações do terceiro setor, a principal vantagem está em destravar o potencial de bons projetos eventualmente existentes, ampliando substancialmente sua escala. Milhares de projetos desenvolvidos no âmbito do terceiro setor têm abrangência limitada por falta de recursos e condições técnicas para reproduzi-los de modo ampliado. Embora sejam meritórios, muitas vezes representam apenas uma pequena fração do necessário para solucionar o grande universo de problemas sociais existentes. Nesse sentido, adotar soluções de mercado para projetos que tenham vocação para tanto pode significar multiplicar muitas vezes o impacto social de suas iniciativas.

Cabe notar, porém, que as soluções aqui discutidas não constituem uma panaceia. Muitos negócios (como produtos de luxo, por exemplo) não terão impacto social direto, além da geração de emprego e renda, e isso é legítimo. Ao mesmo tempo, muitos serviços sociais públicos e atividades realizados por organizações não governamentais sempre terão de ser custeados a fundo perdido, porque existem, e continuarão a existir, grupos sociais que simplesmente não têm condições de pagar determinados serviços. No entanto, aquelas soluções de mercado que contribuem para a ampliação do acesso, a um custo mais baixo e com inovação e eficiência, devem ser reconhecidas e estimuladas.

Este livro foi dividido em três seções, além desta introdução e de um capítulo de conclusões. A primeira trata do campo dos negócios com impacto social, introduzindo as discussões conceituais sobre mercados da base da pirâmide e negócios com impacto (capítulos 1 e 2). A segunda seção busca discutir o papel dos principais atores em negócios sociais, com destaque para grandes e pequenas empresas, empreendedores, ONGs, governo e fontes de financiamento (capítulos 3 a 7). Finalmente, a terceira seção aborda três dimensões fundamentais para a operação desses negócios: inovação e tecnologia, microcrédito, aferição do impacto social e mapeamento dos negócios com impacto social (capítulos 8 a 11). Todos os capítulos foram elaborados e ilustrados por dezenas de empresas que estão efetivamente atuando no campo dos negócios com impacto social no Brasil e no mundo, de modo a tentar esclarecer um debate que, por vezes, ainda apresenta conceitos ambíguos e fragmentados. A seguir, descrevemos brevemente o conteúdo de cada um dos artigos.

No capítulo 1, Edgard Barki faz uma instigante resenha sobre os chamados "mercados da base da pirâmide". Até que ponto os 4 bilhões de pobres existentes no planeta constituem efetivamente um mercado potencial relevante? Faz sentido desenvolver estratégias para consumidores muito pobres, de baixa capacidade de consumo? Se sim, que estratégias são essas? Como reorganizar as empresas para atingir tal objetivo? Ao tratar dessas e de outras perguntas, o artigo apresenta ao leitor os principais autores internacionais desse campo.

Porém, mesmo que os mercados da base da pirâmide pareçam atrativos, muitas empresas simplesmente não conseguem chegar até eles. Isso porque não basta apenas "vender para o pobre", como algumas empresas parecem acreditar. É preciso engajar esse público; dialogar com ele; construir novas propostas de valor capazes de, simultaneamente, oferecer produtos e serviços adequados; e contribuir para a mudança nas condições de vida. Essa segunda geração de negócios para a base da pirâmide (também denominada de BoP 2.0) passa a incorporar explicitamente a dimensão social como parte necessária aos modelos de negócio nessa área. Edgard Barki, Graziella Comini e Luciana Aguiar aprofundam esse tema no capítulo 2, detalhando a discussão conceitual, apresentando diversas perspectivas de negócios com impacto social e as principais características dos negócios com impacto. O capítulo traz também diversos casos de interesse, discutindo experiências de algumas das principais empresas desse campo.

O capítulo 3, escrito por Edgard Barki e Luciana Aguiar, visa concretizar ainda mais essa discussão. Busca-se aqui compreender as diferentes estratégias de empresas privadas que buscaram entrar nos mercados da base da pirâmide. Lançando mão da distinção conceitual entre estratégias deliberadas e estratégias emergentes, os autores mostram como pequenas e grandes organizações têm buscado penetrar nesses mercados, bem como discutem as vantagens e desvantagens das diferentes estratégias. Alguns casos extremamente provocativos, como o projeto Belterra, liderado pela Vivo no Pará, são discutidos nesse capítulo.

Começam também a emergir nessa discussão alguns dos aspectos que serão retomados no capítulo seguinte, por Antonio de Moraes Neto e Nina Valentini, que discorrem sobre o papel dos empreendedores no desenvolvimento de novos negócios com impacto social (capítulo 4). Esse capítulo destaca algumas exigências cruciais para novos projetos privados nessa área, tais como a busca por economias de escala, a necessidade de elevado grau de inovação, a articulação de modelos comerciais, as estratégias de desenvolvimento de canais específicos de distribuição (como microfranquias) e a demanda por capacitação de consumidores e/ou microempreendedores associados aos projetos. No capítulo 4, é também destacada a necessidade de parcerias estratégicas com o setor público e com o terceiro setor, de modo a viabilizar projetos que devem ser realizados com uma estrutura de custos particularmente enxuta.

No capítulo 5, Vivianne Naigeborin contribui para o tema abordando a discussão do papel de ONGs para o setor de negócios com impacto social. Desde o princípio, o chamado "setor social privado" tem sido um ator muito relevante no avanço desse campo no Brasil e no exterior. Ao mesmo tempo que a autora destaca a importância dessas organizações para o desenvolvimento das denominadas "inovações sociais", ela aponta para sua dificuldade – até por causa de suas limitações financeiras e organizacionais – de implementarem projetos de grande escala. Nesse sentido, o desafio colocado para ONGs diz respeito à pertinência e à efetividade de adotar instrumentos de mercado para permitir que iniciativas relevantes, mas limitadas em número de beneficiários, possam ampliar substancialmente seu impacto. O artigo traz ainda exemplos de organizações que já buscam trilhar esse caminho.

O Estado é, também, um ator de grande relevância, seja em virtude do seu papel regulatório, seja porque é o principal provedor de serviços de saúde, educação e habitação para famílias de baixa renda. No capítulo 6, Haroldo Torres argumenta que negócios com impacto social podem constituir, em determinadas circunstâncias, uma oportunidade para o setor público utilizar os recursos disponíveis de modo mais eficiente, bem como ampliar a cobertura e o grau de inovação de seus serviços. Além disso, o autor mostra que, ao contrário do senso comum, o setor privado já tem um papel muito relevante na oferta de determinados serviços públicos para consumidores de baixa renda, em áreas tão diversas como o ensino superior e os serviços hospitalares. O autor ilustra o artigo com exemplos de empresas que passaram a atuar no campo de serviços sociais para famílias de baixa renda, assim como de políticas sociais que buscaram se viabilizar e expandir por meio da incorporação de agentes privados.

Daniel Izzo, no capítulo 7, explora o tema das fontes de financiamento para negócios com impacto social. Além de descrever as principais fontes públicas e privadas existentes no Brasil, até mesmo para negócios em seu estágio inicial de desenvolvimento, o artigo aprofunda a discussão dos aspectos relacionados ao financiamento. São temas que um empreendedor precisa certamente conhecer quando busca capital para o desenvolvimento de seu negócio. Voltado para os aspectos práticos do financiamento de negócios sociais, esse artigo é essencial para aqueles que almejam empreender nessa área. O principal caso discutido nesse capítulo é o da empresa Vox Capital, o primeiro fundo de investimento no Brasil dedicado integralmente à modalidade de investimentos com impacto na base da pirâmide.

Um dos aspectos cruciais do campo dos negócios com impacto social refere-se ao papel da inovação. É ela que permite aos empreendedores encontrar soluções suficientemente baratas e adequadas para atender consumidores muito pobres (capítulo 8). Marcel Fukayama aborda esse tema com base nos desenvolvimentos propostos por Christensen (1997) no campo da chamada "inovação reversa", sugerindo que o caminho do processo inovador pode partir, em alguns casos, dos mercados mais pobres para os mais desenvolvidos, revertendo a lógica clássica da dependência tecnológica da periferia em relação aos países do centro. O capítulo é ilustrado por casos relevantes e destaca os principais desafios das estratégias de inovação de grandes corporações nessa área.

Em virtude de sua enorme importância e seu significado como instrumento de inclusão, a área de microfinanças representa o único setor de atividade a que dedicamos um capítulo específico neste livro (capítulo 9). O microcrédito é, certamente, o maior e o mais bem-sucedido exemplo de negócio com impacto social atualmente existente. Eduardo Diniz e Lauro Gonzalez se aprofundam no tema, discutindo em detalhe as principais iniciativas no Brasil – por exemplo, o projeto Crediamigo, do Banco do Nordeste. Os autores abordam características, vantagens e dificuldades do chamado "crédito solidário" e discutem outras iniciativas do setor de microfinanças, como o fenômeno dos correspondentes bancários e o emergente campo dos chamados microsseguros. A experiência do Banco Palmas e do projeto de correspondentes bancários de Autazes são também discutidos, de modo a evidenciar seu forte significado econômico e social.

No capítulo 10, Graziella Comini, Gilberto Ribeiro e Renato Kiyama dedicam-se ao intrincado debate sobre aferição do impacto dos projetos privados aqui referidos. Afinal, como avaliar se determinado projeto efetivamente tem o impacto social por ele reivindicado? Os autores detalham diferentes projetos internacionais que propõem uma estratégia de classificação de negócios em seus diferentes aspectos, de modo a medir o grau de impacto social. A partir do avanço do conhecimento empírico é provável que tais modelos contribuam para a criação de um sistema de certificação (semelhante ao existente hoje na área ambiental, por exemplo) que dará a atores relevantes na área (como investidores) um mínimo de garantia quanto ao impacto social do negócio por ele apoiado.

Finalmente, no capítulo de encerramento (11), Luciana Aguiar e Vivianne Naigeborin buscam resumir a situação atual dos negócios com impacto social no Brasil. Por se tratar de um campo promissor, mas relativamente embrionário, as autoras se concentram na identificação das principais lacunas e dificuldades a serem ainda enfrentadas. Além de retomar argumentos e dados discutidos ao longo do livro, o capítulo apresenta informações de uma pesquisa realizada em 2011 com diferentes atores relevantes no Brasil, mostrando que o próprio entendimento sobre a natureza dos negócios com impacto social é ainda limitado e que vários agentes atuantes no tema não se reconhecem nessa categoria.

O objetivo deste livro não é oferecer uma resposta fechada, mas trazer informações sobre uma nova maneira de fazer negócios, que inova ao buscar ativamente causar impacto social positivo. Mostramos aqui vários desafios, nomenclaturas e atores participantes dessa empreitada. Assim como no exterior, esse campo parece estar se expandindo rapidamente no país, com novos fundos, empresas de consultoria, aceleradoras e acadêmicos especialmente dedicados ao tema. Esse cenário mostra que o setor de negócios com impacto social já é mais do que um projeto: apesar de se encontrar em estágio inicial, esse campo já se tornou realidade. Porém, ainda existem muitos gestores do setor privado, do setor público e de organizações não governamentais que não foram sensibilizados para o potencial e para os desafios impostos por essa nova perspectiva. Esperamos que este livro possa contribuir para mudar esse panorama.

CAPÍTULO 1

O MERCADO DA BASE DA PIRÂMIDE

Edgard Barki

A "base da pirâmide" não é um conceito simples nem, muito menos, consensual. Este capítulo inicial contextualiza o ambiente dos negócios com impacto social, apresentando visões diferentes a respeito da base da pirâmide. O objetivo central é mostrar a evolução do pensamento sobre a base da pirâmide na conjuntura mundial, os desafios inerentes à atuação nesse mercado e como os negócios podem, ou devem, se adaptar de forma a criar um modelo do triple win, *no qual o empreendimento tem condições de ser rentável, o consumidor da base da pirâmide tem acesso a produtos e serviços e a sociedade como um todo ganha, em um processo de inclusão social.*

Introdução

A pobreza não é um fenômeno atual. Muito pelo contrário. Há duzentos anos, a renda média de uma pessoa da Europa Ocidental era aproximadamente 90% da renda média atual de um africano. A mudança ocorrida nos dois últimos séculos, impulsionada pelo crescimento econômico moderno, aumentou drasticamente a distância entre ricos e pobres. Se, em 1820, a renda *per capita* dos países mais ricos era cerca de quatro vezes maior do que a dos mais pobres, em 1998 essa razão aumentou para vinte.[1]

Não se pretende aqui entender a história da pobreza, a razão para tanta desigualdade no mundo ou mesmo os vários pensamentos sobre pobreza. Como escreveu Malthus a David Ricardo, em 1817, "as causas da riqueza e da pobreza das nações – eis o formidável objetivo de todas as investigações em economia política".

O foco deste capítulo é apresentar um panorama da recente evolução do conhecimento da pobreza em seus impactos para os negócios. É uma visão relativamente nova, que evoluiu muito rapidamente, para que organizações buscassem modelos de negócio inovadores e com uma diferente perspectiva, como é o caso dos negócios com impacto social.

1 SACHS, J. *The end of poverty*: economic possibilities for our time. New York: Penguin Books, 2005.

Assim, este capítulo faz uma revisão da definição de base da pirâmide e mercados emergentes, da história do recente conhecimento a respeito das práticas gerenciais direcionadas para a base da pirâmide, dos desafios de atuar neste mercado e das características de modelos de negócio que operam na base da pirâmide.

O que é base da pirâmide?

A expressão "base da pirâmide" não possui uma definição consensual. Diferentes autores utilizam distintos sentidos. Alguns deles descrevem-na como pessoas que vivem com menos de 2 dólares por dia, considerando o poder de paridade de compra (PPC).[2] Também é possível diferenciar a população extremamente pobre, que vive com menos de 1 dólar por dia, da população moderadamente pobre, que o faz com menos de 2 dólares.[3] Contudo, a maioria das pesquisas e dos estudos de caso sobre base da pirâmide considera um significado mais amplo, que inclui pessoas que vivem com menos de 8 dólares por dia.[4]

A renda varia dentro do grupo da base da pirâmide. Por volta de 1,1 bilhão de pessoas ganham de 2 a 8 dólares por dia e estão começando a gerar uma expressiva renda marginal. Em média, 1,6 bilhão de indivíduos ganham entre 1 e 2 dólares por dia e gastam majoritariamente com bens essenciais. Um bilhão de pessoas vivem na extrema pobreza, ganhando 1 dólar por dia e frequentemente com dificuldade para se proverem das necessidades básicas.[5]

Entretanto, pode-se dizer que pobreza está além da baixa renda. Para os pobres, "estar bem é ter a mente em paz, ter boa saúde, fazer parte de uma comunidade, estar seguro, ter liberdade de ação e escolha; é ter subsistência garantida e uma fonte de renda constante, é ter comida"[6]. Por isso, discutir

---

2 Veja PRAHALAD, C. K.; HART, S. The fortune at the bottom of the pyramid. *Strategy + Business*, Sheffield (UK), n. 26, p. 2-14, 2002. PRAHALAD, C. K. *A riqueza na base da pirâmide*. Porto Alegre: Bookman, 2005.

3 REEDY, S.; MINOIU, C. Has world poverty really fallen? *Review of Income and Wealth*, Hoboken (USA), v. 53, n. 3, p. 484-502, Sept. 2007.

4 UNITED NATIONS DEVELOPMENT PROGRAMME. *Creating value for all*: strategies for doing business with the poor. New York: One United Nations Plaza, July 2008.

5 WORLD ECONOMIC FORUM. *The next billions*: unleashing business potential in untapped markets. Switzerland, Jan. 2009.

6 KANDACHAR, P.; HALME, M. *Sustainability challenges and solutions at the*

base da pirâmide é muito mais que apenas analisar pessoas que se encontram abaixo da linha da pobreza; é entender valores, comportamentos e desejos da população que se encontra à margem da sociedade de consumo.

No Brasil, também não há apenas uma definição para base da pirâmide. Alguns autores a conceituam como pessoas que pertencem às classes C, D e E; outros usam como referência apenas as classes D e E. Existem também estudos que fazem o corte levando em consideração apenas a renda do consumidor.

É relevante diferenciar os conceitos de base da pirâmide e mercados emergentes. Mercado emergente é um termo cunhado em 1981 por Antoine van Agtmael, na época membro da Corporação Internacional de Finanças do Banco Mundial, para denominar países cuja renda *per capita* varia de baixa para média. Esses países abrigam aproximadamente 80% da população mundial e cerca de 20% da economia do mundo.

Mercados emergentes e base da pirâmide não são sinônimos. Grande parte da população da base da pirâmide vive em mercados emergentes, e a maior parte das pessoas que vivem em mercados emergentes podem ser classificadas como base da pirâmide. Entretanto, há um importante segmento afluente nos mercados emergentes que deve ser considerado.

Evolução do conhecimento recente sobre base da pirâmide

A ideia de que a população de baixa renda pode ser considerada um mercado importante para as empresas e que os pobres poderiam ser vistos como consumidores não é nova. Desde a década de 1940, diversos autores[7] dedicaram atenção ao fato de que a população pobre dos Estados Unidos pagava mais que os ricos pelos mesmos produtos. A principal razão desse fato apontada por esses autores é que os pobres geralmente fazem compras em lojas pequenas, que praticam preços mais altos em virtude de sua ineficiência, baixo poder de barganha e altos custos operacionais. Outro argumento é a falta de educação formal e de experiência de compra dos consumidores de renda mais baixa. Além disso, a necessidade de crédito dessa população

base of the pyramid: business, technology and the poor. Sheffield (UK): Greenleaf, 2008. p. 6.

7 Veja, por exemplo, CONVERSE, P. D.; SPENCER, C. What housewives think of the supermarket? *Journal of Marketing*, Chicago, v. 6, n. 4, p. 371-374, Apr. 1942. part 1.

é também muitas vezes explorada. Por fim, em geral, os consumidores de baixa renda compram produtos em embalagens menores, que tendem a ser menos econômicas, pois o preço por unidade acaba saindo mais alto.

O interesse pelo assunto durante os anos 1960 e começo dos 1970 passou como uma onda. Durante os anos 1980, foi rara a discussão a respeito dos pobres como consumidores. Somente no começo dos anos 1990 o interesse pelos consumidores de baixa renda emergiu mais uma vez, mas ainda concentrado nos pobres norte-americanos. A discussão de que os pobres pagam mais pelos mesmos produtos voltou. As causas mantiveram-se as mesmas dos anos 1960 e 1970, ou seja, comunidades pobres geralmente compram em lojas pequenas, independentes e mais caras, compram mais frequentemente em quantidades pequenas e pouco econômicas e continuam expostas a práticas antiéticas, como quando uma loja "eleva os preços no dia 1º e no 15º dia do mês, quando os salários e os benefícios governamentais são recebidos"[8].

Alwitt e Donley[9] ampliaram tal discussão em 1997, mostrando que os bairros pobres não só possuíam menos redes de mercados e serviços bancários – que eram o principal mercado estudado até então –, mas também outros tipos de estabelecimento varejista, como drogarias, lojas de roupas, restaurantes e lojas de variedades. Eles também concordaram que o mercado de baixa renda não havia sido descoberto pelos varejistas. Havia na época uma clara preocupação tanto com a renda dos consumidores pobres como com os lucros das empresas.

A partir de 1998 a questão ampliou-se em vários aspectos. Muitos autores, de países distintos, se juntaram ao debate, o que fez com que ela se tornasse uma discussão global, com uma orientação estratégica que visava à criação de oportunidades de venda lucrativa de bens e serviços para os pobres e, simultaneamente, à melhora do bem-estar social deles.

Naquele ano, Prahalad e Hart escreveram um artigo cujo título era "Raising the bottom of the pyramid: strategies for sustainable growth" [Elevando a base da pirâmide: estratégias para um crescimento sustentável]. O texto somente foi publicado em 2002, agora intitulado "The fortune at the base of the pyramid" [A riqueza na base da pirâmide], considerado um dos mais influentes escritos sobre esse tema. O objetivo principal era mostrar o enorme potencial da população de baixa renda, principalmente

8 MAYER, R. N.; SCAMMON, D L.; ANDREASEN, A. R. Revisiting the disadvantaged: old lessons and new problems. *Journal of Public Policy & Marketing*, Chicago, v. 12, n. 2, p. 270-275, autumn 1993.

9 ALWITT, L. F.; DONLEY, T. D. Retail stores in poor urban neighborhoods. *Journal of Consumer Affairs*, Hoboken (USA), v. 31, n. 1, p. 139-164, summer 1997.

nos mercados emergentes. Como eles argumentavam, a base da pirâmide representa um mercado de 4 bilhões de pessoas com renda *per capita* anual de menos de 1.500 dólares, baseada na paridade do poder de compra (PPC). Esse potencial, ainda não vislumbrado pelas empresas multinacionais, poderia significar "elevar bilhões de pessoas para fora da pobreza, afastando a decadência social, o caos político, o terrorismo, os problemas ambientais que certamente continuarão caso a distância entre países ricos e países pobres continue a aumentar"[10].

O tema do potencial do mercado da base da pirâmide apareceu em vários estudos. Em seu livro, Prahalad[11] presume uma grandeza de mercado em PPC de 12,5 trilhões de dólares. Apesar de haver muitas discussões a respeito do potencial real do mercado[12], convencionalmente se acredita que ele é enorme e inexplorado.

A discussão evoluiu para as estratégias que melhor se adaptam aos mercados emergentes; a diferença entre mercados emergentes e mercados desenvolvidos; o comportamento do consumidor da base da pirâmide; a sustentabilidade e as tecnologias limpas; as críticas e os novos modelos de negócio.

A pujança dos mercados emergentes acirrou a competição entre as empresas globais, que passaram a ter um novo olhar sobre eles.[13] Khanna e Palepu[14] deram exemplos de várias empresas locais que têm vantagens competitivas em relação à global. Segundo os autores, isso ocorre por três motivos:

1. As multinacionais que operam em mercados emergentes têm que enfrentar as mesmas barreiras institucionais que as empresas locais. No entanto, as empresas locais e seus executivos seriam mais bem adaptados e teriam maior *know-how* para operar em circunstâncias precárias.

2. As empresas locais de algum sucesso conseguem atrair capital nos mercados mais desenvolvidos.

10 PRAHALAD; HART, op. cit.

11 PRAHALAD, op. cit.

12 Veja, por exemplo, KARNANI, A. The mirage of marketing to the bottom of the pyramid: how the private sector can help alleviate poverty. *California Management Review*, Berkeley, v. 49, n. 4, p. 90-111, summer 2007.

13 ARNOLD, D. J.; QUELCH, J. A. New strategies in emerging markets. *Sloan Management Review*, Cambridge, v. 40, n. 1, p. 7-20, autumn 1998.

14 KHANNA, T.; PALEPU, K. G. Emerging giants: building world-class companies in developing countries. *Harvard Business Review*, Boston, v. 84, n. 10, p. 60-69, Oct. 2006.

3. Várias multinacionais estão relutantes em desenvolver estratégias específicas para mercados emergentes, especialmente para a base da pirâmide.

Para outros autores[15], as empresas globais teriam mais capacidade de operar na base da pirâmide do que as locais. Alguns autores[16] ainda defendem a parceria entre empresas locais e globais para obter mais sucesso. Prahalad[17] acredita que a criação da capacidade de consumo está baseada em três princípios, melhor descritos como os "Três As":

1. **Viabilidade** *(Affordability):* quer se trate de embalagens menores, quer diga respeito a novas formas de compra, a chave é a viabilidade da compra sem sacrificar a qualidade ou eficácia.

2. **Acesso** *(Access):* padrões de distribuição de produtos e serviços devem considerar onde os pobres vivem, bem como seus padrões de trabalho. A maioria dos consumidores da base da pirâmide trabalha o dia inteiro a fim de ganhar dinheiro suficiente para comprar o necessário para aquele dia. Lojas que fecham às 17 horas não têm nenhuma relevância para eles, pois começam a comprar após as 19 horas. Além disso, os consumidores da base da pirâmide não podem se locomover por grandes distâncias. Lojas devem se localizar nas proximidades do local onde eles residem, se possível num raio que exija uma curta caminhada. Isso requer uma distribuição intensiva.

3. **Disponibilidade** *(Availability):* muitas vezes a decisão de compra dos consumidores da base da pirâmide é baseada no dinheiro disponível em determinado momento. Eles não podem adiar decisões de compra. Disponibilidade (e, portanto, a eficiência da distribuição) é um fator crítico para conquistar o consumidor da base da pirâmide.

---

15 Veja, por exemplo, PRAHALAD; HART, op. cit.; e LONDON, T.; HART, S. Reinventing strategies for emerging markets: beyond the transnational model. *Journal of International Business Studies*, Cidade, v. 35, n. 5, p. 350-370, Sept. 2004.

16 SEELOS, C.; MAIR, J. Profitable business models and market creation in the context of deep poverty: a strategic view. *Academy of Management Perspectives*, Briarcliff Manor (USA), v. 21, n. 4, p. 49-63, Nov. 2007.

17 PRAHALAD, op. cit., p. 18.

Anderson e Markides[18] acrescentam um "quarto A" nessa discussão: a "conscientização" *(awareness),* que seria a consciência dos consumidores sobre a existência de produtos e serviços de uma empresa. Como muitos consumidores da base da pirâmide não são atingidos pelos meios de comunicação convencional, a conscientização é um grande desafio para grandes empresas.

Barki e Parente[19], baseados em diversos estudos sobre a base da pirâmide, identificaram três pilares (os "Três Rs") de uma estratégia bem desenvolvida nesse mercado:

- Alcance *(Reach):* acesso e distribuição são pilares essenciais de qualquer estratégia para a base da pirâmide.
- Relacionamento *(Relationship):* consumidores da base da pirâmide tendem a ser desconfiados e acreditam ser explorados pelas empresas. Além disso, as redes sociais são relevantes. Portanto, criar uma relação diferenciada e mais íntima com o consumidor é essencial para a construção de uma estratégia de longo prazo.
- Relevância *(Relevance):* não se trata apenas de criar um produto barato. É importante desenvolver produtos e serviços que sejam relevantes para esse consumidor e tenham um preço bom.

Críticas à visão da base da pirâmide

Diversos autores criticaram os modelos de negócios estruturados para a base da pirâmide[20], acreditando que estava se propondo uma exploração dos pobres. Uma das principais críticas é que modelos com fins puramente lucrativos não iriam melhorar a vida dos pobres. Esses modelos aumentariam apenas a satisfação a curto prazo, mas não necessariamente o bem-estar a

18 ANDERSON, J.; MARKIDES, C. Strategic innovation at the base of the pyramid. *MIT Sloan Management Review*, Cambridge, v. 49, n. 1, p. 83-88, autumn 2007.

19 BARKI, E.; PARENTE, J. The 3 R's – Redefining strategic marketing ingredients for the base of the pyramid. *The Marketing Academy*, London, v. 1, 2010.

20 Veja, por exemplo, JENKINS, R. Globalization, corporate social responsibility and poverty. *International Affairs*, Moscow, v. 81, n. 3, p. 525-540, 2005; e WILSON, C.; WILSON, P. *Make poverty business*: increase profits and reduce risks by engaging with the poor. Sheffield (UK): Greenleaf, 2006. Um dos maiores críticos é KARNANI, A. The mirage of marketing to the bottom of the pyramid: how the private sector can help alleviate poverty. *California Management Review*, Berkeley, v. 49, n. 4, p. 90-111, summer 2007.

longo prazo. Alguns autores vão mais além. Karnani[21], por exemplo, afirma que as multinacionais não estavam nem fazendo o bem nem obtendo lucros e que o governo deveria conduzir esse processo, porque a principal questão é como aumentar a renda dos pobres, e isso só poderia (ou, de preferência) ser feito por meio de políticas públicas. Além disso, há uma polêmica envolvendo esse mercado: dizem que ele não é rentável e que casos de sucesso são limitados e, principalmente, restritos a pequenas empresas locais.[22]

Uma segunda crítica dirigida ao paradigma da base da pirâmide é que as iniciativas voltadas a esse mercado prejudicam o meio ambiente. Por exemplo, uma estratégia para "vender mais" para populações de baixa renda consiste em reduzir o tamanho das embalagens, prática comum na Índia. No entanto, a proliferação de embalagens menores causa um impacto negativo no ambiente.[23]

A terceira crítica é contra a estratégia utilizada por muitas empresas de conceder crédito aos consumidores para comprar produtos, como o caso clássico das Casas Bahia no Brasil. No paradigma da base da pirâmide, isso pode ser visto como a principal forma de oferecer acesso a produtos para uma população com dificuldades para poupar dinheiro. No entanto, para os críticos, essa é outra falácia, e consumidores de baixa renda gastam mais e pagam juros altos, quando deveriam ser aconselhados a poupar dinheiro e pagar à vista.[24]

Outra crítica leva em conta o fato de certa camada da população mais pobre, por causa da falta de educação formal e informação, tornar-se alvo fácil das estratégias de *marketing*, que a persuadem a comprar algo supérfluo ou aquilo de que não precisa. Um exemplo típico pode ser o caso de um rapaz pobre que gasta certa quantia de dinheiro por dia para comprar cigarros, e, ao ser perguntado se os três filhos dele já comeram ovos, ele exclama: "Ovos!? Mas com que dinheiro?" No entanto, se ele não comprasse cigarros, cada um dos filhos poderia comer um ovo por dia, ou outros alimentos nutritivos.[25] Esse ponto enfatiza a importância de uma abordagem ética das estratégias de *marketing* para os mercados de baixa renda.

21 KARNANI, op. cit.

22 LANDRUM, N. Advancing the base of the pyramid debate. *Strategic Management Review*, Cidade, v. 1, p. 1-12, 2007.

23 Ibid.

24 HUDON, M. Should access to credit be a right? *Journal of Business Ethics*, Dordrecht (Netherlands), v. 84, n. 1, p. 17-28, Jan. 2009.

25 KARNANI, op. cit.

Uma quinta crítica diz que multinacionais não têm compromisso a longo prazo para ajustar seus modelos de negócios. As empresas ainda estão preocupadas com o curto prazo e resultados trimestrais; assim, torna-se difícil implementar novas abordagens em mercados emergentes, que demandam um tempo mais longo de maturação.[26] Finalmente, existem críticas quanto ao tamanho do mercado. Alguns autores acreditam que este é muito menor e que não há uma riqueza tão grande a ser explorada.

Todas essas críticas são extremamente relevantes, pois ampliaram muito a discussão, tornando-a mais abrangente e assinalando a importância de inovar na base da pirâmide tanto com a criação de novos modelos de negócios, mais inclusivos e atentos às questões éticas e às reais necessidades dos consumidores, como com uma visão de longo prazo, sem causar danos à sociedade e ao meio ambiente. Como será descrito ao longo deste livro, os negócios com impacto social, apesar de seu estágio inicial de desenvolvimento, surgem como uma resposta a essas questões.

Desafios na base da pirâmide

Um dos principais desafios para as empresas que desejam operar na base da pirâmide é criar o modelo de negócio correto. Operar em mercados de baixa renda vai além de apenas desenvolver e adaptar produtos, alcançar o mercado, encontrar a estratégia certa de preço e a comunicação eficiente. As empresas devem entender o mercado, fazer investimentos a longo prazo, ou, como Prahalad destaca, "a base da pirâmide pode ser um recurso de inovações não somente para os produtos e processos, mas também para os modelos de negócio"[27].

O modelo de negócio deve adaptar-se ao ambiente da base da pirâmide. "Escala, flexibilidade, descentralização, compartilhamento de conhecimento, recursos locais, fragmentação da distribuição, parceiros não tradicionais, desempenho social e empreendedores locais parecem ser importantes para o sucesso de tais empreendimentos."[28]

Em um primeiro momento as grandes corporações multinacionais acreditaram que atuar na base da pirâmide consistia em desenvolver produtos e serviços mais simples para uma população com menor grau de exigência e

---

26 MCFALLS, R. Testing the limits of "inclusive capitalism". *Journal of Corporate Citizenship*, Sheffield (UK), n. 28, p. 85-98, winter 2007.

27 PRAHALAD, op. cit., p. 49.

28 LONDON, op. cit., p. 18.

sem recursos. A lógica era produzir produtos simples e baratos, acessíveis ao bolso do consumidor, de qualidade vista como menos relevante.

Foi por causa dessa lógica dominante que muitas multinacionais fracassaram. Ao entrar nos mercados emergentes, as grandes corporações aprenderam (ou melhor, continuam aprendendo) uma série de lições, das quais destacamos cinco importantes elementos.

Primeiro, como bem ressaltou De Soto[29], os mercados emergentes possuem algumas barreiras institucionais, desde dificuldades burocráticas até instabilidades políticas, econômicas e sociais, que nem sempre são bem compreendidas ou incorporadas pelas multinacionais.

Um segundo ponto são os custos de transação, que muitas vezes são superiores em mercados emergentes, cuja infraestrutura é deficiente. Em um país continental como o Brasil, atender à população de baixa renda pode ser um desafio enorme. Por exemplo, se uma empresa que comercializa um bem de consumo básico quiser atender a regiões mais remotas, como o interior de alguns estados, ela contará com diversos distribuidores. O produto chegará por meio de caminhões, que terão que passar por estradas esburacadas. Essa operação é muito custosa e nem sempre rentável. Por outro lado, nessas regiões, um produto similar será produzido e comercializado por uma empresa local, que já conseguiu criar um relacionamento diferenciado com a população.

Em terceiro lugar, dado o menor grau de educação formal, há uma dificuldade de contratação de mão de obra mais qualificada. Atualmente estamos vivendo esse dilema no Brasil: uma demanda por profissionais maior do que a oferta.

Além disso, as multinacionais enfrentam forte concorrência de empresas locais, que apresentam várias vantagens competitivas. Elas são mais ágeis e flexíveis em sua operação, o que permite atender o cliente no momento necessário. Essas empresas mantêm um relacionamento muito próximo com os clientes e com isso conseguem tanto conhecer melhor o mercado como atendê-lo de forma mais adequada. Um exemplo é o crédito. Urna pequena loja informal pode oferecer a "carteira virtual" ao cliente, ou seja, se o consumidor não tem dinheiro suficiente para pagar as suas compras naquele momento, eventualmente o pequeno varejo pode aceitar que o cliente retorne mais tarde ou no dia seguinte para lhe pagar. Um grande varejista não tem a menor condição de oferecer esse serviço.

29 DE SOTO, H. The *mystery of capital*: why capitalism triumphs in the west and fails everywhere else. New York: Basic Books, 2000.

Por fim, o comportamento do consumidor da base da pirâmide é diferente e deve ser mais bem compreendido pelas grandes empresas. Por exemplo, esse consumidor tem autoestima baixa e sofre constante preconceito social, que pode ser percebido em simples questões culturais, como a existência de elevador de serviço, ou então as famosas frases "Sou pobre, mas sou honesto" ou "Sou pobre, mas sou limpinho". Dada essa baixa autoestima, há uma desconfiança muito grande em relação às instituições e, por isso, criar uma relação de confiança é ao mesmo tempo difícil e extremamente relevante. Essa população foi sempre muito marginalizada e o momento do consumo é muito importante. É o momento do "eu posso" e, por isso, nesse momento ele quer ser valorizado.

Características dos modelos de negócios para a base da pirâmide

Tendo em vista essas condições adversas, os modelos de negócio que se pretendem implementar na base da pirâmide devem ser inovadores e pensar "fora da caixa". Ao longo de diversos estudos realizados pelo autor e de casos descritos na literatura, identificamos alguns elementos básicos para o desenvolvimento de modelos de negócio bem-sucedidos na base da pirâmide, que são apresentados na figura 1 e descritos a seguir.

Figura 1 – Elementos básicos de um modelo de negócio de sucesso para a base da pirâmide

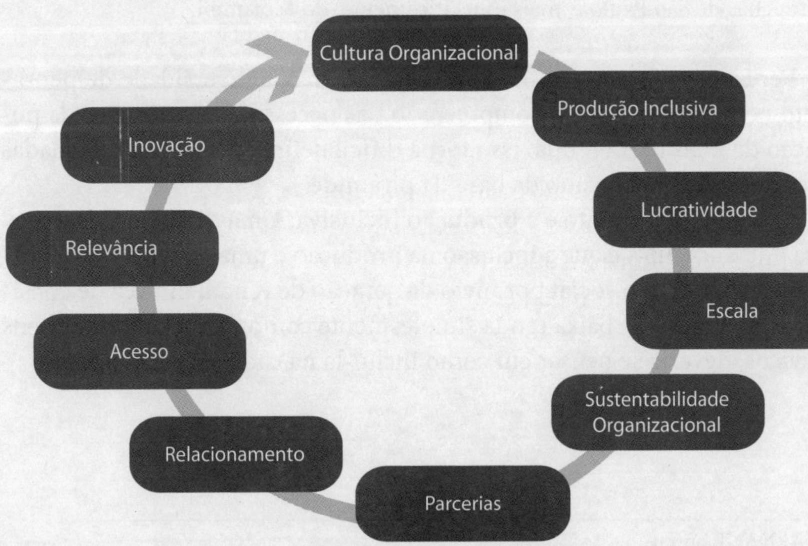

O primeiro elemento a ser destacado é a **cultura organizacional**. Atuar na base da pirâmide é muito mais do que uma questão de adaptar o produto ou criar uma estrutura de custos mais baixa. A base da pirâmide exige uma lógica diferenciada e os profissionais que atuam nessa área precisam estar atentos e realmente com a vontade de enfrentar os desafios que o mercado impõe. Por causa disso, durante muitos anos apenas organizações do terceiro setor ofereciam acesso a produtos e serviços a essa população. Esse era o objetivo de sua atuação e sua razão de existir. Mais recentemente, várias empresas, como Unilever, Nestlé e Coca-Cola, instituíram unidades de negócio ou áreas específicas no Brasil como forma de criar um DNA e uma cultura organizacional que entendam e atendam a esse mercado.

Porém, mais do que apenas um desejo em atuar na base da pirâmide, as organizações precisam buscar e aceitar a diversidade. Em uma pesquisa realizada pelo autor com executivos de empresas, essa questão foi abordada de forma clara em uma entrevista com um executivo de multinacional:

> Eu trabalhei em duas empresas diferentes. A primeira costumava ir para as favelas e estava sempre na Rocinha, para que as pessoas entendessem o que as classes C e D queriam. Os profissionais eram bastante qualificados, mas as pessoas da base ajudavam muito. Quando vim para a outra empresa, localizada em São Paulo, os profissionais do escritório tinham uma ótima formação. Uma vez, eu tentei contratar uma pessoa de uma faculdade de "segunda linha" e o presidente não permitiu. Ele tinha um PhD em Harvard e só queria que as pessoas contratadas tivessem a melhor formação educacional possível. O mundo dos profissionais era apenas de São Paulo e, mais especificamente, do Morumbi.

Percebe-se que na segunda empresa não havia diversidade de pensamento nem, muito menos, compreensão das necessidades e desejos da população de mais baixa renda. Isso torna difícil definir estratégias adequadas e coerentes para o mercado da base da pirâmide.

O segundo elemento é a **produção inclusiva**. Uma discussão rica, proposta por Karnani[30], é que a inclusão na produção é uma ferramenta importante para a inclusão social por meio da geração de renda. Em vez de considerar a população de baixa renda simplesmente como consumidora de bens e serviços, deveria se pensar em como incluí-la na cadeia de suprimento.

30 KARNANI, op. cit.

Diversas organizações, como a Solidarium (que será mais bem descrita no capítulo 5) e o Instituto Meio, objetivam o desenvolvimento de comunidades de baixa renda e a ampliação das oportunidade de emprego e renda por meio de soluções economicamente viáveis, socialmente justas, ambientalmente sustentáveis e culturalmente aceitas. É um mecanismo pelo qual a população de baixa renda pode participar dos meios de produção que podem ser alocados em todas as partes da cadeia de valor.

Há também modelos diferenciados de inclusão do capital intelectual da população em um processo de cocriação. Um exemplo é a itsNOON, um *marketplace* de economia criativa que usa o processo de *crowdsourcing*[31] para conectar pessoas e empresas, um espaço onde as pessoas interagem para trabalhar em rede usando conhecimento e criatividade. O processo é baseado em cocriação de ideias: começa com instituições – que podem ser empresas, universidades, ONGs ou até governo – destacando uma questão a ser trabalhada com a sociedade. Essa questão é transformada em "chamadas criativas", que são postadas no *site* da itsNOON para instigar as pessoas a criar ideias e conceitos sobre o tema proposto. Essas ideias podem ser elaboradas por meio de textos, poemas, vídeos, músicas, fotos ou montagens, ou seja, qualquer forma de criação. As melhores ideias são remuneradas, gerando renda aos "criadores de conhecimento". Assim, tem-se um processo de ganha-ganha. Por um lado, as empresas adquirem um conhecimento de forma rápida, interativa e totalmente inovadora. Na verdade, mais do que conhecimento, a empresa recebe sugestões e ideias criativas em uma multiplicidade de linguagens. Por outro, a população recebe uma remuneração e, mais importante, a proposta desenvolve a autoestima e o conhecimento da própria população. É também um processo de educação *upside-down,* pois a relação entre o topo e a base se inverte: o topo pergunta para a base em vez de oferecer respostas.

Outra possibilidade de pensarmos a produção inclusiva é o microcrédito. Essa ferramenta (abordada com detalhes no capítulo 9) destina-se a conceder crédito de baixos valores tanto para o consumo como para a atividade produtiva, o que permite aos pequenos empreendedores obter capital de giro mínimo para operar seu negócio.

O terceiro elemento é a **distribuição de dividendos**. Esse ponto é bastante controverso, uma vez que alguns autores (entre os quais se destaca Muhammad Yunus) não acreditam ser possível que uma organização objetive ao mesmo tempo impacto social e lucro para os acionistas. No entanto,

31 Modelo que utiliza conhecimentos, capacidades e inteligência coletivos.

outros autores[32] argumentam que a distribuição de dividendos faz parte da lógica capitalista e que ela é importante para atrair mais investimentos para o setor de negócios sociais.

Segundo Yunus[33], em um conflito entre uma ação que possa oferecer mais lucros e menores impactos sociais e outra em que os impactos sociais são maiores, mas os lucros menores, as organizações privadas sempre escolherão a primeira alternativa, donde se conclui que a distribuição de dividendos não combina com geração de impactos sociais positivos.

Por outro lado, ainda vivemos em um mundo capitalista e os negócios com impacto social podem ser um modelo importante para buscar, nas palavras de Prahalad, um capitalismo mais inclusivo, ou seja, em vez de virar as costas para as grandes corporações, que têm o objetivo de maximizar o lucro, deve-se buscar meios de incluir, no foco dessas organizações, uma atuação que tenha valor compartilhado[34], com benefícios sociais e econômicos.

Acreditamos que isso aumenta os estímulos e consequentemente o potencial de investimentos. Assim como havia alguns anos a sustentabilidade era algo periférico nas organizações e depois tornou-se parte dos planos de negócios, a inclusão social pode também integrar uma estratégia de ganha-ganha, alinhada com a ideia de um capitalismo mais justo e com menos desigualdades.

Por fim, convém lembrar que a lucratividade é importante em qualquer situação, pois, mesmo que não haja distribuição de dividendos, ela é essencial para manter o negócio no longo prazo, uma vez que a sustentabilidade econômica é crucial para a continuidade da organização.

Em virtude de a população da base da pirâmide ser grande e estar espalhada em muitos países, a **escala** torna-se um elemento determinante para o modelo de negócio. Escala é a preocupação central de qualquer modelo de negócio que pretende servir a base da pirâmide. "Alcançar escala é difícil para muitas empresas e ainda mais difícil para aquela que almeja atender ou empregar os pobres e fazê-lo por meio do oferecimento de produtos e serviços que tragam benefícios sociais e os tornem autossustentáveis financeiramente."[35]

---

32 Veja, por exemplo, PORTER, M.; KRAMER, M. Creating shared value. *Harvard Business Review*, Boston, Jan.-Feb. 2011; e CHU, M. Commercial returns at the base of the pyramid. *Innovations*, Cambridge, v. 2, n. 1, winter/spring 2007.

33 YUNUS, M. *Building social business*. Philadelphia: Public Affairs, 2010.

34 PORTER; KRAMER, op. cit.

35 KARAMCHANDANI, A.; KUBZANSKY, M.; FRANDANO, P. Emerging markets, emerging models: market-based solutions to the challenges of global poverty.

A **sustentabilidade ambiental** está relacionada à necessidade de criar produtos e serviços que não danifiquem ainda mais o planeta. Isso é relevante para qualquer negócio, mas é essencial para a base da pirâmide, um contingente de 4 bilhões de consumidores.

Uma ideia interessante, e que será discutida no capítulo 8, é aliar os conceitos de tecnologia limpa à base da pirâmide[36], para desenvolver novas formas de produção e tecnologia que sejam tão boas ou melhores que as atuais e que possam atender a um mercado muito maior e de forma sustentável.

Por exemplo, em 2009, no Fórum Global de Sustentabilidade Empresarial, promovido pela Universidade de Cornell, ao apresentar o famoso conceito do Nano, o carro mais barato do mundo, a primeira indagação feita a Ratan Tata (CEO da Tata Motors, fabricante do veículo) foi por que o carro não utiliza energia elétrica em vez de gasolina, já que o objetivo é multiplicar o número de usuários de carros, considerados os vilões da poluição do meio ambiente. Esse episódio demonstra que, mesmo que não seja uma demanda dos consumidores, essa é uma questão que a sociedade irá cobrar das organizações que atuam na base da pirâmide.

As **parcerias** são outro elemento básico de um modelo de negócio para a base da pirâmide. Todos os casos de negócios com impacto social expostos neste livro apresentam algum tipo de parceria. As parcerias podem ser de diversas formas: empresa-empresa, empresa-ONG, empresa-governo, ONG-governo ou empresa-ONG-governo.

Isso decorre do fato de que, para transpor, sem muitos traumas, os obstáculos colocados pelo mercado da base da pirâmide, há a necessidade da formação de parcerias, uma forma inteligente de juntar forças. Esse ponto é extremamente relevante, pois muda a lógica de que as diversas instâncias (empresas, ONGs e governo) têm objetivos diferentes e atuações distintas para um paradigma de sinergia de esforços.

Outro elemento essencial é o **relacionamento** criado com a base da pirâmide, que vai estimular a confiança entre as organizações e as pessoas. Mais do que uma simples relação, busca-se a integração de diversas redes de contato locais que leva ao desenvolvimento a longo prazo e a relações de cooperação, que podem resultar em uma conquista de benefícios comuns para todos os incluídos na rede.[37]

Monitor Group, Cidade, volume, número, p. 27, Mar. 2009.

36 HART, S.; LONDON, T. *Next generation business strategies for the base of the pyramid.* New Jersey: Pearsons Education, 2011.

37 SÁNCHEZ, P.; RICART, J. E.; RODRÍGUEZ, M. Á. Influential factors in beco-

Segundo Simanis e Hart[38], esse relacionamento pode e deve ser intensificado até o ponto em que se gera um processo de cocriação com as comunidades que fazem parte do processo de desenvolvimento de um novo produto e/ou serviço. Apesar de esse nível máximo de relacionamento ser difícil de ser atingido, percebe-se que diversas iniciativas buscam maior interação com as comunidades.

Acesso constitui sempre uma barreira a ser transposta na base da pirâmide, seja por ela se situar em regiões remotas e de difícil acesso, seja por sua população contar com uma segurança precária. Em virtude disso, grandes empresas desenvolveram modelos de distribuição diferenciados para chegar até esse consumidor. É o caso do programa Nestlé até Você, iniciado em 2006, que realiza venda porta a porta para mais de 250 mil lares de diversos estados do país e conta com mais de 7.700 revendedoras autônomas. Para os consumidores, o principal diferenciativo é ter a oportunidade de receber em casa mais de oitocentos produtos (iogurtes, biscoitos, chocolates, leite em pó etc.) em formato de *kits*. Além disso, a Nestlé lançou o primeiro supermercado flutuante do país: um barco, batizado de Nestlé até Você a Bordo, que inicia a viagem em Belém e percorre os municípios da região da ilha de Marajó e do baixo Amazonas.[39]

Outro fator relevante para o sucesso na base da pirâmide é a **relevância** do produto/serviço oferecido. Necessidades básicas têm grande apelo nesse mercado. No entanto, quando falamos de necessidades básicas, não estamos simplesmente tratando de alimentação, saúde e segurança. É importante entender o que é necessidade básica para uma pessoa da base da pirâmide. Para ilustrá-la, pode-se citar o caso relatado por Banerjee e Duflo[40], extraído de pesquisas realizadas em diversos países: no Marrocos, um homem, ao ser perguntado o que faria se tivesse mais dinheiro, respondeu que compraria mais comida. No entanto, a casa dele tinha televisor, antena parabólica e e aparelho de DVD. Quando questionado por que havia comprado todos aqueles bens em vez de mais comida para a família, ele riu e disse: "Ah, mas

ming socially embedded in low-income markets. *Greener Management International*, Sheffield (UK), n. 51, p. 19-38, summer 2006.

38 SIMANIS, E.; HART, S. Innovation from the inside out. *MIT Sloan Management Review*, Cambridge, v. 50, n. 4, p. 77-86, summer 2009.

39 Dados do site da empresa: http://www.nestle.com.br/portalnestle/nestleatevoce/nestle_ate_voce.aspx. Acessado em 10 de dezembro de 2011.

40 BANERJEE, A.; DUFLO, E. *Poor economics*: a radical rethinking of the way to fight global poverty. New York: Public Affairs, 2011. p. 36.

televisão é muito mais importante do que comida". Esse fato demonstra que a lógica de consumo e de necessidades pode não ser a mesma das teorias vigentes e que, por exemplo, a teoria da hierarquia de necessidades de Maslow pode não fazer tanto sentido nesse contexto.

Por fim, outro fator crucial é a **inovação**: a necessidade das organizações de pensar e agir de maneira diferente. Mercados da base da pirâmide são um terreno fértil para inovação, em virtude de duas razões principais: modelos criados em mercados de baixa renda são mais adaptáveis do que aqueles que se definem nos de alta renda; e, nos mercados emergentes, produtos inovadores também competem contra a falta de consumo, criando um mercado totalmente novo.[41] Como será explorado no capítulo 8, a inovação pode ocorrer em processos, tecnologia, produtos e/ou modelos de negócio.

Um caso interessante que apresenta esses elementos básicos de sucesso é o Instituto Beleza Natural, do Rio de Janeiro.[42] Beleza Natural é muito mais do que um instituto de beleza. A empresa iniciou as atividades em 1993, nos fundos de uma casa do subúrbio do Rio de Janeiro. Criada por uma ex-babá e cabeleireira, dois ex-atendentes do McDonald´s e um ex-taxista, a empresa é hoje referência nacional em atendimento e acesso à base da pirâmide.

Em menos de vinte anos, a empresa formou uma clientela de aproximadamente 90 mil pessoas atendidas por mês nos seus treze salões de beleza: dez no Rio de Janeiro, dois no Espírito Santo e um na Bahia. São vários os fatores que levaram ao sucesso dessa empresa, dos quais destacamos alguns:

- **Cultura organizacional** – A empresa, desde o início, elegeu um posicionamento e foco claros: atender as mulheres de cabelos crespos e ondulados. Assim, a Beleza Natural conhece muito bem as clientes e por isso mesmo emprega estratégias adequadas para atendê-las de forma diferenciada. A cultura da empresa é muito forte e presente no dia a dia e adota como princípio básico o atendimento da necessidade da mulher que muitas vezes viu diminuída sua autoestima por causa do seu cabelo.

41 HART, S.; CHRISTENSEN, C. M. The great leap. *MIT Sloan Management Review*, Cambridge, v. 44, n. 1, p. 51-56, autumn 2002.

42 BARKI, E.; ANCA, C.; CAMPOS, N. Beleza Natural: the Coca-Cola of the hair? Offering self-esteem to the base of the pyramid. *IE Business Publishing*, Madrid, vol., número, 2011.

- **Produção inclusiva** – Uma das características interessantes da Beleza Natural é o fato de que 70% das funcionárias são ex-clientes. Isso, além de criar um relacionamento diferenciado com a vizinhança, gera empregos para a comunidade localizada na vizinhança dos salões.

- **Lucratividade** – A Beleza Natural é uma empresa privada que busca retornos financeiros. Seu faturamento cresce desde o ano de 2004 a taxas superiores a 20% ao ano, com um bom índice de rentabilidade.

- **Escala** – A Beleza Natural ampliou sua escala por meio de grandes lojas e mediante um processo dividido em sete fases, em cada uma das quais a cliente é atendida por profissionais qualificadas. Essa padronização e a divisão das etapas permitiram que a empresa atendesse com uma grande escala. Além disso, a Beleza Natural criou uma indústria (a Cor Brasil), que desenvolve e fabrica os produtos utilizados e comercializados nos salões.

- **Sustentabilidade ambiental** – O instituto investe atualmente em novos salões, mais sustentáveis, principalmente com menos uso de água (um dos principais recursos utilizados nos salões).

- **Parcerias** – A Beleza Natural foi apoiada por diversas organizações ao longo do processo, entre as quais se destacam o Sebrae e o Endeavor.

- **Relacionamento** – O conhecimento profundo das clientes e o atendimento diferenciado criam um relacionamento ímpar entre empresa e consumidoras. A sensação de inclusão e de valorização da autoestima solidifica o relacionamento. Com isso, mesmo as filas para aguardar atendimento, que chegam a seis horas, tornam-se uma forma de interação. Por tudo isso, caravanas de mulheres são formadas para ir até os salões. Além disso, ações da empresa intensificam a aproximação com as consumidoras. A empresa investe significativamente também em seu *blog* e em redes sociais como Orkut, Facebook e Twitter.

- **Acesso** – Localizada em pontos estratégicos das cidades em que atua e praticando preços abaixo da média de mercado, a Beleza Natural está próxima física, financeira e emocionalmente das consumidoras.

- **Relevância** – O serviço oferecido pela Beleza Natural é relevante para as clientes. A própria visão da empresa diz tudo: "Fazer as pessoas mais felizes, promovendo beleza e autoestima". A população da base da pirâmide tem limitadas oportunidades para se cuidar. A empresa oferece um local em que as pessoas possam se sentir bem e felizes. Por isso, os salões são amplos, bonitos e bem decorados, repletos de detalhes para proporcionar um ambiente de descontração e inclusão. Um exemplo são os espelhos de corpo inteiro, um diferencial para as mulheres que frequentam o Beleza Natural, já que elas só têm espelhos de rosto em casa. É importante também ressaltar que em vez de simplesmente aceitar padrões de beleza e tentar modificar o cabelo das pessoas, alisando-os, a Beleza Natural fez exatamente o oposto: valorizou o cabelo ondulado e crespo, deixando-o naturalmente bonito. Como uma mulher declarou: "Quando meus cabelos estão macios, sedosos, brilhantes, meus cachos definidos e bonitos, eu me sinto mais segura, mais atraente, com minha autoestima em alta. Isso me encoraja a arriscar um romance ou mesmo disputar um emprego".

- **Inovação** – A Beleza Natural inovou de diversas maneiras, a começar pelo foco em cabelos ondulados e principalmente no modelo criado de valorizar a autoestima das mulheres, presente nos detalhes da organização.

De um começo tímido e sem visibilidade, a Beleza Natural transformou-se em um dos grandes casos de sucesso na base da pirâmide. Conhecendo profundamente as consumidoras e com um foco bem claro, a empresa aliou visão estratégica, perseverança e força de vontade para criar uma fábrica de sonhos, elevando a autoestima da população e valorizando sua beleza.

Considerações finais

O conhecimento sobre a base da pirâmide desenvolveu-se muito. De uma visão dos problemas da pobreza dos anos 1960, passou a uma compreensão da importância e do potencial do mercado de baixa renda, e, mais recentemente, a uma definição de modelo de negócio que visa alcançar as pessoas pobres do mundo.

Por ser um campo novo do conhecimento, possui muitas visões e abordagens. Continuam na ordem do dia as discussões sobre o papel das multinacionais e grandes empresas de ajudar a erradicar a pobreza, sobre o impacto para o meio ambiente que a inclusão de 4 bilhões de novos consumidores pode causar e, mais importante, sobre a possibilidade de se criar um modelo de negócio lucrativo, sustentável e de escala que possa também tirar as pessoas da pobreza.

Tendo em vista seus desafios e potencial, diversos atores têm papel relevante nesse mercado. Além disso, as dificuldades o tornam um campo fértil para o desenvolvimento de novos modelos de negócio. Nesse contexto, surgem os negócios com impacto social, que podem ser empreendidos por organizações pequenas, médias ou grandes, que buscam impacto social positivo por meio de mecanismos de mercado.

Essa definição, apesar de simples, ainda apresenta desafios, a começar pelo fato de não ser amplamente reconhecida. Há muitas visões e perspectivas sobre o tema, e não existe um consenso sobre aquela que melhor descreve os negócios sociais.

Além disso, outro ponto relevante e que ainda não é revestido de consenso é: o que é impacto social? Como medi-lo? Novamente emergem várias maneiras de avaliar esse tema.

CAPÍTULO 2

O NOVO CAMPO DOS NEGÓCIOS COM IMPACTO SOCIAL[1]

Graziella Comini
Edgard Barki
Luciana Aguiar

1 Capítulo adaptado do artigo "A three-pronged approach to social business: a Brazilian multi-case analysis social businesses", de Graziella Comini, Edgard Barki e Luciana Aguiar, *in Revista de Administração da USP (Rausp)*, v. 47, n. 3, julho-agosto-setembro de 2012.

Os negócios com impacto social representam um novo modelo de gestão e de visão de como os negócios podem ter uma nova configuração. Sua principal característica é a busca concomitante de retornos financeiros e geração de impacto social. No entanto, como qualquer novo campo de estudo, os negócios com impacto social ainda são qualificados por diferentes definições e terminologias. O objetivo deste capítulo é apresentar as diferentes perspectivas existentes no mundo, ilustradas com casos práticos no Brasil. Além disso, abordamos os fatores críticos para o sucesso dos negócios com impacto social.

Introdução

Conforme conceituado no capítulo anterior, a base da pirâmide cresceu em relevância tanto no contexto empresarial como no acadêmico. Entre os vários modelos de negócio alternativos para ajudar a erradicar a pobreza, o que chama a atenção é o conceito de negócios com impacto social.

Os negócios com impacto social, apesar de novos em sua contextualização, têm o potencial de trazer uma resposta à forma como o capitalismo tradicional vem sendo praticado, a qual é colocada em xeque atualmente pelas crises econômicas e financeiras. Trata-se de um modelo interessante e inovador que possibilita às organizações privadas e do terceiro setor atuar com maior impacto social.

Como será descrito ao longo deste capítulo, os negócios com impacto social podem ser desenvolvidos por pequenas, médias e grandes empresas e têm diferenças bastante importantes em relação às organizações do terceiro setor, por um lado, e às práticas de responsabilidade social e corporativa, por outro.

Por se tratar de um tema novo e ainda com muito a ser explorado, o conceito de negócios com impacto social não apresenta consenso. Mais do que isso, nem o próprio termo é consenso. Autores e organizações utilizam expressões como "negócios inclusivos", "negócios com impacto" ou "negócios sociais". Terminologias e conceitos diferentes são um obstáculo para o desenvolvimento desses empreendimentos que podem mudar a perspectiva de negócios do mundo atual.

Ao analisar as diferentes definições de negócios com impacto social na literatura internacional, podemos identificar pontos de vista que estão mais próximos da lógica do mercado e outros em que há uma predominância da lógica social. Para entender melhor as diferentes perspectivas de negócios com impacto social foram analisados três casos. Os critérios utilizados para selecionar os casos foram suas naturezas e proposições distintas, mesmo que as organizações não tenham sido criadas com base nas perspectivas conceituais que representam os diferentes pontos de vista. Cada um deles aborda problemas estruturais próprios e ajudam a demonstrar as diferenças e semelhanças entre os conceitos e definições dos negócios com impacto social.

O objetivo principal deste capítulo é lançar luz sobre essa discussão, examinando diferentes definições de negócios com impacto social, com descrições de suas características e fatores de sucesso, por meio de uma análise multicaso.

Este capítulo foi dividido em três partes. Na primeira, apresentamos as diferentes abordagens encontradas na literatura sobre os negócios com impacto social, destacando alguns exemplos brasileiros que se encaixam em cada perspectiva. Na segunda parte, explicamos os critérios que caracterizam as iniciativas de negócios com impacto social, utilizando novamente os casos para esclarecer as principais questões. Finalmente, fazemos nossas considerações finais sobre os fatores críticos para o desenvolvimento de negócios com impacto social.

Conceituando negócios com impacto social

Existem, na literatura, visões diferentes sobre os negócios com impacto social, que são explicados com detalhes a seguir e ilustrados com base em três casos. O primeiro é um banco de pequeno porte que oferece microcrédito para pequenos empreendedores; o segundo, uma multinacional que trabalha com educação para a base da pirâmide; e o terceiro, uma parceria entre duas grandes corporações que busca diminuir a desnutrição infantil.

Empresas sociais

Uma primeira visão, que teve origem na Europa, apresenta uma perspectiva mais voltada a negócios que buscam a inclusão de populações desfavorecidas. O termo criado inicialmente foi "empresa social", sendo até mesmo reconhecido como uma forma legal na maioria dos países europeus. A motivação inicial para a criação de empresas sociais na Europa foi a oferta de serviços, que estavam na esfera do setor público, a custos mais baixos, bem como a geração de oportunidades de emprego para as populações desempregadas ou marginalizadas.[1]

1 YOUNG, D. Alternative perspectives on social enterprise. In: CORDES, J.;

De acordo com a definição da Emergence of Social Enterprise in Europe (Emes), as

> empresas sociais descrevem organizações que se baseiam na troca como sua principal fonte de renda e que se consideram como negócios. Podem incluir organizações que têm o setor público como principal cliente, mas cuja renda é predominantemente proveniente de contratos celebrados por meio de licitação. As empresas sociais são radicalmente diferentes das privadas. Elas objetivam os lucros, mas também se definem como empresas que:
> • priorizam a ética e os seus valores;
> • têm como principal missão o cumprimento de objetivos sociais acordados e mensuráveis;
> • são governadas e administradas por meio de um regime de empresa democrática e social[2]

A abordagem acadêmica predominante na Europa destaca a importância da participação dos beneficiários na tomada de decisões, bem como o reinvestimento dos lucros dentro da organização, para aumentar o crescimento e o impacto social. Essa visão tem como premissa básica a existência de uma tensão entre a obtenção de resultados financeiros e a consecução de conquistas sociais. Assim, a distribuição dos lucros consistiria na maximização do retorno financeiro aos acionistas e investidores, o que causaria conflito com a busca da maximização do impacto social.

De acordo com Travaglini, Bandini e Mancinone[3], na Europa pode-se agrupar empresas sociais em três categorias: (i) sociedades que promovem a inclusão social e de emprego, o *work integration social enterprise* (Wise); (ii) empresas cujo principal objetivo é produzir bens e serviços com utilidade social ou são movidas por um interesse coletivo; e (iii) empresas que promovem o desenvolvimento econômico e social local, incentivando a participação dos cidadãos e do governo local nas atividades de gestão. Não existe um modelo jurídico único que regula o empreendimento social na Europa.

STEUERLE, C. (Ed.). *Nonprofits and business.* Washington: The Urban Institute Press, 2009. p. 33.

2 http://www.socialenterpriseeurope.co.uk/pages/what-is-social-enterprise.php. Acessado em 15 de fevereiro de 2012.

3 TRAVAGLINI, C.; BANDINI, F.; MANCINONE, K. *Social enterprise across Europe*: a comparative study on legal frameworks and governance structures. Report. Cidade, 2008.

Corroborando essa visão, a Organização para a Cooperação e Desenvolvimento Econômico (Oecd, 1999) define empresas sociais como organizações que buscam objetivos sociais e econômicos com um espírito empreendedor e têm um propósito primário que não a maximização do lucro.

Por sua vez, para a Coalizão Empresarial Social (2011),

> empresas sociais são empresas comerciais com fins sociais e ambientais. Muitas empresas comerciais consideram que têm objetivos sociais, mas as empresas sociais são distintas, porque sua finalidade social e/ou ambiental é absolutamente central para o que elas fazem – seus lucros são reinvestidos de forma a manter e reforçar a sua missão para uma mudança positiva.

Nesse sentido, pode-se dizer que a intencionalidade e a natureza do produto ou serviço oferecido fazem toda a diferença.

Outra definição, amplamente utilizada pelas organizações na Europa e criada pelo Departamento de Comércio e Indústria do governo do Reino Unido (Governo do Reino Unido, 2001), afirma que "as empresas sociais são aquelas que possuem objetivos essencialmente sociais, cujos excedentes são reinvestidos principalmente no próprio negócio ou na comunidade, em vez de serem conduzidas pela necessidade de maximizar o lucro para os acionistas e proprietários".

Ainda de acordo com Travaglini et al.[4], as empresas sociais têm as seguintes características:

> "(i) Orientação empresarial – Elas estão diretamente envolvidas na produção de bens ou prestação de serviços a um mercado. (ii) Objetivos sociais – Elas têm explícitos os objetivos sociais e/ou ambientais, como a criação de emprego, formação, ou a prestação de serviços locais. Seus valores éticos podem incluir um compromisso para a construção de habilidades nas comunidades locais. Seus lucros são reinvestidos principalmente para atingir os objetivos sociais. (iii) Muitas empresas sociais também são caracterizadas por sua propriedade social. Elas são organizações autônomas, cuja governança e estruturas de propriedade são normalmente baseadas em participação de grupos de interesse (por exemplo, trabalhadores, usuários, clientes, grupos comunitários locais e investidores sociais) ou por administradores ou diretores que controlam

4 Ibid., p. 7.

a empresa em nome de um grupo mais amplo de interessados. São responsáveis perante os seus *stakeholders* e a comunidade em geral para o seu impacto social, ambiental e econômico. Lucros podem ser distribuídos para os *stakeholders* ou usados em benefício da comunidade." (Coalizão Empresarial Social, 2003)

O modelo de governança é também um dos fatores relevantes na definição de empreendimentos sociais na Europa. Esse aspecto deriva das tradições europeias de associação. De acordo com Graziano[5], o pluralismo moderno é aquele de associação voluntária baseada na livre participação dos membros, bem como a existência de tais grupos é consequência da Europa pós-revolucionária (Revolução Francesa), mais precisamente uma reação à liberal concepção de Estado e de seu princípio fundador da soberania nacional *une et indivisible*. Assim, a lógica de tomada de decisão no modelo europeu de negócio social como um processo participativo e transparente é um pré-requisito para a sua caracterização. Além disso, como parte de sua cultura e tradição, as empresas sociais da Europa prestam serviços sociais e promovem a integração com grupos e comunidades carentes, seja em áreas urbanas ou rurais. E mais: elas prestam serviços à comunidade, especialmente nas áreas educacional, cultural e ambiental.

Assim, pode-se dizer que a abordagem europeia de empresa social está muito próxima dos princípios básicos propostos em iniciativas da economia popular solidária, visto que valoriza os objetivos sociais e a propriedade coletiva dos meios de produção de bens ou prestação de serviços. No entanto, diferencia-se da proposta de economia solidária porque não se circunscreve apenas a empreendimentos cooperativistas ou autogestionários. Um exemplo muito interessante dessa perspectiva pode ser encontrado em bancos comunitários, como o Banco Palmas, no Ceará. Essa instituição surgiu em 1998, da união de moradores do Conjunto de Palmeiras, bairro da periferia de Fortaleza, com o intuito de viabilizar o desenvolvimento local por meio da oferta de microcrédito para produção e consumo local, bem como de ações sociais na região. Diversos estudos realizados apontam o impacto positivo desse tipo de iniciativa, não apenas em termos de geração de renda para a comunidade, mas principalmente de fortalecimento do capital social com base na valorização de princípios básicos de solidariedade, ética e reciprocidade.

5 GRAZIANO, L. *Pluralismo em perspectiva comparativa*: notas sobre as tradições europeia e americana. 2003. Disponível em: <http://www.anpocs.org.br/portal/publicacoes/rbcs_00_26/rbcs26_01.htm>. Acesso em: 7 ago. 2013.

Pode-se dizer, portanto, que a abordagem europeia privilegia o coletivo e o participativo de tomada de decisão de todas as partes envolvidas e a importância da prestação de contas e da transparência na gestão. Essas dimensões participativa e coletiva permitem "reduzir o comportamento oportunista, gerando uma estrutura de governança"[6]. Assim, além de ter finalidade social, empresas sociais devem possuir a atribuição de poder e de direitos de propriedade de outras partes interessadas, e não apenas dos investidores, junto com um modelo de governança aberta e participativa.

Outra organização brasileira que exibe muitas características dessa perspectiva é o Banco Pérola, uma ONG sem fins lucrativos que oferece microcrédito aos jovens que vivem na base da pirâmide. Sua operação está circunscrita à região de Sorocaba, distante 90 quilômetros da capital do Estado de São Paulo, e visa desenvolver a consciência social nas comunidades em que atua.

A característica mais distintiva do negócio com impacto social é o trabalho pioneiro, dirigido a pessoas da faixa de 18 a 35 anos, pertencentes aos segmentos sociais de mais baixa renda da população brasileira. A iniciativa parte da constatação de que os jovens têm forte espírito empreendedor e de que um dos maiores desafios enfrentados por esse público é a dificuldade de conseguir crédito. Assim, empresas que adotam esse modelo de negócio investem no potencial dos jovens empreendedores que estão enfrentando seus primeiros desafios na vida, porém sem qualificação para obter crédito, nas condições e garantias exigidas pelo sistema bancário tradicional.

A partir dessa constatação, o Banco Pérola criou um portfólio de produtos que encoraja empresas de jovens que operam no mercado formal e informal, apoiando a criação, ampliação ou melhoria de seus negócios. A carteira do banco é composta dos seguintes produtos:

1. **Capital de giro** – Para a aquisição de bens, matérias-primas e insumos.

2. **Capital fixo** – Para compra, reparação ou manutenção de instrumentos de trabalho, máquinas, equipamentos e veículos. Melhoria ou ampliação das instalações da empresa.

3. **Capital misto** – Para a aplicação do capital de giro e capital fixo.

O banco oferece assistência técnica para a gestão de crédito e orientação ao grupo de solidariedade empresarial, que consiste em visitas periódicas a

6 BORZAGA, C.; GALERA, G. Social enterprise: an international overview of its conceptual evolution and legal implementation. *Social Enterprise Journal*, Bingley (UK), v. 5, n. 3, p. 213, 2009.

cada um dos membros do grupo como forma de integrar o grupo, bem como para a garantia da sustentabilidade socioeconômica dos negócios. O Banco Pérola apresenta uma taxa de inadimplência de apenas 0,5%.

Parceria com outras ONGs, como a Artemísia, ajudou a instituição a desenvolver o seu plano de negócios, obter dinheiro inicial e estruturar o modelo de negócio. A colaboração com a Caixa Econômica Federal garantiu os recursos necessários para a criação de uma carteira ativa e a garantia do depósito de reserva exigidos pelo sistema bancário brasileiro. O banco também oferece outros produtos de carteira da Caixa, como apoio à construção de casas e microsseguros. Do setor privado, o Banco Pérola conta com o apoio financeiro do Citibank para compor a carteira de empréstimos.

Como consequência da melhoria de renda e da inclusão dos jovens no mercado de trabalho, a instituição também contribui para o desenvolvimento local, diminuição da pobreza, melhoria da autoestima e formação de novos empreendedores em comunidades de baixa renda.

Negócios inclusivos

Um segundo termo bastante aplicado, principalmente na América Latina e com um significado muito semelhante ao de "empresas sociais", é o conceito de "negócios inclusivos".

Na América Latina, alguns pesquisadores da Social Enterprise Knowledge Network (Sekn), rede formada em 2001 por importantes escolas de administração de empresas da América Latina, definem negócios sociais inclusivos como organizações ou empresas que geram a mudança social por meio de atividades de mercado. Isso inclui ONGs e organizações sem fins lucrativos ou privadas que exerçam atividades no setor público, produzindo artigos e serviços de valor significativo. De acordo com Márquez, Reficco e Berger[7], para ser um negócio inclusivo não basta apenas ser autossustentável – o negócio precisa ser rentável e deve ter como premissa básica a transformação dos padrões de vida da população de baixa renda. Assim, sob essa perspectiva, um negócio inclusivo oferece "acesso a bens de consumo que impactam diretamente nas condições de saúde e na construção das capacidades em setores marginalizados e claramente pode transformar os padrões de vida dos beneficiários"[8].

---

7 MÁRQUEZ, P.; REFICCO, E.; BERGER, G. Conclusiones: aprendizajes sobre el desarrollo de negocios inclusivos. In: MÁRQUEZ, P.; REFICCO, E.; BERGER, G. (Ed.). *Negocios inclusivos* – Iniciativas de mercado con los pobres de Iberoamérica. Bogotá: Amaral, 2010.

8 Ibid., p. 29.

A análise de 33 iniciativas na América Latina pela rede Sekn entre 2006 e 2009 mostrou que as pequenas e médias empresas (PMEs), bem como organizações da sociedade civil, são mais ágeis e abertas à internalização de inovações necessárias para conduzir um negócio inclusivo, particularmente em relação ao trabalho colaborativo. Assim, o grupo de pesquisadores da Sekn reforça o papel das PMEs e das organizações da sociedade civil na implementação de negócios inclusivos, enfatizando que a população de baixa renda pode participar da cadeia de valor como fornecedora de grandes corporações. Essa alternativa poderia gerar um impacto maior quando comparada a soluções destinadas a pessoas de baixa renda apenas como consumidores.

No Brasil, negócios inclusivos são aqueles que visam gerar oportunidades de emprego e renda para grupos com pouca ou nenhuma mobilidade no mercado de trabalho, dentro dos padrões do "trabalho decente" e em um modelo autossustentável, ou seja, gerando lucros para as empresas e estabelecendo relações com as organizações empresariais típicas, seja como fornecedores de produtos ou serviços, seja como sistema de distribuição.

Essas oportunidades de emprego são oferecidas, principalmente para mulheres e homens de mais de 40 anos, pobres e sem instrução, comunidades locais com fortes laços étnicos e baixa escolaridade, jovens sem experiência de trabalho que vivem em regiões altamente vulneráveis e outros grupos de mesma condição. Em suma, é a maioria absoluta da população pobre, que vive em situação de risco social e ambiental nos países emergentes. A proximidade com a economia solidária popular é bastante evidente na proposta de empresas sociais; no entanto, há uma diferença, pois não se limita apenas às cooperativas ou empresas autogestionárias.

Negócios com impacto social

Se o termo "empresa social" está mais atrelado a pequenas e médias empresas que objetivam a inclusão de desfavorecidos, o conceito de "negócios com impacto social" é mais amplo. Ele é frequentemente utilizado para definir uma empresa que tem objetivos sociais ou uma unidade de negócios incorporada a uma empresa tradicional. Assim, ele pode ser usado também por grandes corporações que almejam desenvolver negócios que tenham lucro e impacto social *ao mesmo tempo*.

Além disso, a expressão foi apropriada por organizações sem fins lucrativos que decidiram participar do mercado por meio da venda de bens e serviços. Essa multiplicidade de termos pode ser explicada a partir de duas discussões acadêmicas e práticas que foram concomitantes em meados de 1990 no Brasil: a que decorre do mundo corporativo e aquela com base no contexto das empresas sociais.

No primeiro caso, houve uma discussão sobre as estratégias de negócios adotadas pelas multinacionais que negligenciavam um grande número de potenciais consumidores classificados como base da pirâmide. Autores como Prahalad e Hart[9] foram pioneiros em destacar o importante papel que as multinacionais devem ter em mitigar os problemas sociais e ambientais. As atividades de responsabilidade social seriam limitadas e, em alguns casos, ineficazes para contribuir para a melhoria de vida das pessoas marginalizadas. A principal contribuição das multinacionais seria oferecer produtos e serviços inovadores que atendessem a uma demanda bastante diferente do que a normalmente visada por grandes corporações.

Uma década após o primeiro debate proposto por Prahalad e Hart, muitos avanços podem ser percebidos nessa abordagem. Acadêmicos, empresas e até mesmo investidores têm diferentes percepções sobre a importância das empresas na criação de um impacto positivo social e ambiental na sociedade.

Brugmann e Prahalad[10] descrevem uma evolução na relação entre as multinacionais e as ONGs, em que ambos aprendem um com o outro e, em sua fase mais recente, há um processo de cocriação cuja nova perspectiva permite que as corporações tenham uma visão mais social, e as ONGs, um conhecimento mais gerencial. Na mesma linha de pensamento, Porter e Kramer[11] também defendem uma evolução dos objetivos das empresas. Inicialmente foi aceita a ideia de que, apenas por causa de sua existência, um negócio criaria benefícios sociais, como salários, investimentos e pagamentos de impostos. Os autores acreditam que há uma indefinição na fronteira entre as organizações com fins lucrativos e sem fins lucrativos e que as corporações tradicionais devem criar um "valor compartilhado", concentrado em criar e ampliar as conexões entre o progresso social e o econômico.

Ao lado dessa ideia de integrar valor social e econômico, há a perspectiva de criar modelos de negócio que integram a vertente ambiental a uma proposta de *triple bottom line.*[12] De acordo com Hart[13], isso levaria a um

---

9 PRAHALAD, C. K.; HART, S. The fortune at the bottom of the pyramid. *Strategy + Business*, Sheffield (UK), v. 1, n. 26, 2002.

10 BRUGMANN, J.; PRAHALAD, C. K. Co-creating business's: new social compact. *Harvard Business Review*, Boston, Feb. 2007.

11 PORTER, M.; KRAMER, M. Creating shared value. *Harvard Business Review*, Boston, Jan.-Feb. 2011.

12 *Triple bottom line:* expectativa de que uma empresa consiga atingir tanto objetivos financeiros como benefícios sociais e ambientais.

13 HART, S. Taking the green leap to the base of the pyramid. In: LONDON,

"salto verde", um conceito que funde as estratégias de empresas que se concentram no desenvolvimento de novas tecnologias verdes e que desenvolvem novos modelos de negócio mais inclusivos para servir os pobres.

Pelo lado dos investidores, JPMorgan (2010) apresenta um extenso relatório sobre investimentos de impacto, que seriam "investimentos destinados a criar impacto positivo, além do retorno financeiro". Intencionalidade é um importante diferencial nesse conceito. Essas empresas esperam retornos financeiros e, simultaneamente, um impacto social e/ou ambiental positivo, que deve fazer parte da estratégia de negócios declarada e ser medida como parte do sucesso do investimento. Essa é uma mudança relevante em comparação com o paradigma de maximização de resultados financeiros.

Paralelamente a esse debate, houve, entre empreendedores sociais, um aumento da preocupação com a obtenção de recursos por meio de subsídios, em parte explicado pela redução do financiamento estatal, que começou no final de 1970.[14] Dessa forma, alguns empreendedores sociais argumentaram que seria possível para as organizações sem fins lucrativos oferecer produtos e serviços e ser inovadora na obtenção de resultados sociais.

De acordo com Young[15], os negócios com impacto social podem ser analisados de diversas formas. O autor apresenta uma infinidade de formatos possíveis de iniciativas relacionadas à responsabilidade social corporativa e *marketing* de grandes corporações, instituições criadas exclusivamente para o exercício da criação de valor social:

i. **filantropia empresarial**: organização com fins lucrativos que dedica uma parcela de seus recursos para programas sociais como parte de sua estratégia competitiva;

ii. **empresa com um propósito social**: organização com uma missão social que opera no mercado para cumpri-la de forma mais eficaz;

iii. **híbrida – organização com dupla finalidade**: ganhar dinheiro para os *stakeholders* e atingir objetivos sociais definidos;

T.; HART, S. (Ed.). *Next generation business strategies for the base of the pyramid*. New Jersey: Pearson Education, 2011.

14 KERLIN, J. Social enterprise in the United States and Europe: understanding and learning from the differences. *International Journal of Voluntary and Nonprofit Organizations*, Cidade, v. 17, p. 3, p. 251, 2006.

15 YOUNG, op. cit., p. 35.

iv. **projeto para gerar fundos**: atividade da organização dedicada exclusivamente a gerar receita para ela;

v. **projeto para a finalidade social**: atividade de uma organização concebida exclusivamente para tratar de uma missão social ou objetivos sociais;

vi. **projeto híbrido**: atividade organizacional direcionada tanto para produzir receitas como contribuir para a missão ou objetivos sociais da organização.

Assim, o conceito de "negócios com impacto social" incluiria qualquer atividade empresarial que tenha impacto social dentro de sua ação de negócio. Eles podem assumir diferentes formas jurídicas: corporações, empresas limitadas e organizações sem fins lucrativos.[16]

Apesar das ambiguidades e da dificuldade de definir um formato único, há crescente interesse neste tipo de empresa que combina o *modus operandi* de uma companhia tradicional com valores sociais e ambientais característicos de organizações sociais. Ele pode ser resumido na ideia de modelos de negócio que buscam retornos financeiros e ao mesmo tempo benefícios sociais e/ou ambientais, em que a intencionalidade é visto como um diferencial importante.

No Brasil várias multinacionais começam a se adaptar a essa perspectiva de negócios com impacto social. Um exemplo é a Coca-Cola, que lançou em junho de 2009 a Plataforma Coletivo, que tem o objetivo de proporcionar e contribuir para a melhoria de vida da população da base da pirâmide, oferecendo ferramentas de geração de renda e capacitação. É um projeto inovador, pois mostra como uma grande empresa pode ser relevante para a sociedade e ao mesmo tempo se beneficiar dos impactos positivos do projeto usando toda sua cadeia de valor para gerar desenvolvimento socioeconômico.

Até o momento o projeto já atendeu mais de 35 mil jovens em 37 cidades. Alguns pontos interessantes desse projeto e que podem ser inspiradores são:

- **Importância das parcerias com ONGs**: a Plataforma Coletivo foi desenvolvida inicialmente em parceria com duas importantes ONGs, CDI e Visão Mundial. Atualmente a empresa trabalha diretamente com ONGs locais, que facilitam a interação da empresa com as comunidades.

16 KERLIN, op. cit.

- **Importância da parceria com outras empresas**: para o sucesso do projeto é importante a participação de outras empresas, como McDonald's e Microsoft.

- **Mobilização da comunidade**: o programa só funciona adequadamente com a participação ativa da comunidade. Para tanto, o projeto tem que ser relevante e focado na necessidade do jovem de se tornar financeiramente independente. Segundo pesquisas da empresa, 61% dos jovens das comunidades acreditam que deveriam ser financeiramente independentes entre 15 e 18 anos.

- **Acompanhamento**: a Coca-Cola acompanha o projeto de perto, com vários indicadores de negócios e sociais. Como indicadores na área social, temos o índice de confiança no futuro, em que a Coca-Cola consegue um aumento de 20% nos jovens envolvidos no projeto, e empregabilidade, em que a empresa possui uma meta agressiva de empregar 30% dos jovens que passam pelo programa.

Assim o ciclo se fecha. A Coca-Cola estabelece parcerias com ONGs e outras empresas de forma a criar um programa que seja relevante para a comunidade. Isso permite uma nova forma de relacionamento da empresa com os jovens da base da pirâmide que têm acesso a emprego e renda, fazendo circular mais dinheiro na comunidade. Por outro lado, a Coca-Cola se beneficia com o acesso a um mercado mais difícil de atingir e com uma marca mais fortalecida e próxima desse consumidor. Nas regiões em que a Plataforma Coletivo foi implementada a Coca-Cola faz um intenso acompanhamento das vendas do varejo local e consegue um relacionamento totalmente diferenciado com a comunidade. Com o apoio dado às comunidades, a venda de toda a região cresce e, consequentemente, a da própria Coca-Cola.

A Plataforma Coletivo revela como uma grande corporação pode ajudar na inclusão social, promovendo a formação e a geração de renda, e ao mesmo tempo se beneficiar, sendo mais relevante para a comunidade e melhorando a imagem de sua marca. Em termos de negócios, esse projeto é importante para a Coca-Cola, que consegue com esse trabalho melhor relacionamento com a comunidade, com o varejo local e, por fim, mais vendas.

Negócios sociais – A visão de Yunus

Não é possível conceituar negócios com impacto social sem falar de seu maior inspirador: Muhammad Yunus, professor de teoria econômica e Prêmio Nobel da Paz, que criou o Grameen Bank e espalhou as ideias de microcrédito em todo o mundo. Yunus é estudado em várias partes do mundo e seu modelo é amplamente reconhecido, especialmente em países como Bangladesh e Índia. Para Yunus[17], existem dois tipos de negócios sociais:

> (i) Ao primeiro pertencem as empresas que se concentram em oferecer um benefício social, em vez de maximizar os lucros para os proprietários, e pertencem a investidores que objetivam benefícios sociais, como redução da pobreza, saúde para os pobres, justiça social, sustentabilidade global, e buscam satisfações psicológicas, emocionais e espirituais, em vez de recompensa financeira.
> (ii) Ao segundo, aquelas que operam de forma bastante diferente: maximizando os lucros das empresas pertencentes a pobres ou desfavorecidos. Nesse caso, o benefício social é derivado do fato de que os dividendos produzidos pela empresa irão beneficiar os pobres, ajudando-os a reduzir sua pobreza ou mesmo dela escapar completamente.

Diferentemente da perspectiva retratada anteriormente, para Yunus, a coexistência de interesses sociais e econômicos, embora possível, é muito difícil. De acordo com o autor, a maximização do lucro e a obtenção de benefícios sociais são objetivos conflitantes, e ele acredita que não é possível haver uma "organização híbrida". Em outras palavras, ou você tem um negócio social ou um negócio que busca a maximização de lucro. O professor argumenta que um negócio social difere de uma organização sem fins lucrativos, uma vez que os proprietários de um negócio social têm "permissão" para recuperar seus investimentos. No entanto, ele tem uma posição muito firme sobre a importância de reinvestimento de lucros no próprio negócio e, portanto, não defende a distribuição de dividendos obtidos em negócios com impacto social.

Um exemplo emblemático de uma iniciativa inspirada por essa proposição é a parceria entre o Grameen e a Danone. Essa parceria foi cogitada a partir da ideia de Muhammad Yunus de criar uma *joint-venture* com uma empresa que pudesse produzir algum tipo de alimento que melhorasse a nutrição das crianças de Bangladesh, incluindo o pós-aleitamento materno. A Danone foi escolhida porque demonstrou interesse no desenvolvimento social em países pobres e alguns de seus executivos já tinham conhecimento das necessidades dos pobres, por causa de suas vivências em locais desfavorecidos.

17 YUNUS, M. *Creating a world without poverty*: social business and the future of capitalism. New York: Public Affairs, 2007. p. 28.

A *joint-venture* foi considerada um negócio social, cuja intenção era a promoção do maior número de benefícios sociais possíveis. Entretanto, ainda que adote essa denominação, isso não significa que a empresa não busque o lucro, mas sim que a maximização da eficiência não era o objetivo dela, e sim os benefícios que poderiam ser oferecidos.

Assim, o público-alvo dessa parceria eram as crianças, utilizando como meio o iogurte. A escolha do iogurte como produto principal se deu por vários fatores, como o fato de ser um alimento matinal de consumo diário, ter muitos nutrientes, ajudar o funcionamento do intestino, permitir a adição de micronutrientes que potencializam o combate à desnutrição, além de ter mais chances de se tornar um produto popular, uma vez que ele já é de tradicional consumo local, por ser uma sobremesa conhecida e apresentar características que agradam às crianças, como ser cremoso e doce. A grande dificuldade desse produto é o preço, cerca de 30 centavos de dólar, que é muito caro e inviabiliza o consumo pela população pobre. Consequentemente, como o propósito da parceria era reduzir a desnutrição por meio do consumo desse alimento, a próxima etapa consistiria na redução do preço, para que pudesse estar ao alcance dos mais pobres.

Quando se decidiu pela produção de iogurte, pensou-se num alimento fortificado, ou seja, enriquecido com vitaminas que ajudassem no combate à desnutrição, que fosse certificado por especialistas. O encorajamento da autoalimentação das crianças era outro propósito, para que elas consumissem o produto por si sós, sem a participação dos pais, por exemplo. Ainda assim, outros ajustes foram necessários, como modificações no sabor, que tinha de ser mais doce, e a criação de uma embalagem cujo símbolo era um leão, ideal para representar a força do produto, além de ser um dos animais de maior empatia com o público-alvo de Bangladesh.

O próximo passo foi a instalação da fábrica. Diferentes variáveis foram consideradas, como tamanho e localização. A dimensão, sugerida por Yunus, era a menor possível, o que se encaixava no modelo de negócio adotado pela Danone, que consiste em produção, varejo e consumo bem próximos – o que possibilita redução de custo, principalmente por não haver a necessidade de uma cadeia do frio, já que os produtos seriam consumidos em menos de 48 horas após a fabricação por pessoas residentes perto da indústria.

Para viabilizar a distribuição rápida, a solução encontrada foi utilizar as *Grameen ladies*, mulheres que viviam nas vilas próximas de onde o produto seria distribuído e que costumavam pegar empréstimos com o Grameen Bank. Esse sistema de distribuição era a chave do sucesso das vendas do iogurte.

Outro fator-chave da cadeia de suprimentos dessa fábrica era o leite, a principal matéria-prima do iogurte, uma vez que ele era adquirido de produtores locais. Além de auxiliar os produtores já instalados, a empresa acabou por incentivar outras pessoas a se tornarem produtoras de leite, tomando empréstimos no Grameen Bank para comprar a primeira vaca e passar a ser fornecedores da Danone.

A planta foi estabelecida em Bogra, por ser uma cidade de ótima localização ao norte de Bangladesh (ligada aos demais locais por estradas em boas condições de conservação e de tráfego), por ter um grande público-alvo, pela grande quantidade de terrenos disponíveis para a instalação da fábrica, pela fama ostentada pela cidade como fabricante de iogurtes e, por fim, por toda a infraestrutura que rodeia a cidade, como disponibilidade de água e energia elétrica.

A pequena fábrica, apesar de não ser nada convencional se comparada ao sistema de produção da Danone ao redor do mundo, não era ineficiente como foi imaginado a princípio. Na verdade, um *layout* e um sistema de produção desenvolvidos exclusivamente para essa fábrica, aliados ao sistema de distribuição que minimizava vários custos, foram fatores que contribuíram para o seu sucesso, pois justificaram os custos extras de uma planta menor.

Ao se instalar em uma região pobre, utilizar mão de obra de pessoas igualmente pobres e incentivar a economia local, seja pela admissão das *Grameen ladies* para distribuição, seja pela aquisição de matéria-prima dos produtores locais, a parceria conseguiu atingir o objetivo de um negócio social, que era a meta precípua da Grameen Danone: oferecer o maior número de benefícios sociais possíveis aos necessitados. Isso porque, além de cumprir o objetivo de vender iogurte para minimizar a desnutrição infantil, garantiu emprego a grande número de pessoas (fornecedores, empregados, distribuidores).

Em 2008, foram vendidos 2 milhões de iogurtes, num entorno de 40 quilômetros da fábrica, com um alto índice de penetração de mercado (40%) e grande impacto na vida das crianças que os consumiam.

Apesar de todo o sucesso e alarde despertado pelo caso, a parceria enfrenta dificuldades de expansão e de manutenção de uma sustentabilidade financeira, um indicativo das pequenas adversidades que envolvem a criação de negócios sociais. De qualquer forma, é uma iniciativa inovadora, da qual a Danone extrai um *know-how* de consumo de uma população que ela desconhecia e, principalmente, maior reputação para sua marca, uma vez que esse caso tornou-se mundialmente famoso. Por outro lado, a parceria ajuda o Grameen a atingir seu objetivo, ou seja, ter maior impacto social, com melhoria das condições de vida da população. Enfim, trata-se efetivamente de uma situação de ganha-ganha.

Características dos negócios com impacto social

Com base nas perspectivas até aqui discutidas, podemos concluir que os negócios com impacto social procuram melhorar as condições de vida da base da pirâmide. No entanto, o formato desses modelos varia bastante: em um extremo, há iniciativas de mercado desenvolvidas por organizações sem fins lucrativos, e, no outro, as que visam o mercado da base da pirâmide criado por multinacionais. Em outras palavras, a iniciativa faz parte do *core business* da organização ou se refere a uma atividade periférica ou secundária. Em geral, ela está incluída nas áreas de responsabilidade social corporativa, sem nenhum diálogo com a área de negócios. Exceções como o caso da Coca-Cola mostram uma visão nova e possibilidade de atuação para as grandes empresas.

Ao analisar os diferentes conceitos de negócios com impacto social propostos na literatura internacional, poderíamos traçar uma escala para ver as proposições que estão mais próximas da lógica do mercado e aquelas com predominância da lógica social. Assim como Austin[18] propôs um *continuum* para avaliar alianças e parcerias intersetoriais, podemos dizer que há também um *continuum* nos tipos de negócio social.

Os negócios com impacto social são múltiplos e têm muitos conceitos e formas de caracterização. O quadro 1 resume essas várias dimensões dos negócios com impacto social.

Quadro 1 – Dimensões de um negócio social

	Maior ênfase no mercado	Maior ênfase no social
Objetivo principal	Acesso ao mercado da base da pirâmide	Redução da pobreza
Oferta	Qualquer produto ou serviço para a base da pirâmide	Produtos e serviços para necessidades básicas (educação, saúde, habitação, alimentação e crédito) ou que incluam uma dimensão ambiental
Intencionalidade	Geração de valor social é um componente relevante, mas não primordial	Geração de valor social é a base do negócio
Impacto	Contribuição indireta para redução da pobreza	Contribuição direta para redução da pobreza

18 AUSTIN. *The collaboration challenge*: how non-profits and businesses succeed through strategic alliances. San Francisco: Jossey-Bass, 2002.

Quadro 1 – Dimensões de um negócio social (continuação)

	Maior ênfase no mercado	Maior ênfase no social
Clientes	A base da pirâmide não é o único público-alvo	Principalmente para a base da pirâmide
Base da pirâmide	Principalmente como consumidores	Principalmente como produtores, fornecedores ou beneficiários
Escalabilidade	Extremamente relevante	Não tão relevante
Trabalhadores	Não existe prioridade	Marginalizados ou excluídos economicamente
Formato legal	Empresas privadas	Organizações da sociedade civil
Envolvimento da comunidade na tomada de decisão	Não existe participação	Existem mecanismos institucionais para participação coletiva
Prestação de contas	Não é prioridade	Prioridade total
Distribuição de lucros	Distribuição de dividendos	Lucro é totalmente reinvestido na organização
Valor econômico	Lucro baseado em vendas menos despesas	Lucro não exclui subsídios cruzados e doações de benefícios fiscais
Valor social	Indicadores tangíveis (acesso a produtos e serviços)	Indicadores intangíveis (cidadania, autoestima e capital social)

As perspectivas descritas nesse quadro apresentam diferentes percepções sobre escala. Para uma multinacional, a escala é pré-requisito para seu funcionamento. Não há sentido em criar um programa que não possa ser ampliado. Por outro lado, no conceito de "empresas sociais", a escala não constitui um foco de sua atuação.

O desacordo sobre se deve ou não distribuir lucros está intimamente ligado ao formato do negócio social. Há correntes que afirmam que a distribuição de dividendos é parte da lógica de mercado e não representa obstáculo para garantir o impacto social - pelo contrário, criaria as condições para receber mais investimentos e, assim, as possibilidades de escala e multiplicar o impacto social.[19] No entanto, a abordagem de especialistas como Yunus é

19 CHU, M. Commercial returns and social value: the case of microfinance. Documento apresentado na conferência sobre pobreza mundial, organizada pela Harvard Business School, Boston, dez. 2005. Disponível em: < http://www.spanish.microfinancegateway.org/files/39675_file_20.pdf>. Acesso em: 7 ago. 2013.

totalmente contrária: para eles, o negócio social deve maximizar o social, e não a riqueza individual. Assim, Yunus defende o reinvestimento de todo o lucro no empreendimento, para beneficiar apenas os agentes diretamente envolvidos na iniciativa, como o caso do Grameen Danone.

Em contraste, há dimensões importantes dos negócios com impacto social que ainda não foram totalmente resolvidas. O modelo de governança do negócio não tem recebido muita atenção na literatura americana; no entanto, autores europeus como Borzaga e Galera[20] enfatizam a importância da introdução de formas coletivas e participativas na tomada de decisão. A participação dos beneficiários na tomada de decisões seria essencial para as empresas que realizam atividades que cabem ao setor público, notadamente na educação e na saúde.

Medir o impacto social também não é tarefa simples. Em primeiro lugar, os resultados devem ser analisados em um prazo longo, e não apenas com base no impacto imediato. Em segundo lugar, deve haver uma definição clara do que é valor social. Sen[21] argumenta que a pobreza é um fenômeno multidimensional e complexo, expresso por meio de de informalidade, desigualdade e exclusão social. Portocarrero e Delgado[22] enfatizam a importância de alargar a visão de iniciativas de criação de valor para a base da pirâmide. Eles argumentam que a criação de valor deve abranger a remoção de barreiras para a inclusão social. Isso compreende a assistência à população mais marginalizada e sem voz, bem como a mitigação dos efeitos negativos do crescimento econômico.

Desse modo, iniciativas voltadas para a base da pirâmide devem ser avaliadas em seus aspectos tangíveis (acesso a bens/serviços e geração de renda) e intangíveis (resgate da cidadania e desenvolvimento do capital social). Ainda segundo esses autores, existem obstáculos jurídicos, culturais e simbólicos enredados na exclusão social que impedem a satisfação das necessidades básicas e do exercício dos direitos da população de baixa renda.

Um aspecto fundamental é a dificuldade que as pessoas de baixa renda encontram para construir uma identidade como membros de uma sociedade maior e o sentimento de pertencimento que vai além das fronteiras de sua própria comunidade. Em relação ao capital social, aqueles autores observam que é importante identificar de que forma as iniciativas sociais permitem

20 BORZAGA; GALERA, op. cit.

21 SEN, A. Desenvolvimento como liberdade. São Paulo: Companhia das Letras, 2000.

22 PORTOCARRERO; DELGADO. Negocios inclusivos y generación de valor social. In: MÁRQUEZ; REFICCO; BERGER, op. cit.

construir uma rede baseada em princípios de confiança, reciprocidade e cooperação mútua.

Conforme será explorado no capítulo 7, essa preocupação também está embutida na visão de alguns fundos de investimento que acreditam que as empresas precisam ser criadas para gerar um impacto positivo. A intencionalidade e a capacidade de medir os impactos são critérios diferenciados para esse tipo de fundo de investimento. Sob essa perspectiva, a proposição de criação de impacto social e/ou ambiental positivo deve ser intencional, fazer parte da estratégia de negócio e, como tal, ser uma variável medida no sucesso do investimento.

Em 2008, um grupo de investidores organizou uma rede de negócios com impacto social para troca de experiências e definição de normas – a Global Impact Investing Network (Giin). Em 2009, esse grupo propôs uma maneira padronizada de medir o impacto social e ambiental de um negócio social, o Impact Reporting and Investment Standard (Iris). Com o objetivo de criar agências de avaliação externas para monitorar o impacto social desse tipo de investimento, em 2010 foi estruturado o Global Impact Investing Reporting Standards (Giirs). O quadro 2 mostra como o Iris enfatiza os tangíveis objetivos sociais.

Quadro 2 – Indicadores propostos – Iris

Aumentar renda e ativos para os pobres	Melhorar o bem-estar básico das pessoas necessitadas	Mitigar a mudança climática
Geração de emprego Acesso à energia Acesso a serviços financeiros Acesso à educação Crescimento da renda/produtividade Produtividade agrícola Construção de capacidade Desenvolvimento da comunidade	Resolução de conflitos Prevenção ou mitigação de doenças específicas Acesso à água limpa Habitação a preços acessíveis Segurança alimentar Geração de fundos para doações Melhoria da saúde Igualdade e empoderamento	Conservação da biodiversidade Eficiência de energia e combustível Conservação de recursos naturais Prevenção de poluição e gerenciamento de desperdícios Energia sustentável Uso sustentável da terra Gerenciamento de recursos hídricos

Fonte: Iris (2009)

Mais do que perspectivas teóricas, essas proposições encontram paralelo nos atuais modelos de negócio social. Como já foi observado, podemos identificar iniciativas que se aproximam das diferentes perspectivas analisadas e, dessa forma, possuem características próprias, mas que mesmo assim podem ser consideradas negócios com impacto social.

O quadro 3 mostra como as várias dimensões dos negócios com impacto social podem ser conceituadas nos casos descritos ao longo deste capítulo.

Quadro 3 – Características dos três modelos de negócio com impacto social

	Banco Pérola	Coletivo Coca-Cola	Grameen Danone
Definição	Organização social gerenciada por objetivos sociais	Atividade de mercado que causa impacto social dentro do negócio da Coca-Cola	Organização que gera mudança social por meio de atividades de mercado
Objetivo principal	Oferecer microcrédito a custos baixos para gerar recursos a jovens de baixa renda	Ganhar proximidade e participação de mercado na base da pirâmide Capacitação profissional que possa melhorar a renda da população atingida	Diminuir a desnutrição infantil em Bangladesh
Quem catalisa o processo	ONG	Grandes corporações	Grandes organizações
Formato do negócio	O objetivo social é absolutamente central no modelo de negócio	Coletivo busca um valor compartilhado: resultados financeiros (ganho de participação de mercado) e impacto social (apoio aos jovens e mulheres da base da pirâmide para conseguir novos empregos)	O principal objetivo é ter um impacto social na comunidade da base da pirâmide com sustentabilidade financeira. Lucros são reinvestidos
Escala	Não relevante Cobertura de *gaps* do mercado	Extremamente relevante: escalar o negócio e a tecnologia social é o principal esforço	Desejável para atingir objetivo social mais plenamente
Lucros	Reinvestimento dos lucros na organização para gerar crescimento e impacto social	Distribuição de dividendos faz parte da lógica de mercado	Lucros reinvestidos no negócio
Modelo de governança	Estruturação de conselho: beneficiários não participam	Decisões corporativas e centralizadas ONGs trabalham como parceiros e conselheiros do projeto	Decisões corporativas e centralizadas

Quadro 3 – Características dos três modelos de negócio com impacto social (continuação)

	Banco Pérola	Coletivo Coca-Cola	Grameen Danone
Medição do impacto	Principalmente impacto social (métodos qualitativos e quantitativos) Resultados financeiros medidos, mas o ponto de equilíbrio ainda não foi alcançado	Social (usando metodologia de caso e controle) e Impacto financeiro (resultados de vendas e participação de mercado)	Medição de resultados financeiros e sociais

Considerações finais

O objetivo deste capítulo foi apresentar diferentes abordagens sobre os negócios com impacto social, ilustrando com exemplos da realidade brasileira. As abordagens dos negócios com impacto social diferem não apenas em suas proposições, mas também a terminologia aplicada varia consideravelmente. A falta de uma visão homogênea é explicada por dois fatores principais: primeiro, as diferentes maneiras de definir o valor social das empresas, e segundo, as formas de avaliar o impacto social e a inovação desse tipo de organização.

Apesar da ambiguidade e da diversidade de expressões, as perspectivas analisadas têm algo em comum: a existência de organizações que visam resolver problemas sociais utilizando mecanismos de mercado. A diferença das perspectivas está na seguinte premissa: qual é a forma mais eficaz para atingir o objetivo de ter um impacto social?

Quando se pensa em grandes corporações, busca-se um valor compartilhado, no qual as organizações podem utilizar seus pontos fortes, poder e capilaridade para criar soluções inovadoras da lógica de mercado para resolver problemas sociais. O conceito de empresa social tem uma visão mais social e cooperativa, em que se destaca o papel das organizações da sociedade civil de assumir funções públicas. Já pela perspectiva de negócios sociais esboçada por Yunus, trata-se de organizações sem fins lucrativos que buscam o impacto social como principal objetivo.

Além disso, os casos analisados trazem duas conclusões relevantes: primeiro, em todos os casos as parcerias são importantes para o sucesso da iniciativa. Banco Pérola em parceria com a Caixa (banco estatal); Artemísia (ONG) e Citibank (banco privado); Coca-Cola com ONGs e grandes empresas privadas; Grameen Bank com duas grandes organizações com competências distintas. A construção de parcerias é uma estratégia que permeia todas as perspectivas e reflete-se nos casos estudados, os quais mostram que a criação de redes é crucial para o sucesso dos negócios com impacto social e que a iniciativa privada, o terceiro setor e o Estado são parceiros naturais dessa construção. E, segundo, para alcançar o objetivo principal, as instituições estudadas levaram em conta um problema estrutural da população da base da pirâmide: o Banco Pérola, o crédito; a Coca-Cola, a educação; e o Grameen Danone, a saúde. Essas organizações tiveram sucesso na identificação de uma necessidade básica como um meio para realizar seu objetivo.

As perspectivas analisadas neste trabalho fornecem um quadro analítico para compreender o campo dos negócios com impacto social. Os exemplos do Banco Pérola e do Projeto Coletivo demonstram que no contexto brasileiro o campo dos negócios com impacto social está em construção e, por isso, recorre a diferentes influências conceituais para lidar com uma realidade complexa e desafiadora. Além disso, as iniciativas aqui ilustradas descrevem projetos em andamento e, como tal, podem passar por mudanças e ser adaptadas de acordo com as circunstâncias.

Para além da terminologia, o que torna esse debate frutífero é o fato de que o diálogo entre organizações sociais e setor privado não apenas está se tornando cada vez mais comum, mas também necessário, para alcançar e expandir o desejo de produzir impacto social positivo. Dois objetivos antes vistos como incompatíveis – rentabilidade financeira e criação de valor social – tornaram-se inseparáveis e se transformaram em um elemento-chave na operação de tais organizações.

Reficco[23] adverte do risco de entrar na discussão dos negócios com impacto social como uma nova geração de estratégias de responsabilidade social corporativa (CSR), particularmente na América Latina, já que nessa região as iniciativas de responsabilidade social historicamente tiveram natureza mais compensatória e filantrópica. Segundo o autor, "as iniciativas que nascem sob a égide da responsabilidade social corporativa com componentes comerciais tímidos têm sérios problemas para superar a fase de projeto-piloto, na qual as boas intenções são mais importantes que os resultados econômicos alcançados"[24].

23 REFICCO, E. Negocios inclusivos y responsabilidad social: un matrimonio complejo. Debates IESA, Caracas, v. XV, n. 3, 2010.

24 Ibid., p. 22.

Concluímos que esse tipo de empreendimento social exige novo formato. Modelos de negócio tradicionais não devem ser replicados, se eles incluem apenas a dimensão social. Empresas sociais devem pensar e agir de forma diferente. Parcerias entre sociedade civil e empresas privadas são uma nova realidade, e a cocriação se torna extremamente importante como estratégia para se tornar mais relevante localmente.[25]

Independente da natureza da organização, existem premissas importantes a serem consideradas sobre a forma de interferir no complexo domínio da redução da pobreza e do impacto social. Afinal, os mercados são necessários, mas ainda não são autossuficientes para resolver os problemas sociais observados na sociedade contemporânea.

Finalmente, é importante não só aprofundar as discussões conceituais e teóricas, mas também incrementar as experiências regionais ou mesmo locais que promovam negócios com impacto social. Essa proposição é particularmente importante no contexto socioeconômico brasileiro e, considerando as mudanças significativas ocorridas nas condições de vida da população de baixa renda nos últimos anos.

25 BRUGMANN; PRAHALAD, op. cit.

CAPÍTULO 3

NEGÓCIOS COM IMPACTO SOCIAL EM GRANDES E PEQUENAS EMPRESAS

Edgard Barki
Luciana Aguiar

Os negócios com impacto social podem ser desenvolvidos tanto por grandes corporações como por pequenas e médias empresas. Este capítulo objetiva apresentar como o conceito começou a fazer sentido e a evolução de uma visão de filantropismo para responsabilidade social e agora para negócios com impacto social. Além disso, discute as características de negócios com impacto social nas grandes e pequenas empresas. Por fim, descreve alguns casos brasileiros.

Introdução

Na economia capitalista as corporações têm relevância e impacto muito grande na sociedade e, por isso, há uma cobrança por todas as suas ações e iniciativas. Essas cobranças podem ocorrer informalmente, por meio de pressões da opinião pública, regulamentações, protestos formais e informais e até por boicote a produtos de determinada empresa.

Muitas vezes as grandes empresas foram vistas, e ainda são, como vilãs. Por um lado, são consideradas poluidoras e causadoras da degradação ambiental do planeta; por outro, são vistas como exploradoras dos funcionários, que, se não são expostos a condições de trabalho precárias, convivem com uma pressão contínua e ocasional perda da privacidade por causa de celulares e *notebooks* constantemente ligados. Por fim, há a visão de que as empresas nos fazem consumir aquilo que não precisamos ou não queremos.

Por sua vez, as empresas – de uma forma defensiva ou proativa – desenvolvem iniciativas que visam minimizar os impactos negativos causados ou até buscam soluções para a melhoria das condições de vida. O foco é a diminuição desses efeitos (também chamados de "externalidades") e a tentativa de conviver de uma forma mais amigável, ambientalmente correta e transparente.

O objetivo deste capítulo é mostrar como as empresas podem ter papel relevante na inclusão social e descrever alguns modelos de sucesso de organizações que conseguem desenvolver negócios com impacto social e rentabilidade. Para tanto, abordaremos inicialmente os estágios da visão das empresas em relação à sua atuação social, desde uma visão de filantropia até a de integração do negócio com as ações sociais. Depois, identificamos alguns fatores críticos de sucesso de negócios com impacto social e, por fim, descrevemos alguns casos brasileiros.

Estágios de desenvolvimento de uma visão social

O movimento por uma atuação mais social das empresas não é novo. Desde o século XVII percebem-se ações filantrópicas das corporações. No entanto, a forma da atuação social, bem como a visão de como essas ações deve ser realizadas, mudou muito.

No século XVII, ocorriam doações de donos de empresas para ações sociais, sem nenhum vínculo com os negócios propriamente ditos. Foi apenas nos anos 1960 que empresas norte-americanas começaram a criar fundações que destinavam até 5% do faturamento para causas sociais, porém ainda sem vínculo com o negócio principal.[1]

Ainda nessa época ocorria uma grande discussão sobre a responsabilidade social das empresas. Em 1962, Milton Friedman, um dos mais destacados economistas do século XX e influente teórico do liberalismo econômico, declarou que "poucas tendências podem minar tão profundamente as bases da nossa livre sociedade como a aceitação pelas corporações de uma responsabilidade social diferente da de lucrar o máximo possível para os seus acionistas"[2].

Diversas tentativas de definições do conceito de responsabilidade social corporativa foram feitas nesse período. Uma delas é a proposta pelo The World Business Council for Sustainable Development[3]: "Responsabilidade social corporativa é um comprometimento permanente das empresas de agir eticamente e contribuir para o desenvolvimento econômico enquanto melhoram a qualidade de vida de seus colaboradores e familiares, assim como da comunidade local e da sociedade como um todo".

Essa definição tem caráter mais social e atende a diversos *stakeholders*[4], e não apenas aos acionistas. Essa discussão evoluiu muito nos últimos anos e atualmente já há um relativo consenso de que a maximização do lucro não pode ser o objetivo precípuo das corporações.[5]

---

1 SMITH, C. The new corporate philanthropy. *Harvard Business Review*, Boston, v. 72, n. 3, p. 105-116, 1994.

2 CARROLL, A. B. A three-dimensional conceptual model of corporate performance. *Academy of Management Review*, Cidade, v. 4, n. 4, p. 497-505, 1979.

3 CARDOSO, R. *Dimensões sociais do turismo sustentável*: estudo sobre a contribuição dos resorts de praia para o desenvolvimento das comunidades locais. Tese (Doutorado, FGV-Eaesp). São Paulo, 2005.

4 Todos os que têm interesse e/ou estão envolvidos direta ou indiretamente em uma organização, como funcionários, consumidores, fornecedores, sindicatos, governo, sociedade.

5 KLEINE, A.; HAUFF, M. Sustainability-driven implementation of corporate social responsibility: application of the integrative sustainability triangle. *Journal of Business Ethics*, Dordrecht (Netherlands), v. 85, n. 3, p. 517-533, 2009.

Alguns autores tentaram descrever os diversos estágios de evolução da ideia de responsabilidade social corporativa, principalmente pela perspectiva de integração das ações das empresas privadas com organizações da sociedade civil.

Conforme destacamos no capítulo anterior, Austin[6] propõe um *continuum* de três estágios para os níveis de colaboração entre empresas e ONGs:

1. **Estágio filantrópico:** caracteriza-se por ser o tipo mais básico de relacionamento entre a empresa e as organizações não governamentais (ONGs). Nesse estágio, as empresas simplesmente oferecem doações, em espécie ou em produtos, estimuladas por pedidos da instituição. Apesar de ser importante fonte de recursos para as ONGs, a filantropia muitas vezes não está ligada ao *core business* da empresa, havendo assim pouco engajamento da organização e, por isso, pode ser cortada em épocas de crise. Nesse caso, a ONG é dependente da visão de caridade da empresa, que tem o objetivo de transmitir uma imagem de instituição comprometida e responsável. A organização não governamental, por sua vez, será considerada idônea e merecedora de apoio. É a maneira mais simples e básica de se adotar uma visão mais social. Além disso, em geral as ações não são planejadas e nem mesmo integradas em seus propósitos, ocorrendo por vezes investimentos em iniciativas dispersas e pouco relacionadas entre si.

2. **Estágio transacional**: nesse estágio há maior interação entre empresa e ONGs. Tanto as competências das empresas como as das ONGs são mais valorizadas. Nesse caso as empresas buscam atuar em causas que estejam relacionadas com o escopo de sua atividade. Assim, a relação torna-se mais relevante para a missão e a estratégia de ambas. As ações que mais se enquadram nessa categoria são os programas de *marketing* que promovem causas, patrocínio de eventos, licenciamento de produtos, projetos especiais e programas de voluntariado das empresas. O envolvimento da empresa gera motivação e percepção de desenvolvimento nos empregados.

3. **Estágio integrativo**: nesse estágio a relação evolui para alianças estratégicas totalmente conectadas à missão, às estratégias e aos valores da empresa. Poucas colaborações se encontram nesse estágio, embora a incidência delas esteja crescendo. A interação nesse caso é grande,

6 AUSTIN. *The collaboration challenge*: how non-profits and businesses succeed through strategic alliances. San Francisco: Jossey-Bass, 2002.

com uma parceria que se aproxima de uma *joint-venture*. Enquanto a empresa oferece competências de gerenciamento de projetos e recursos financeiros, as ONGs disponibilizam competências de conhecimento das necessidades e de interação com as comunidades. Assim, as competências das instituições são complementadas.

Percebe-se atualmente que grande parte das empresas ainda está no estágio filantrópico, e uma minoria, no integrativo. Apesar disso, há uma percepção mais hegemônica de que a ação social deve estar vinculada ao negócio, e isso permite vislumbrar uma migração maior das empresas para este último estágio.

Brugmann e Prahalad[7] seguem uma linha de raciocínio similar e definem quatro estágios nessa relação entre o setor privado e as ONGs:

Pré-convergência: empresas e ONGs adotam atitudes diferentes em relação à liberalização e à globalização. Discutem sobre a natureza e velocidade da desregulamentação. Contestam a conduta das empresas, especialmente nos países em desenvolvimento.

Estágio 1: empresas e ONGs percebem que têm de coexistir. Procuram maneiras de se influenciar mutuamente. Algumas empresas e ONGs executam projetos conjuntos de responsabilidade social.

Estágio 2: algumas empresas querem atuar nos segmentos da base da pirâmide e em alguns nichos, mesmo quando as ONGs estruturaram negócios para atuar nesses mercados. Empresas e ONGs tentam aprender e trabalhar umas com as outras.

Estágio 3: empresas e ONGs envolvem-se na cocriação de negócios; isso implica o desenvolvimento de modelos de negócio nos quais as empresas tornam-se parte fundamental da proposta de valor das ONGs e vice-versa.

Apesar de diferentes em suas concepções, as visões de Austin e Brugmann e Prahalad têm muito em comum. Independentemente da forma como os estágios são definidos, fica claro que há uma convergência entre a visão social do terceiro setor e a perspectiva econômica das organizações com fins lucrativos.

7 BRUGMANN, J.; PRAHALAD, C. K. Co-creating business's: new social compact. Harvard Business Review, Boston, p. 80-90, Feb. 2007.

Esse é o mesmo argumento defendido por Porter e Kramer[8] quando definem o conceito de *shared value* (valor compartilhado). Este pode ser definido como as políticas e práticas operacionais que melhoram a competitividade de uma empresa nas condições tanto econômicas como sociais nas comunidades em que opera. A criação de valor compartilhado concentra-se na identificação e ampliação das conexões entre o resultado social e o econômico. Esse conceito se baseia na premissa de que tanto o progresso econômico como o social devem ser tratados de acordo com os princípios de geração de valor. A noção de valor é definida conforme os benefícios relacionados aos custos, e não apenas segundo um benefício em si mesmo.

A criação de valor é uma ideia bastante conhecida no mundo dos negócios, onde o lucro é obtido a partir das receitas advindas dos clientes menos os custos incorridos. No entanto, as empresas raramente têm abordado questões sociais como parte da sua perspectiva de valor. Em geral, elas tendem a tratá-las como assunto periférico, o que tem obscurecido as relações existentes entre suas preocupações econômicas e sociais.

Com base nesses autores, podemos perceber que há uma clara evolução da forma pela qual as empresas trabalham as questões sociais. Tanto o estágio integrativo de Austin como o terceiro estágio de Brugmann e Prahalad, bem como o conceito de *shared value* de Porter e Kramer, trazem em seu bojo a necessidade de uma nova forma de visão das empresas. Mais do que isso, levam à necessidade de novos modelos de negócio. Nesse sentido, os negócios com impacto social seriam uma solução para essa nova visão de capitalismo.[9]

Negócios com impacto social no mundo corporativo

Ao pensar em negócios com impacto social no mundo corporativo é importante entender as diferentes configurações que eles podem apresentar. Há uma diferença relevante entre negócios com impacto social de grandes organizações e aqueles empreendidos por pequenas empresas. Percebemos que a forma como empresas de diferentes portes ingressam no setor de negócios com impacto social é distinta.

---

8 PORTER, M.; KRAMER, M. Creating shared value. *Harvard Business Review*, Boston, Jan.-Feb. 2011.

9 Vale notar que, de certo modo, essa visão está alinhada com a perspectiva norte-americana de negócios com impacto social analisada no capítulo anterior.

As grandes empresas procuram trabalhar negócios com impacto social seguindo uma estratégia que chamamos de "deliberada"[10], na qual a empresa planeja com antecedência seus objetivos e a forma de atingi-los. Assim, nesse caso, a entrada nesse setor de grandes empresas é motivada pela obtenção de lucros fazendo o bem para a sociedade. Por outro lado, as pequenas empresas geralmente operam negócios com impacto social simplesmente porque identificaram uma oportunidade de oferecer algum tipo de serviço e/ou produto para a população de um nicho não atendido e depois crescem. Esse tipo de estratégia é chamada de "emergente".

No entanto, há um aumento considerável de pequenas organizações que atuam segundo uma concepção de negócio com impacto social e utilizam uma estratégia deliberada, ou seja, são empreendedores que identificam oportunidades de negócios, mas que buscam também um significado maior, e não apenas o retorno financeiro. Eles querem fazer diferente e fazer a diferença. Por isso, muitas dessas organizações se introduzem em campos considerados de vulnerabilidade do consumidor da base da pirâmide, como educação, saúde, emprego e habitação.

Para esses pequenos negócios é importante desenvolver um campo de apoio e suporte que faz parte desse ecossistema. Além de fundos de investimento que aceitem retornos de prazo mais longo, as aceleradoras têm um papel fundamental para o crescimento desses negócios.

Quando pensamos em uma estratégia mais deliberada, algumas características que identificamos nos modelos de negócio com impacto social são:

1. Missão – Diz respeito ao sentido e à visão de melhoria almejados. Está relacionada com os valores e propósito da organização, ou seja, com o benefício e impacto social pretendidos. O propósito e a intenção de se ter um impacto social são essenciais nesse setor. O impacto social não pode ser apenas uma consequência, como uma grande empresa que emprega muitas pessoas, mas deve fazer parte do motivo da existência dela. Em grandes empresas, significa também o grau de alinhamento do negócio com impacto social com o *core business* da empresa. Busca-se uma integração com o negócio da empresa de forma a criar uma relação de ganha-ganha, em que tanto a empresa tem retornos tangíveis como a sociedade é beneficiada.

10 MINTZBERG, H. Crafting strategy. *Harvard Business Review*, Boston, July 1987.

2. Modelo de governança – Para grandes empresas, o negócio com impacto social deixa de ser apenas um movimento de responsabilidade social desconectada do empreendimento e passa a ter um papel-chave na definição das estratégias de atuação delas. Para tanto, as iniciativas se estruturam de acordo com um modelo de governança próprio, com uma gestão integrada ao restante da empresa e autonomia para execução dos projetos. Nesse modelo, conforme já visto, as parcerias desempenham função essencial. Elas podem integrar atores pertencentes a diferentes setores: privado, terceiro, público ou até as próprias comunidades. Nas pequenas empresas, o impacto social é, desde o início, parte integrante e central da proposição de valor.

3. Rentabilidade – Negócios com impacto social desenvolvidos por grandes e pequenas corporações têm como premissa básica o retorno financeiro de suas ações em curto, médio e/ou longo prazo. Além de fazer o bem, devem ser um bom negócio. Há uma discussão relevante apresentada no capítulo anterior sobre a distribuição de dividendos destes negócios. No entanto, em qualquer perspectiva a rentabilidade é relevante.

4. Impacto social – É um pré-requisito de qualquer negócio com impacto social, preferencialmente em algum setor estrutural (educação, saúde, alimentação, água, energia). A avaliação do significado desse impacto não é simples e será mais bem explorada no capítulo 10.

5. Inovação – Trata-se da habilidade de um negócio em apresentar soluções inovadoras e alternativas que fogem ao senso comum, criando iniciativas que propiciam ganhos para a empresa e para a sociedade. Por se tratar de um novo modelo de negócio com um *mindset* diferente, é importante que as empresas busquem a inovação e um pensamento "fora da caixa".

6. Escala – Uma premissa básica para estruturar negócios com impacto social é o foco na escala das ações, como forma de aumentar tanto o retorno para as empresas como o seu impacto social. Isso torna-se relevante para empresas que buscam sempre crescimento, lucratividade e acesso a uma população maior. Como essas iniciativas estão focadas em necessidade emergentes da base da pirâmide, a escala é uma dimensão relevante, dada a complexidade e o tamanho dos problemas vividos por essa população.

É importante notar que o empreendedor de um pequeno negócio deve ter boa percepção, mesmo que intuitiva, das oportunidades de iniciar um novo negócio que tenha algum diferencial e possa oferecer acesso a produtos e serviços aos consumidores.

Muitas vezes os pequenos negócios conseguem importante diferencial competitivo por causa do relacionamento criado com a comunidade. Mais do que simplesmente um contato próximo, esse vínculo oportuniza às pequenas empresas adaptar-se aos desejos dos consumidores muito mais rapidamente, em um processo que se aproxima de uma cocriação, um procedimento mais difícil de ser implementado por uma grande empresa.

Importante ressaltar que tanto grandes como pequenas empresas precisam oferecer produtos/serviços que sejam considerados de qualidade para os clientes. Os casos de organizações que obtiveram sucesso nesse setor estão atrelados a negócios que não oferecem simplesmente uma versão mais barata de um produto já existente. O foco neste caso é inovar e oferecer produtos diferenciados, nos quais a comunidade perceba um ganho efetivo, e não apenas uma versão simplificada.

A seguir descrevemos algumas iniciativas no Brasil que retratam negócios com impacto social: duas grandes corporações, uma pequena *start-up* e uma empresa que cresceu muito ao longo dos últimos anos.

Caso vivo: Belterra

Em novembro de 2009, a Vivo lançou um projeto inovador, que almejava inclusão social e ao mesmo tempo retornos financeiros para a empresa. A cidade escolhida foi Belterra, município de 17 mil habitantes do interior do Pará.

O projeto, chamado de Conexão Amazônica, recebeu investimentos da ordem de 1,5 milhão de reais e começou com a instalação de uma torre de telefonia celular na cidade, que até então não contava com nenhuma comunicação móvel. Os desafios eram conseguir retorno financeiro para a empresa com a implementação de um serviço em uma comunidade tão pequena e, simultaneamente, efetivar um procedimento de inclusão social.

Dois parceiros foram essenciais para o sucesso do projeto. Para contar com um maior conhecimento e articulação na região, a Vivo estabeleceu uma parceria com a ONG Saúde & Alegria, e, para obter os equipamentos, teve o apoio da Ericsson, que doou equipamentos 3G, painéis solares e recarregadores, tornando-se um braço tecnológico do projeto.

Além de ser inovador por instalar uma torre de comunicação numa cidade pequena como Belterra, a Vivo inovou em tecnologia. Como a região é ribeirinha, o sinal muitas vezes não era tão bom em comunidades vizinhas, pois era espelhado pelo rio. Para expandir o sinal, a empresa implementou outra torre em Suruacá (comunidade de quinhentos habitantes), cujo diferencial era o emprego de energia eólica e solar para o seu funcionamento.

No entanto, a maior inovação é o modelo de negócio, que propiciou a todos os elos envolvidos a obtenção de ganho, a começar pela comunidade de Belterra, que, além de ter acesso à comunicação móvel, foi favorecida por benefícios sociais e econômicos:

- A Vivo doou cem aparelhos celulares para os líderes da comunidade, com acesso ilimitado a dados e $ 15 reais de crédito em voz. Isso permitiu a implantação dos "celulares da comunidade", o que melhorou a comunicação dos habitantes da região com outras localidades.

- O primeiro empreendimento em Belterra depois do lançamento da torre foi uma *lan house,* que se tornou relevante para o empreendedorismo local.

- Várias empresas estão migrando para Belterra, atraídas pelo melhor sinal da região.

- A aprovação de crédito, realizado por algumas lojas, que por vezes demorava de dois a três dias, passou a ser cumprida em duas a três horas.

- As pousadas de cidades vizinhas, como Alter do Chão, tiveram um crescimento do movimento, já que mais pessoas se dispuseram a ir até a região por causa do sinal.

- Houve melhoria na educação, uma vez que, após a instalação da torre, 20% dos estudantes se matricularam em algum tipo de ensino a distância e 10% consultam bibliotecas virtuais.

A Vivo também se beneficiou de diversas formas:

- O *payback* do projeto, que estava estimado em três anos, ocorreu em um ano.

- A empresa auferiu grande aprendizado, tanto tecnológico como na forma de atender regiões menores. Recentemente a empresa instalou outras torres em municípios como Borá, em São Paulo (o menor do Brasil - 805 habitantes em 2010); Guaribas, no interior do Piauí e berço do programa Fome Zero; e Inhapim, em Minas Gerais, cidade que possui o menor IDH do Brasil.

- Melhoria da imagem de marca na região. Esse projeto ajudou a Vivo a ser a empresa líder da região, com mais de 70% de participação em Santarém, por exemplo. Esse aspecto é extremamente relevante, dada a importância que consumidores da base da pirâmide dão aos celulares, principalmente para uso em emergências, redes sociais e construção de capital social.[11]

A Saúde & Alegria obteve diversos benefícios, que se reverteram para a sociedade:

- A ONG possui um hospital-barco chamado Abaré, que foi equipado com equipamentos 3G, *smartphones* e *notebooks.* Além disso, passou a ser um retransmissor do sinal da torre de Belterra. O barco propicia acesso aos programas da atenção básica, como pré-natal, PCCU (exame preventivo do câncer do colo do útero, conhecido como papanicolau), planejamento familiar, imunizações, saúde oral, saúde da criança, atendimentos médicos e ambulatoriais, pequenas cirurgias e exames de rotina. A melhoria da infraestrutura do barco fez com que ele servisse como referência para o Ministério da Saúde publicar portaria que autoriza municípios a implementar unidades de saúde da família fluviais. Além disso, a Saúde & Alegria pode agora receber recursos do SUS.

- Com essas melhorias, a ONG está desenvolvendo um projeto de educação no barco para estudantes de medicina e gestores públicos, para expandir essa experiência para outras regiões.

- Há também um estímulo à cultura. Em quinze comunidades, com o uso de *smartphones* e *laptops* doados pelo projeto, jovens aprendem a fotografar e filmar o dia a dia das comunidades, produzindo vídeos educativos e culturais, mostrando que debaixo da floresta há gente.

Esse é um projeto inovador, em que todos ganham: o cliente, com acesso à comunicação móvel, tão relevante nos dias de hoje e que muitas vezes possibilita, além da ampliação de ampliar redes de comunicação, incremento na renda; a empresa, com retorno financeiro e melhoria de sua imagem de marca; e, por fim, a sociedade, com aumento do poder aquisitivo e desfrute de serviços básicos – no caso, comunicação, saúde e educação.

---

11 SOUTER, D. et al. *The economic impact of telecommunications on rural livelihoods and poverty reduction*: a study of rural communities in India (Gujarat), Mozambique and Tanzania. London, 2005. Projeto do Commonwealth Telecommunications Organisation para o DFID (Department for International Development).

As principais características de negócios com impacto social reconhecidas em grandes empresas no caso de Belterra são:

- **Missão**: melhorar a atuação da empresa em mercados não atendidos, menores e de baixa renda.
- **Modelo de governança**: desenvolvido pelo Instituto Vivo com vigorosa parceria da organização Saúde & Alegria, outras empresas e governo.
- **Rentabilidade**: *payback* em um ano, ampliação da base da operadora e ganho em *market share* de 70% do mercado.
- **Impacto social**: facilitar acesso à comunicação, saúde e educação para as populações locais.
- **Inovação**: no modelo de negócio, para ganhar participação de mercado e simultaneamente criar iniciativa de desenvolvimento local.
- **Escala**: a partir desse piloto, a Vivo está ampliando o projeto para diversas outras comunidades que tenham o mesmo perfil e os mesmos problemas estruturais de Belterra.

DSM: NutriRice

"A fome oculta" é uma questão global de extrema importância e de consequências devastadoras para os indivíduos, comunidades e economias de diversos países. As pessoas mais vulneráveis estão em países em desenvolvimento, onde a dieta da população da base da pirâmide não contém a variedade de alimentos necessária para prover os minerais e as vitaminas de que ela precisa - geralmente porque não pode pagar ou não tem acesso a uma alimentação nutritiva.

Desenvolvido pela DSM, NutriRice é um produto feito de arroz e enriquecido com micronutrientes, desenvolvido para combater deficiências nutricionais nos países onde o arroz é a principal fonte de alimentos para a população da base da pirâmide. Foi criado para reduzir a deficiência de micronutrientes que ameaça a saúde, o desenvolvimento e a produtividade de milhões de pessoas da base da pirâmide de todo o mundo. O baixo nível de ingestão de micronutrientes está relacionado a casos de anemia, desnutrição e outros problemas de saúde causados pela carência de ferro, cálcio, zinco e vitaminas, entre outros.

Como parte do processo de inovação, a iniciativa desenvolveu um produto de alta tecnologia que protege os micronutrientes contidos no grão produzido e evita as perdas nutritivas que podem ocorrer no armazenamento, na lavagem normal e no cozimento. Os grãos do NutriRice são feitos da farinha de arroz prensada, similares ao grão de arroz (tamanho, formato, cor e densidade), e misturados com arroz branco na proporção que pode variar de acordo com os níveis de fortificação exigidos pela população. O produto segue normas de regulamentação internacional do *Codex Alimentarius.*

O NutriRice serviu como componente-chave em um projeto de nutrição levado a cabo pelo Centro Chinês para Controle de Doenças (CDC), do governo, para melhorar a nutrição dos filhos de trabalhadores migrantes chineses matriculados na Escola Media Dandelion. A fim de avaliar o impacto de melhor nutrição no desempenho físico e mental entre as crianças mais pobres do país, o governo chinês fomentou um programa nas escolas. Durante dez meses, as crianças foram alimentadas com uma dieta que incluía arroz fortificado. O impacto da iniciativa foi importante. Houve uma queda da taxa de anemia de 13,7% para 2,5%; a deficiência de vitamina B1 caiu de 24,8% para 4,5%; a de vitamina B2 foi reduzida de 17,7% para 7,9%. Como resultado, verificou-se um aumento no grau de atenção das crianças e uma melhora considerável no desempenho escolar.

No Brasil, a iniciativa concentrou-se na transferência de tecnologia para uma beneficiadora de arroz. A Josapar desenvolveu o arroz Tio João Mais Vita com vitaminas A, complexo B, ferro e fólico, com base na tecnologia elaborada para o NutriRice. Atualmente a iniciativa pesquisa formas de chegar ao consumidor da base da pirâmide com pouco ou nenhum custo adicional.

A inserção de NutriRice é uma alternativa para combater a desnutrição pela via pública no Brasil caso incorpore o produto na cesta básica e na merenda escolar, como já ocorreu em alguns países da América Central, como Costa Rica, Panamá e Nicarágua, onde este passou a fazer parte da política pública.

Outro desafio da iniciativa consiste em estimular a demanda por NutriRice e motivar as empresas beneficiadoras de arroz a oferecer um produto altamente nutritivo a preços acessíveis para o público da base da pirâmide.

As principais características de negócios com impacto social observadas no produto NutriRice são:

- **Missão:** essa iniciativa visa encontrar uma solução para reduzir a deficiência de micronutrientes que ameaça a saúde, o desenvolvimento e a produtividade de milhões de pessoas da base da pirâmide de todo o mundo.

- **Modelo de governança:** a DSM investiu em P&D e tecnologia para desenvolver o produto. A implementação dependeu de importantes parcerias com diversos atores:

- **setor privado**: Bon Dente International e Josapar;
- **setor público**: governos do Brasil, Colômbia, Índia e China;
- **organização multilateral**: Programa Alimentar Mundial (PAM);
- **terceiro setor**: organizações não governamentais Path e Gain.

• **Rentabilidade**: o projeto faz parte do negócio principal da empresa, e o produto é comercializado de forma similar à adotada pelo resto do portfólio da DSM.

• **Impacto social**: redução da carência de micronutrientes entre populações pobres, melhoria da saúde e do desempenho escolar de crianças pertencentes aos segmentos mais pobres da população.

• **Inovação**: nesse projeto, a DSM desenvolveu um produto com características inovadoras, principalmente se considerarmos que a fortificação de arroz sempre foi uma iniciativa malsucedida, dados os hábitos alimentares das populações envolvidas, uma vez que os nutrientes em geral modificavam o paladar do arroz. Assim, o produto alia as preferências do consumidor com as necessidades nutricionais.

• **Escala**: a DSM conseguiu escala a partir das parcerias com o setor público e, com isso, já atinge uma grande população da base da pirâmide da Ásia e da América Latina.

Dr. Consulta

O Dr. Consulta foi fundado por ex-sócios executivos da Ambev e médicos da Faculdade de Medicina da Universidade de São Paulo, e tem como propósito ser o primeiro atendimento médico para a população desassistida.

Com a primeira clínica instalada no Sacomã, bairro da zona sul de São Paulo, o Dr. Consulta alcançou bons resultados no primeiro ano de atuação, por uma série de fatores. Talvez o principal deles seja o planejamento detalhado das necessidades e da forma de administrar os consultórios. Antes de abrir a primeira clínica, procederam-se à pesquisa de muitos assuntos, buscando-se *benchmarks* no mundo todo e entrando em contato com potenciais consumidores.

Os ingredientes do sucesso desse negócio não diferem muito dos de qualquer outro empreendimento. No entanto, a forma muda muito. O ingrediente é a localização. Se esse é um fator relevante para qualquer população, para a base da pirâmide torna-se mais importante, tendo em vista a dificuldade de locomoção.

O segundo ponto é a escolha dos serviços a serem oferecidos. O *mix* de produtos e serviços deve ao mesmo tempo oferecer atendimento essencial à população e mostrar que a qualidade não é baixa só porque se destina à população de menor poder aquisitivo. No caso do Dr. Consulta, a presença de médicos da Faculdade de Medicina da Universidade de São Paulo confere qualidade e confiabilidade diferenciados.

O terceiro ponto é a comunicação. Como falar com esse público? Uma das formas inovadoras foi a veiculação de um programa radiofônico na emissora local, o qual esclarecia as dúvidas de saúde da população e promovia as clínicas.

O Dr. Consulta começou do zero e em pouco tempo conseguiu muitos avanços, ouvindo os consumidores e conhecendo-os melhor, oferecendo os serviços necessários e de qualidade e falando a mesma língua da população.

Sorridents[12]

O grupo Sorridents foi fundado em janeiro de 1995 na Vila Císper, em São Paulo. A empresa nasceu para desmistificar o tratamento odontológico, o que pode ser percebido nos valores da empresa: "Temos grande paixão de cuidar da saúde bucal das pessoas e por este motivo realizamos um atendimento alegre, e humanizado, de um jeito simples, mantemos uma relação de respeito e transparência como os clientes".

A Sorridents reúne em um só lugar todas as especialidades da odontologia, proporcionando ao paciente toda a conveniência para a realização de tratamentos, evitando que ele se desloque para outros bairros.

Baseado em um modelo de franquias, a empresa cresceu muito em quinze anos. Atualmente é a maior rede de clínicas odontológicas da América Latina, com mais de 170 unidades distribuídas pelos estados de São Paulo, Rio de Janeiro, Bahia, Sergipe, Pernambuco, Pará, Espírito Santo, Paraíba, Rio Grande do Norte, Rio Grande do Sul, Ceará e Rondônia. Ela realiza em torno de 70 mil atendimentos por mês e tem uma base de pacientes de mais de 1 milhão de pessoas.

Além de atuar num mercado de enormes demandas, o crescimento e a forte atuação da Sorridents se deve a vários fatores:

1. Custo-benefício: a Sorridents oferece mais de quinze especialidades, sempre buscando prestar serviços de qualidade a preços acessíveis. Ela

12 NEXTBILLION BRASIL. Sorridents: acesso à odontologia. Disponível em: < http://brasil.nextbillion.net/blogpost.aspx?blogid=39>. Acesso em: 7 ago. 2013.

não cobra os preços mais baixos do mercado, pois não conseguiria assegurar uma sustentabilidade financeira a longo prazo, mas os preços são menores, em média, do que os praticados no mercado. Em relação à qualidade dos serviços, todas as unidades empregam materiais e fornecedores de primeira qualidade.

2. **Ambiente**: assim como no caso do Beleza Natural, não é pelo fato de o serviço ser oferecido para a base da pirâmide que não há preocupação com os aspectos estéticos. Muito pelo contrário. As clínicas oferecem todo o conforto possível para os pacientes se sentirem bem, com espaços amplos e equipamentos modernos. Algumas unidades disponibilizam espaços para recreação de crianças.

3. **Acesso**: o acesso à Sorridents é facilitado pela sua capilaridade de clínicas. Isso foi possível graças ao modelo de negócio baseado em franquias, que permitiu rápido crescimento e escala necessária tanto para a rentabilidade da empresa como para as demandas da população.

4. **Relacionamento**: a Sorridents criou uma relação forte com diversas comunidades por meio de contato com escolas públicas, em especial as estaduais, para cujas crianças oferece tratamento odontológico. Até o momento esse projeto já adotou mais de 13 mil crianças. Além disso, a empresa possui uma unidade móvel. Trata-se de um veículo adaptado e equipado com consultório odontológico, novo, com capacidade de realizar pequenos procedimentos. Ela é utilizada apenas para ações e eventos de caráter social. Desde a inauguração em outubro de 2009, já atendeu mais de 5 mil pessoas, entre crianças e adultos, ampliando os atendimentos voluntários já realizados pela Rede Sorridents.

Por tudo isso, percebe-se que a Sorridents conseguiu criar um modelo de ganha-ganha-ganha. Por um lado, ganham a empresa e os franqueados, com margens adequadas para a sustentabilidade financeira; por outro, o consumidor de baixa renda, em geral privado dos serviços de qualidade em saúde bucal; e, por fim, a comunidade, pelos diversos trabalhos que a empresa realiza de apoio a adultos e, principalmente, a crianças carentes.

Considerações finais

O objetivo deste capítulo foi mostrar como os negócios com impacto social fazem sentido em uma lógica capitalista e são consequência de diversos movimentos:

i. **Pressão da sociedade**: as empresas têm um papel social e são cobradas por isso.

ii. **Pressão interna**: funcionários de uma nova geração com uma visão mais socioambiental tendem a desenvolver propostas mais inovadoras e com uma perspectiva de inclusão.

iii. **Pressão de negócios**: o mercado da base da pirâmide exige uma atuação com maior envolvimento; assim, as empresas têm que estar mais próximas do consumidor e das comunidades, e a criação de negócios com impacto social pode ser um atalho para isso.

Como abordado no capítulo anterior, o modelo de negócio com impacto social está alinhado com uma nova perspectiva de capitalismo que busca o *triple win,* em que a empresa ganha por meio de uma boa rentabilidade e melhor *brand equity,* no qual ganha o consumidor, por ter a oportunidade de consumir produtos e serviços (muitas vezes básicos) que não estariam ao alcance dele de outra forma, e a sociedade, a redução das diferenças sociais.

Os exemplos descritos neste capítulo demonstram a potencialidade tanto das grandes corporações como das pequenas empresas para o desenvolvimento de modelos inovadores. A associação com o terceiro setor viabiliza criar iniciativas de desenvolvimento social nas comunidades locais. Esses modelos estão alinhados com os estágios de desenvolvimento descritos na literatura e discutidos neste capítulo, mostrando a possibilidade de criação de uma nova forma de atuação das empresas que passam a almejar um objetivo duplo: social e financeiro. É claro que esse é um longo caminho a ser percorrido, mas pode se perceber que tanto do lado das empresas como do das ONGs há organizações ainda nos estágios iniciais de cooperação.

Mais do que uma realidade, os negócios com impacto social mostram a tendência pela construção de uma sociedade mais equilibrada e pela criação de um modelo de capitalismo mais inclusivo.

CAPÍTULO 4

EMPREENDEDORES DE NEGÓCIOS COM IMPACTO SOCIAL

Antonio Ermírio de Moraes Neto
Nina Valentini

Este capítulo discute a relevância dos empreendedores no desenvolvimento de negócios inovadores e com impacto social, bem como conceitua o empreendedor de negócios com impacto social e mapeia os desafios existentes para os empreendedores nesse campo. Diversos casos brasileiros ilustram como alguns empreendedores conseguiram sucesso em seus negócios tanto no aspecto financeiro como no de impacto atingido.

Introdução

O presente artigo pretende discutir o papel de empreendedores que, ao desenvolver novos negócios, ao mesmo tempo produzam lucro e sejam capazes de transformar de forma significativa as histórias de vida de famílias de baixa renda. Negócios que resolvam desafios de saúde, de habitação, de educação, de geração de renda, ou de qualquer outra área, capazes de dar mais ferramentas para que a população brasileira possa ter oportunidade de se desenvolver. Esse tópico será abordado com base em referências sobre o tema e, principalmente, em casos de novas empresas brasileiras e empreendedores que têm apresentado soluções inovadoras para a população de baixa renda.

Porém, antes de aprofundarmos esse assunto, vale a pena contar a história de personagens relevantes, como Rafael Albuquerque, originário de Manaus. Quando era criança, seus pais se separaram e ele cresceu com os três irmãos, aos cuidados do pai, até os 25 anos. Na adolescência, começou a ter limitações visuais, o que diminuiu seu interesse pelos estudos e o desempenho na escola. Logo abandonou a escola por dois anos. Terminou o ensino médio aos 24 anos, com dois cursos supletivos. Mais tarde ele se mudou para Maceió, onde ingressou numa faculdade particular, trabalhando e ensinando informática nas horas vagas para pagar os estudos.

A deficiência visual de Rafael foi diagnosticada como retinose pigmentada, doença rara e de difícil tratamento. Rafael perdeu o emprego e, sem as facilidades de crédito universitário, se viu obrigado a abandonar a faculdade e trabalhar.

Em 2008, conheceu, pela internet, Maria Cláudia da Silva, que viria a ser sua esposa. Ela trabalhava numa empresa de Maceió e decidiu se demitir para abrir uma *lan house*. Com o recurso do FGTS, Rafael e Maria Cláudia começaram a operar com onze computadores e duas impressoras – num modelo informal, a princípio. Com a formalização em 2009, foram muito além dos serviços tradicionais e, por meio de parcerias com o Sebrae e a CDI

Lan (ver capítulo 5), oferecem a seus clientes cursos a distância e crédito consignado e estão implementado o sistema de correspondentes bancários no negócio, localizado no bairro do Tabuleiro Novo. Mais importante, segundo Rafael: as pessoas da comunidade contam com eles para resolverem diversos tipos de problema e se desenvolverem, o que traz mais sentido para sua vida.

Assim como Rafael e Maria Cláudia, milhões de empreendedores brasileiros estão cotidianamente produzindo soluções de negócio em favelas e comunidades da periferia, distantes do olhar das grandes empresas e do governo.

Para nos aprofundarmos no tema dos empreendedores na base da pirâmide, este capítulo foi dividido em três partes. A primeira trata de conceitos e premissas a respeito dos novos negócios que causam transformação na vida dos consumidores de baixa renda. A segunda mapeia os desafios existentes para os empreendedores nesse campo. No final, apresentamos uma breve conclusão.

Novos negócios: conceitos e premissas

No Brasil, 98% dos negócios pertencem a micro ou pequenas empresas e chegaram a atingir mais de 5 milhões de empresas em 2008, segundo o Serviço Brasileiro de Apoio às Micro e Pequenas Empresas (Sebrae). Espera-se que esse número atinja 9 milhões em 2015, aproximando o Brasil da média francesa, de 24 habitantes por empresa.[1] As micro ou pequenas empresas empregam 58% das pessoas ocupadas no país e são responsáveis por 21% do Produto Interno Bruto (PIB) nacional.

A figura central de um novo negócio é o empreendedor. Há mais de duzentos anos, o economista S. B. Say cunhou o termo *entrepreneur*, definindo-o como aquele que "transfere recursos econômicos de um setor de produtividade mais baixa para um setor de produtividade mais elevada e de maior rendimento"[2]. Para Say, o empreendedor é aquele que busca fazer coisas de maneira diferente da habitual; é aquele que perturba e desorganiza a ordem das coisas ao criar uma nova organização.

No vasto universo dos criadores e donos das pequenas empresas do Brasil, muitos se encaixam no perfil de Say. São capazes de criar novas empresas, movimentar a economia. Já empreendedores de novos negócios, uma

1 Ver: http://www1.folha.uol.com.br/folha/dinheiro/ult91u451044.shtml. Acessado em 20 de abril de 2012.

2 SAY, J. B. *A treatise on political economy.* 6. ed. Philadelphia: Lippincott, Grambo & Co., 2007. v. 2, cap. 2.

fração menor desse universo, possuem outros diferenciais, destacados por Joseph Schumpeter como a possibilidade de relacionar o empreendedorismo – e sua força transformadora – ao processo de inovação. Schumpeter ressalta que "a função do empreendedor é reformar ou revolucionar o padrão de produção, explorando uma invenção ou, de modo mais geral, um método tecnológico não experimentado, para produzir um novo bem ou um bem antigo de uma maneira nova"[3].

Essa concepção apontada por Schumpeter, que entende o empreendedor como inovador, é a definição de empreendedor que utilizaremos neste capítulo – e trata-se de um conceito exigente. Não basta criar uma nova organização. Um empreendedor é aquele que cria uma nova demanda, uma nova necessidade capaz de transformar valores, podendo ser ou não uma pequena empresa. Nesse sentido, a empresa de Rafael e Maria Cláudia – embora muito relevante – atenderá aos critérios de Schumpeter se conseguir criar novos produtos e serviços capazes de transformar os hábitos e valores de seus clientes.

Outro ponto que se deve destacar é a forma como o empreendedorismo se manifesta no Brasil. Segundo o relatório do Global Entrepreneurship Monitor (GEM) de 2010[4], houve não só um aumento da atividade empreendedora no país nos últimos onze anos como uma mudança no seu perfil: o empreendedorismo por oportunidade – isto é, aquele que se posiciona para atender a novas necessidades – cresceu aceleradamente, acompanhando o ritmo do desenvolvimento econômico no Brasil, ao passo que caiu a taxa de empreendedorismo por necessidade. O empreendedorismo por necessidade ocorre exatamente em situações em que não há alternativas de trabalho a não ser através das formas criadas pelos próprios indivíduos, muitas vezes de natureza informal.

Os novos negócios de que aqui tratamos fazem parte do campo do chamado "empreendedorismo por oportunidade", aquele capaz de perceber uma oportunidade em determinado mercado e criar uma solução dentro dele. Além disso, nosso interesse específico são os negócios focados no mercado de baixa renda que causam impacto social e buscam retorno financeiro.

Embora não existam ainda muitos estudos específicos sobre o surgimento de novos negócios visando soluções para a população de baixa renda,

---

3 SCHUMPETER, J. A. *Can capitalism survive?* New York: Taylor & Francis, 2003. p. 132.

4 KELLY, D.; BOSMA, N.; AMOROS, J. E. *Global entrepreneurship monitor report*. 2010. Disponível em: <http://www.gemconsortium.org/docs/download/266>. Acesso em: 7 ago. 2013.

é evidente para os observadores do setor que o Brasil vive um momento peculiar: o conjunto de políticas públicas que vem proporcionando crescimento econômico e redução da desigualdade social desde meados dos anos 1990 favorece o desenvolvimento dos negócios focados na população de baixa renda dotada de poder de consumo cada vez maior, conforme tratado no capítulo 1.

Mas não é só de consumo que a população de baixa renda tem necessidade, como será abordado no próximo item. A lacuna de oportunidades de desenvolvimento nos campos da saúde, da habitação, da educação, entre outros, revela um campo fértil de possibilidades para o surgimento de novos negócios com impacto social.

Para preencher tal lacuna os empreendedores devem buscar atingir alto grau de inovação: trata-se de um mercado pouco explorado, de difícil alcance e com peculiaridades regionais que devem ser estudadas caso a caso. Em outras palavras, o empreendedorismo na base da pirâmide coloca desafios adicionais, nos quais os relacionados à inovação são ainda mais prementes. Para avançarmos em uma reflexão sobre o tema é necessário, portanto, definir mais precisamente a ideia de inovação.

Schumpeter teve importante papel na conceitualização dessa categoria, ao descrever esse processo como a "destruição criativa" da economia. Nas obras *Capitalismo, socialismo e democracia*[5] e *Business cycles*[6], Schumpeter demonstrou a importância de processos de competição e destruição do equilíbrio existentes na economia a partir de diferentes possibilidades de inovações: i) introdução de novo bem no mercado; ii) descoberta de novo método de produção ou de comercialização de mercadorias; iii) conquista de novas fontes de matéria-prima; e iv) alteração da estrutura do mercado vigente, como a destruição de um monopólio.

As inovações vigentes em negócios com impacto social parecem ser capazes de gerar novo processo de destruição criativa na economia, exatamente pela necessidade de que a maioria das características mencionadas acima sejam favorecidas nos novos modelos de negócios. Se isso efetivamente se verificar, a destruição criativa gerada pelos negócios com impacto social poderia catalisar um processo de desenvolvimento humano de forma mais acelerada no país, a partir do momento em que inúmeros

---

5 SCHUMPETER, J. A. *Capitalismo, socialismo e democracia*. Rio de Janeiro: Fundo de Cultura, 1961.

6 SCHUMPETER, J. A. *Business cycles*: a theoretical, historical and statistical analysis of the capitalist process. New York/London: McGraw-Hill, 1939.

negócios começam a competir para gerar produtos e serviços mais eficazes no combate à pobreza.

Outro conceito importante para a presente discussão é o de inovação disruptiva, definido por Clayton Christensen.[7] Voltado especificamente a modelos que visam impacto social, Christensen enumera outro conjunto de características das inovações percebidas pelo autor em novos modelos de negócios para a baixa renda: i) inovações disruptivas conseguem trazer nova proposta de valor à sociedade, podendo até mesmo utilizar tecnologias existentes em um novo pacote, para um novo mercado; ii) a entrada desse modelo de inovação normalmente ocorre em mercados emergentes, podendo atingir mercados já estabelecidos; iii) os produtos e serviços derivados desse processo de inovação conseguem ser mais simples, mais baratos e mais adequados ao seu público-alvo (ver capítulo 8).

Finalmente, conectando diversas dessas ideias ao campo social, chegamos ao conceito de empreendedor social, termo cunhado por Bill Drayton (fundador e presidente da Ashoka). "O empreendedor social aponta tendências e traz soluções inovadoras para problemas sociais e ambientais, seja por enxergar um problema que ainda não é reconhecido pela sociedade, seja por vê-lo por meio de uma perspectiva diferenciada. Por meio da sua atuação, ele (a) acelera o processo de mudanças e inspira outros atores a se engajarem em torno de uma causa comum."[8] Ou seja, o empreendedor social desenvolve negócios inovadores para solucionar problemas estruturais e, em geral, de uma forma disruptiva.[9]

Novos negócios capazes de criar soluções simples para demandas reais existentes na população de baixa renda possuem uma série de vantagens em seu processo quando comparados aos realizados pelas grandes corporações. Podemos descrever três delas apontadas por C. K. Prahalad[10], que merecem atenção dos empreendedores de novos negócios (ver capítulos 1 e 2). A primeira é a necessidade de criação de vínculo de confiança entre o negócio e

7 CHRISTENSEN, C. M. et al. Disruptive innovation for social change. *Harvard Business Review*, Boston, p. 94-101, Dec. 2006.

8 ASHOKA. *Empreendedorismo social*. Disponível em: <http://www.ashoka.org.br/visao/empreendedorismosocial/>. Acesso em: 7 ago. 2013.

9 Nota dos autores: na proposição de Drayton, empreendedores sociais podem atuar em empresas ou ONGs. Essa perspectiva nem sempre é compartilhada por todos os atores do campo social, que restringem o papel dos empreendedores sociais a organizações não governamentais.

10 PRAHALAD, C. K. *A riqueza na base da pirâmide*: como erradicar a pobreza com o lucro. Porto Alegre: Bookman, 2005.

seu público-alvo. De acordo com o autor, as grandes corporações historicamente possuem uma relação enraizada de desconfiança com a população de baixa renda, que dificulta o sucesso de novos produtos e serviços para esse público. A construção de uma relação de confiança com a população de baixa renda é fundamental para o sucesso do negócio.

No segundo ponto abordado por Prahalad, o grande desafio para alcançar o consumidor da baixa renda está em criar canais alternativos de distribuição para atingir a escala.

E a última, e não menos importante, é a necessidade de inovação de processos para adequar produtos e serviços ao mercado consumidor, não só pela exigência de soluções simples e baratas para um mercado com tantas necessidades como também pela peculiaridade da população de baixa renda: não basta criar algo novo e acessível, é preciso educar os consumidores para a melhor utilização dos produtos e serviços, o que requer certa adaptabilidade dos negócios e flexibilidade para aprender com erros e acertos.

Desafios aos modelos de negócio

Ainda que o Brasil apresente muitas oportunidades no campo dos negócios com impacto social discutidas no âmbito deste livro, as soluções e desafios para a resolução de grandes déficits sociais não são simples. Além das tradicionais barreiras para os novos negócios no Brasil, como o ambiente regulatório, a alta carga tributária e trabalhista e a falta de acesso a capital, os negócios com impacto social enfrentam desafios que lhes são específicos. Apresentamos na figura 1 os principais ingredientes de sucesso de novos negócios com foco na base da pirâmide (ou liderados por empreendedores provenientes dela), discutidos com detalhes ao longo deste capítulo.

Alguns desses temas, como inovação e impacto social, já foram mencionados na revisão da literatura e são discutidos em outros capítulos deste livro. Outros, como motivação do empreendedor, são relativamente óbvios. Assim, nos concentraremos, nas próximas seções, na questão da escala, do relacionamento com o mercado, do conhecimento do mercado, da capacitação do empreendedor e da constituição de parcerias.

Figura 1 – Principais requisitos para novos negócios sociais

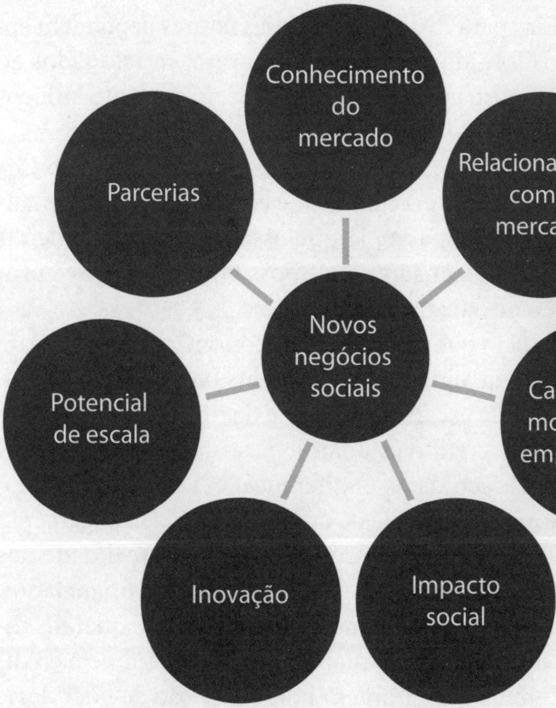

Escalabilidade

O termo "escala" é proveniente do conceito de "economias de escala", da microeconomia. Dizemos que a empresa apresenta economia de escala quando ela é capaz de "duplicar sua produção com menos do que o dobro de seus custos"[11]. As economias de escala podem ocorrer por fatores intrínsecos ou extrínsecos à organização.

Os fatores ditos intrínsecos são aqueles relacionados à diluição de custos internos de acordo com o aumento da produção, como no caso de uma gráfica que cobra 1.000 reais para a impressão de 100 cópias e 2.000 reais para 1.000. Nesse caso, os custos principais da empresa, de *design* e editoração, são diluídos no aumento da quantidade produzida. No setor farmacêutico, por exemplo, as economias de escala são essenciais, devido ao alto custo de pesquisa e desenvolvimento.

11 PINDYCK, R. S.; RUBINFELD, D. L. Microeconomia. Tradução Eleutério Prado, Thelma Guimarães. 6. ed. São Paulo: Pearson, 2006.

Os fatores extrínsecos são aqueles externos à organização, como melhorias na rede de transporte do país, aberturas de patentes ou parcerias com empresas já estabelecidas para distribuição. Esses fatores dependem em grande medida de aspectos fora do controle da empresa, relacionados ao ambiente institucional e à infraestrutura existente, isto é, fortemente influenciados pelo papel do Estado.

No caso dos negócios com impacto social, o entendimento e a busca constante pelos fatores geradores de economias de escala são fundamentais para sua sobrevivência e maior impacto, já que essa é uma das maneiras principais para reduzir preços ao consumidor e possibilitar o acesso a produtos e serviços à população de baixa renda.

Um caso prático de negócio que se utiliza das economias de escala para tornar acessível um serviço de qualidade é a Sorridents (ver capítulo 3).

Outra iniciativa de busca de escala no Brasil se dá no campo do ensino superior. A Ideal Invest fornece crédito estudantil para alunos de baixa renda que pretendem cursar uma faculdade. O diferencial da Ideal Invest foi o desenvolvimento de uma nova modalidade de crédito, focada em pagamento de universidades e viabilizada conforme o conhecimento da realidade dos jovens ingressantes. São mais de 7 mil cursos que podem ser financiados, tanto por alunos que já estão cursando quanto por aqueles que querem começar a cursar. O desenho de um produto totalmente concentrado em crédito estudantil e a sua oferta em massa garantem hoje a posição de líder desse mercado para a Ideal Invest no Brasil.

Outra maneira pela qual alguns negócios com impacto social podem buscar crescimento com escalabilidade é por meio de franquias, um setor que vem crescendo a taxas expressivas todo ano e está cada vez mais próximo ao mundo da base da pirâmide, por meio das microfranquias. As principais vantagens da franquia são: i) atração de investidores (franqueados) para financiar a expansão acelerada do negócio; ii) maior sentimento de propriedade dos franqueados e, consequentemente, maior empoderamento que os funcionários tradicionais; e iii) redução de custos da franqueadora a partir da concentração dos esforços no treinamento e gestão da rede de franqueados, em vez do foco na operação do negócio.

Outro caso bem-sucedido de franquia para a base da pirâmide é a Prepara Cursos, criada em 2004 para entrar no disputado e crescente mercado de cursos de qualificação profissional. Diante da concorrência dos grandes *players*, já estabelecida há mais de duas décadas no Brasil, a Prepara Cursos adotou um modelo diferenciado de microfranquias com taxas de compra muito baixas (a partir de 5 mil reais), que permite o crescimento da empresa por meio de franqueados pertencentes à classe C.

O modelo funcionou muito bem para garantir o crescimento com escala da empresa: em 2011, apenas sete anos após o lançamento, a Prepara Cursos se tornou a segunda maior empresa desse mercado no Brasil, com 450 unidades e diversos prêmios como a melhor franquia do Brasil no segmento, contando com apenas sessenta funcionários na folha de pagamentos. Também do ponto de vista do impacto social, sua escalabilidade permitiu grandes conquistas. Em 2011, ela formou para o mercado de trabalho cerca de 200 mil alunos das classes C e D, com 72 cursos de doze meses de formação profissional, com custo, em média, de 79,90 reais e com índice de satisfação de 98% dos alunos considerando os cursos bons ou ótimos.

Não por acaso, nos últimos anos, boa parte das empresas de maior crescimento no mundo – logo, com modelos de negócio extremamente escaláveis – aproveitaram as possibilidades disponibilizadas pelos desenvolvimentos da internet para atingir enorme crescimento. É o caso de empresas como Google, Facebook e Groupon.

Mas ainda existem limites para o uso desse tipo de estratégia entre os consumidores de menor renda. Dados da pesquisa Pnad (2009) evidenciam que, embora 69,4% da população brasileira utiliza internet, apenas 35% da população possui computador em sua residência. Nesse contexto, a baixa penetração da internet nos lares e a ainda pequena cultura de compras *on-line* por essa população são fatores que inibem o crescimento de negócios sociais no mundo *on-line*. No entanto, já é perceptível um rápido crescimento da penetração da banda larga em computadores e em celulares nos lares das classes C, D e E. Uma estratégia benéfica para esses negócios seria, portanto, a adoção de um modelo híbrido, o qual contemplaria, mas não restringiria, as vendas e o *marketing* através do meio *on-line*.

A Balcão de Empregos é um caso bem-sucedido desse tipo de estratégia para a divulgação e a venda de seus serviços de colocação profissional para pessoas das classes C, D e E. A empresa conta tanto com um *website*, que recebe currículos de pessoas em busca de emprego, conectando-as a empresas em busca de mão de obra, quanto com um modelo de lojas físicas franqueadas. No primeiro meio, a predominância é de pessoas já conectadas à internet em seus lares, originárias principalmente da classe C. Já na loja é mais frequente o atendimento de pessoas da classe D, que têm menor acesso à internet, ou de adultos ainda não adaptados com o meio *on-line* ou mesmo sem conhecimento de redação de currículo. A Balcão de Empregos, nesse modelo, já atendeu dezenas de milhares de pessoas ao longo de sua história, facilitando a obtenção de empregos pela população de baixa renda e reduzindo os custos para isso.

Os riscos da escalabilidade

Atingir a escalabilidade possui riscos evidentes. Empresas sem inovação radical em seu produto ou serviço, como a Sorridents, precisam criar processos internos capazes de reduzir os custos para alcançar o consumidor de baixa renda. Essa prática já tem longa trajetória dentro do setor privado, como a percorrida pela rede varejista Walmart, hoje um dos maiores beneficiários do conceito de escala do mundo. Com o lema "Preços baixos todos os dias", o gigante do mundo do varejo possui grande poder de negociação e acompanhamento em compras sistematizado, que geraram uma economia de escala altamente eficaz no mundo inteiro.

O Walmart exemplifica, ao mesmo tempo, os riscos da escalabilidade. Num mundo onde a maioria dos empregos se origina nas micro e pequenas empresas, como é o caso de Rafael Albuquerque – em boa parte pertencentes a empreendedores da base da pirâmide –, empresas de tão grande capacidade de escala são muitas vezes vistas como prejudiciais ao comércio local, pois devastam os pequenos negócios, exatamente por oferecerem os melhores preços e condições de pagamento.

Nessa questão, a grande dificuldade estará sempre em como balancear as vantagens para o consumidor de modelos de altíssima escala com as vantagens sociais da existência de um ecossistema de pequenos produtores (ou comerciantes) de menor renda. Soluções que incluam famílias de menor renda na cadeia produtiva ou distributiva– como alguns casos de franquia discutidos acima ou modelos de venda porta a porta, por exemplo, podem ser uma maneira de combinar os benefícios dos ganhos de escala com a inclusão simultânea de milhares de famílias. No entanto, deve-se notar que nem sempre tais alternativas são viáveis.

Desenvolvendo relações diferenciadas com a base da pirâmide

Outro aspecto inovador do campo dos negócios com impacto social que contribui para aumentar o impacto de modelos de negócio nas comunidades e conquistar a credibilidade é baseado no entendimento dos clientes não apenas como consumidores, mas principalmente como cocriadores dos produtos e serviços ofertados e de toda a cadeia de valor da empresa (ver capítulo 3).

A empresa Ouro Verde, pioneira no processo de beneficiamento da cadeia da castanha de caju na Amazônia, é um exemplo dessa assertiva. Em 2002, o então professor universitário Luís Fernando Laranja, após o término do pós-doutorado na USP, decidiu se mudar para a Amazônia a fim de descobrir oportunidades de negócio nessa região. Com apenas 38 mil reais Luís Fernando criou duas empresas, uma das quais a Ouro Verde, a partir da constatação de que 70% do mercado da castanha de caju no Brasil não continha nenhuma agregação de valor ao produto. "O mercado nem se dava o trabalho de descascar a castanha, diminuindo tremendamente o valor do produto", conta o empreendedor.

A partir de uma relação diferenciada com comunidades da Amazônia, incluindo populações indígenas, envolvendo esforços de fortalecimento e engajamento, a Ouro Verde desenvolveu uma cadeia de valor com relações de confiança, quebrando uma grande barreira de entrada para qualquer negócio na região. Quanto ao potencial econômico de sua produção, em 2008, após ganhar o prêmio New Ventures por sua inovação como negócio sustentável, a empresa foi adquirida pelo Grupo Orsa, que, nos três anos subsequentes à aquisição, multiplicou as receitas por oito.

No fundo, empresas como a Ouro Verde têm o diferencial de gerir o tênue balanço entre valor social e econômico. A forma mais simples de equilibrar os dois elementos é criar um processo de tomada de decisão que considere ambos os aspectos simultaneamente. Quando se passa a olhar resultados por essas duas óticas, ocorre um deslocamento da lógica da maximização para a da otimização dos lucros. No entanto, todos os negócios enfrentam *trade-offs* em suas decisões cotidianas – o dilema entre reduzir preços e aumentar investimentos em *marketing*, expandir geograficamente e diversificar a base de produtos, entre outros. Cada decisão, seja estratégica ou operacional, sempre implica uma série de *trade-offs*.

Os negócios com impacto social, da mesma forma, estão também sujeitos aos *trade-offs*, mas neles aparece muito mais fortemente a questão de buscar o equilíbrio adequado entre impacto social e retorno econômico. Administrar essa busca por equilíbrio é relevante tanto para os objetivos sociais quanto para a sustentabilidade econômica do projeto no longo prazo, sobretudo quando não existem inovações suficientemente poderosas, capazes de mudar as regras do jogo em questão.

Outro desafio para os negócios que buscam causar impacto social é livrar-se dos conceitos preconcebidos acerca do consumidor de baixa renda e desenvolver produtos que atendam a uma demanda verdadeira e essencial dessa população. Para tanto, é de extrema importância o acesso a informações quantitativas e qualitativas sobre as populações de baixa renda.

Foi o caso da Sinaf, que, até 2002, operava serviços funerários para a população de baixa renda. Naquele ano, a empresa tomou a decisão de se inserir num novo mercado inexplorado no Brasil, o segmento dos microsseguros. A decisão acabou por ser extremamente bem-sucedida, tanto do ponto de vista do crescimento da empresa quanto do impacto da vida de milhares de pessoas da baixa renda.

Um dos trunfos da Sinaf nesse processo foi o conhecimento profundo das demandas, desejos e disponibilidade financeira do público atendido pela empresa. Quanto maior o impacto social – o que, no caso, quer dizer também o valor percebido de determinado produto –, maior a intenção de compra e o *share-of-pocket,* ou seja, o valor que o consumidor está disposto a pagar por determinado produto.

Conhecimento dos mercados da base da pirâmide

Uma das principais características do empreendedor social oriundo da população de baixa renda está em seu **relacionamento e contato** com o público-alvo. Tal conhecimento vai além da mera compreensão formal dos padrões gerais de consumo e está relacionado ao entendimento mais profundo dos estilos de vida, das escolhas e dos caminhos percorridos pela população. Para os empreendedores que não contam com experiência vivida entre famílias da base da pirâmide, oportunidades de negócio só podem ser percebidas num aprofundamento do olhar sobre costumes, crenças e hábitos da população de baixa renda, o que poderíamos também denominar "desenvolvimento de um olhar antropológico". Por exemplo, falar com a linguagem apropriada para seu público é uma das principais vantagens que empreendedores oriundos da base da pirâmide tem naturalmente. Os "estrangeiros", aqueles provenientes de outros grupos sociais, têm, muitas vezes, que aprender essa nova língua para poder se comunicar.

Em outras palavras, o entendimento do consumidor é uma das grandes vantagens do pequeno negócio de origem popular. Sua proximidade com o mercado, o entendimento de suas necessidades e o contato permanente com o consumidor permitem que o empreendedor tenha clareza e **conhecimento desse mercado,** que, muitas vezes, mesmo com grandes investimentos em pesquisa e em *marketing,* as grandes empresas não têm. Para organizações que não têm conhecimento endógeno sobre determinado mercado a ser trabalhado, o melhor caminho é recorrer aos institutos de pesquisa e consultorias especializadas no consumidor de baixa renda. Novos negócios, no entanto, possuem orçamentos limitados de *marketing* e pesquisa, dificultando o acesso a dados e informações precisas sobre as tendências de consumo e as necessidades do consumidor.

Como foi possível, então, que um dos casos discutidos nesse livro, o CDI Lan (ver capítulo 5), tenha conseguido informações detalhadas sobre os hábitos de consumo, demandas e aspirações dos clientes de sua rede de milhares de *lan houses?*

Por meio de um projeto criativo e simples, a empresa conseguiu não apenas reduzir seus custos de pesquisa, mas obter lucro a partir do acesso a essas informações.

O segredo foi a formação de uma parceria estratégica com o Plano CDE, um dos institutos de pesquisa que são referência quando se trata de consumidor de baixa renda no Brasil. Juntas, ambas as organizações desenvolveram uma pesquisa proprietária a partir da rede de *lan houses* do CDI Lan, na qual hoje circulam cerca de 1 milhão de clientes. As informações obtidas serviram tanto para obter melhor entendimento do cliente final do CDI Lan quanto para possibilitar a ambas as organizações vender as informações estratégicas para grandes empresas, buscando desenvolver negócios para as classes C, D e E, o público típico das *lan houses* no Brasil. Esse é um exemplo interessante de inovação para obtenção de informações de qualidade sobre o cliente final de maneira não só eficiente, mas lucrativa.

Uma forma interessante de desenvolver modelos inovadores é a realização de testes de mercado de maneira constante, eficiente e rápida, como a empresa Innosight Ventures, que realiza investimentos em negócios na base da pirâmide na Índia. Apoiada nos conceitos de Clayton Christensen, cofundador da organização, a Innosight emprega um processo de teste de produtos que dura apenas alguns dias. A metodologia da empresa inicia-se com cinco perguntas:

i. Existe um problema importante que os clientes não conseguem resolver em virtude de as soluções atuais serem de alto custo ou inadequadas?

ii. Existe uma maneira disruptiva de se solucionar o problema de uma maneira mais simples, conveniente ou barata?

iii. Existe uma hipótese plausível de um modelo de negócios escalável e economicamente atrativo?

iv. A equipe de execução possui as competências certas para dar conta do processo de crescimento e aprendizado?

v. Existe o potencial de essa solução prover lucros rápidos para a operação?

Mais do que apenas se fazer essas perguntas no escritório, a equipe da Innosight vai a campo após poucos dias do início da análise de um negócio. Foi o caso da Village Laudry Service[12], criada a partir da identificação do mercado de lavanderias informais como um dos principais geradores de emprego entre a população de baixa renda na Índia. A solução desenvolvida

12 VILLAGE LAUDNRY SERVICE. Disponível em: <http://villagelaundryservice.com>. Acesso em: 7 ago. 2013.

foi um quiosque de 50 metros quadrados que oferece serviços 24 horas de lavanderia, limpeza e secagem de roupas. O quiosque, operado no modelo de microfranquias por empreendedores de baixa renda, está instalado na frente de supermercados e empresas locais.

Apenas um ano após os testes de mercado – iniciados quatro dias após a identificação da oportunidade –, a Village Laundry Service já contava com 25 quiosques espalhados por Bangalore. Foi somente a partir do entendimento profundo de um problema real da população de baixa renda na Índia que a Innosight desenvolveu um modelo de negócio que efetivamente está causando um impacto social de maneira lucrativa.

A capacitação e parcerias

Por fim, outro grande desafio é a falta de capacitação dos pequenos e novos empreendedores, muitas vezes sem educação formal ou específica para gestão de negócios. Segundo o Sebrae, 22% das micro e pequenas empresas do Brasil encerram suas operações durante o primeiro ano de operação. Dessas, 68% das falências têm como principais causas a falta de habilidade de gestão e desconhecimento do mercado. Como já discutimos, existem 8 milhões de empreendedores que poderiam se caracterizar como microempreendedores individuais (MEI), e outros 2,5 milhões de autônomos devem criar negócios formais até 2015.

Algumas organizações têm atuado diretamente para reduzir esse problema e estimular o mercado das micro e pequenas empresas. Alguns dos exemplos mais conhecidos são o próprio Sebrae, a Artemísia, a Endeavor e a Aliança Empreendedora. Ao mesmo tempo, novas empresas como a Works, uma *start-up* que oferece ferramentas *on-line* de gestão para pequenos negócios e educação a distancia para os microempreendedores.

Desenvolver estratégias comerciais para esse tipo de suporte é um dos grandes desafios de quem quer apoiar esses negócios. Afinal, estratégias de responsabilidade social serão sempre limitadas pela ausência de escala. Porém, muitas vezes, o empreendedor não possui recursos para pagar um serviço de assessoria e encontra dificuldade, no primeiro momento, de entender a importância desse apoio. É na criação de vínculo de confiança, tempo e resultados que os avanços dos negócios e das parcerias entre empreendedores e organizações de apoio se constroem. Aqui, cabe mencionar a relevância de iniciativas do terceiro setor, que muitas vezes conseguem alcançar um público de mais baixa renda, conforme destacado por Chu[13], criando um ambiente favorável a novos modelos de negócio. Nesse sentido, a Aliança Empreendedora, com sua grande habilidade de desenvolver parcerias, consegue fomentar desenvolvimento econômico e semear negócios com impacto social para e com a base da pirâmide com os empreendedores de baixa renda.

Nesse caso, muito do apoio passível de ser obtido por parte dos empreendedores só é disponível na forma de parcerias de diversos tipos. O caso de Rafael, relatado na introdução deste capítulo, mostra como ações do terceiro setor constituídas no âmbito de parcerias foram extremamente relevantes. Sua doença foi diagnosticada por um serviço de saúde do terceiro setor. A *lan house* aberta por ele teve apoio do Sebrae e da CDI Lan.

Esses são exemplos de **parcerias** entre o setor público e o terceiro setor e que também podem incluir grandes empresas. Tais parcerias podem ser a chave para o crescimento de pequenos empreendedores e para a descoberta de novas oportunidades. Dessa forma, o tema da capacitação é intimamente conectado ao de parcerias. E, da mesma forma que as grandes empresas precisam de maior conhecimento local e acesso às comunidades, pequenas empresas necessitam de conhecimento, apoio e capacitação para crescer e deixar de ser meros negócios de subsistência.

Um caso interessante para se analisar é o da Sinaf. "O que vendemos é dignidade" – é assim que Pedro Bulcão, presidente e principal sócio da empresa, define o mandato de sua empresa. A Sinaf é um caso bem-sucedido de negócio dirigido à base da pirâmide, com foco no segmento dos chamados microsseguros, especialmente nos seguros de vida.

Para entender de maneira concreta o motivo pelo qual se fala de dignidade no âmbito dos microsseguros, convém citar a obra *Portfolios of the poor* (Collins, 2008), que demonstra que a população de baixa renda necessita de instrumentos financeiros sofisticados para ser capaz de equalizar o fluxo financeiro de sua renda, geralmente inconstante. Os microsseguros são um desses instrumentos.

Imagine um pai de família da classe D, com renda familiar mensal de 900 reais, falecer, causando um déficit no fluxo de caixa da família por determinado período. Dado que a taxa de poupança das famílias de baixa renda é, em geral, muito baixa, a morte do pai, além do óbvio prejuízo pessoal, pode contribuir para que a família entre ainda mais num ciclo de pobreza por dois motivos principais: i) uma fonte de renda familiar, muitas vezes in-

13 CHU, M.; PETKOSKI, D.; RANGAN, V. K. Segmenting the base of the pyramid. *Harvard Business Review*, Boston, p. 113-117, June 2011.

formal e instável, deixa de ser recebida pela família; e ii) a família ainda deve desembolsar todo o recurso necessário para o funeral, velório e enterro do ente querido. Seguros com preços acessíveis para essas famílias são, por isso, um instrumento financeiro que pode prover os recursos necessários para cobrir o alto custo do enterro do ente familiar e garantir uma renda até que a família possa estabilizar novamente seu fluxo financeiro.

No caso da Sinaf, a proposta de valor vai além de garantir apenas a cobertura dos gastos relacionados com a morte do ente familiar. Um dos benefícios do produto é a garantia de uma renda fixa mensal por 24 meses, da cobertura de outras despesas de curto prazo inesperadas. O valor dos prêmios mensais começa em 5 reais por família e gira em torno de 15 a 20 reais, com valores médios de indenização de 10 mil a 15 mil reais, podendo chegar a 50 mil reais.

Pedro Bulcão, que assume os negócios da família, anteriormente apenas concentrados em assistência funeral, prepara, em 1993, a empresa para a inserção no mercado de seguros seis anos depois, com a compra de uma seguradora. A entrada no novo mercado, com maior potencial de crescimento, segundo a análise da época, levou três anos e exigiu investimentos em pesquisas com o consumidor, *marketing* e recursos humanos. Desde então, a empresa vem crescendo a taxas agressivas, atingindo hoje cerca de meio milhão de clientes beneficiados e a posição de liderança no segmento de baixa renda no Brasil.

A primeira estratégia bem-sucedida da empresa foi decidir focar nos segmentos das classes C e D, na época, e até hoje, pouco atendidos pelo mercado. Ao mesmo tempo, atuar no segmento implicava um grande desafio para a empresa, ou seja, o desconhecimento do produto de seguros pela população de baixa renda do Brasil. Pensando nisso, a Sinaf constituiu sua força de vendas com agentes que vivem o contexto e os desafios financeiros de seus clientes. Dessa forma, a empresa consegue acessar a rede de relacionamento local e obtém mais credibilidade junto de seus potenciais clientes, que veem a importância do microsseguro através do exemplo dos próprios vendedores, que utilizam o produto. Ao mesmo tempo, a empresa obtém um impacto social secundário, gerando emprego formal e renda para jovens, que têm, em geral, o primeiro emprego quando contratados como agentes da Sinaf. Outra estratégia bem-sucedida e uma marca registrada da empresa são as propagandas ousadas e bem humoradas, tanto no meio televisivo quanto em mídia impressa.

Conclusão

Este capítulo buscou discutir a perspectiva dos empreendedores sociais que têm capacidade de transformar a sociedade e, em particular, os mercados da base da pirâmide. A maior parte das empresas brasileiras é de pequeno porte e atende a consumidores pobres, possuindo, por isso mesmo, grande relevância para os mercados da base da pirâmide. Além disso, boa parte dessas empresas pertence a pessoas provenientes do segmento de baixa renda, sendo geradoras de renda e empregos para essa população. Assim, identificar como esses negócios podem se fortalecer – com maior retorno financeiro e impacto social – é fundamental.

Novos negócios podem causar muita transformação, seja atrelados a um modelo **escalável** e com impacto social generalizado, seja por meio do estímulo ao universo de microempreendedores que conseguem se desenvolver ao longo do tempo. É, porém, ao **inovar** que esses negócios parecem ter um impacto mais profundo, por suprirem lacunas associadas às oportunidades de desenvolvimento pleno de indivíduos – por exemplo, em educação, saúde, renda, habitação –, ou mesmo trazendo dignidade à família, ao permitir que ela possa cuidar adequadamente de um ente querido num momento delicado como a morte.

Há ainda duas ponderações relevantes a respeito do tempo de desenvolvimento dos negócios com impacto social: a primeira é que existem inúmeras formas de causar **impacto social positivo** e contribuir para a transformação social, até mesmo em setores inexplorados; a segunda, que esses negócios prosperam, em geral, no médio prazo. Isso se dá, em parte, pelas dificuldades de empreender em novos mercados, ou, quando se trata de iniciativas associadas a empreendedores de baixa renda, se capacitá-los para gerir um negócio.

Novos negócios, como os tratados aqui, são, sim, arriscados e exigem **empreendedores dispostos a aprender com os erros** e perseverar. Como se pode observar a partir dos casos discutidos neste capítulo e ao longo deste livro, já existem no campo dos negócios com impacto social diversas iniciativas de empreendedores motivados e conectados com seu propósito de negócios e com a transformação social – o que facilita a consolidação e ajustes de negócio no médio e longo prazos.

Vale ressaltar que, como o setor é novo, as histórias que já conhecemos, como a de Rafael, elucidam aspectos que podem nortear novas iniciativas, desde que olhadas com atenção. Como seria a vida de Rafael se a sua doença fosse diagnosticada precocemente? Quais benefícios uma maior facilidade financeira para se dedicar aos estudos podem trazer a estudantes de baixa renda? Quais outros apoios ao desenvolvimento de seu negócio são necessários? Quais são as lacunas invisíveis que ainda não estamos conseguindo enxergar e que precisam ser quebradas para o desenvolvimento pleno de empreendedores e brasileiros como Rafael?

CAPÍTULO 5

O PAPEL DAS ORGANIZAÇÕES DA SOCIEDADE CIVIL NA CRIAÇÃO E NO DESENVOLVIMENTO DE NEGÓCIOS COM IMPACTO SOCIAL

Vivianne Naigeborin

Organizações da sociedade civil têm um papel crítico na concepção e estruturação de negócios que realmente pretendam gerar mudanças estruturais positivas em comunidades de baixa renda. Este capítulo busca entender as mudanças ocorridas no setor social brasileiro ao longo de sua história até sua aproximação com o universo de negócios. Além disso, com base nos exemplos brasileiros de negócios criados por empreendedores sociais, identificaremos as contribuições que esse setor pode oferecer na criação e/ou cocriação de negócios que sejam significativamente relevantes e transformadores para a sociedade.

Um breve histórico do setor social no Brasil

A busca por novos modelos de negócio que aliem lucratividade e benefício social não se dá somente no âmbito do segundo setor, ou setor empresarial. Quem acompanha a evolução do terceiro setor[1], ou setor social, no Brasil e no mundo também observa o surgimento dessa tendência, impulsionada pela razão de ser do próprio setor, isto é, a busca de soluções para o combate à exclusão, à pobreza e à desigualdade.

O setor social é formado por entidades civis sem fins lucrativos. Segundo Salamon e Anheir[2], essas entidades podem ser definidas como instituições privadas organizadas e com algum grau de formalização interna, que não distribuem lucro, autogovernadas, voluntárias e sem propósitos eleitorais.

Estudo publicado em 2012 pelo IBGE em parceria com o Instituto de Pesquisa Econômica Aplicada (Ipea), a Associação Brasileira de Organizações

---

1 Terceiro setor: conjunto de organizações da sociedade civil de direito privado e sem fins lucrativos que realizam atividades em prol do bem comum. Composto por instituições como as organizações não governamentais e as organizações da sociedade civil de interesse público. O termo, criado por pesquisadores estadunidenses nos anos 1970, parte da ideia de que, além do Estado e do setor privado, haveria uma terceira via, que reuniria atividades privadas voltadas para o atendimento das necessidades coletivas da sociedade. In: SENAC SETOR3. Disponível em: <www.setor3.com.br>. Acesso em: 7 ago. 2013.

2 SALAMON, L. M.; ANHEIER, H. K. *The emerging nonprofit sector*: an overview. Manchester: Manchester University Press, 1996. Apud MÁRQUEZ P.; Ezequiel REFICCO, E.; BERGER, G. *Negócios inclusivos* – Iniciativas con los pobres de Iberoamérica. Inter-American Development Bank, 2011.

Não Governamentais (Abong) e o Grupo de Institutos, Fundações e Empresas (Gife), feito com base no Cadastro Central de Empresas (Cempre), mostrou que, em 2010, existiam 290.700 fundações privadas e associações sem fins lucrativos (Fasfil) no país.[3] O estudo mapeou o universo das organizações da sociedade civil que atendiam simultaneamente aos critérios de entidades privadas, sem fins lucrativos, institucionalizadas, autoadministradas e voluntárias.

Entre o total pesquisado a diversidade era grande: 28,5% administravam diretamente serviços ou rituais religiosos; 15,5% representavam as associações patronais e profissionais; e 14,6% eram entidades de desenvolvimento e defesa de direitos. As áreas de saúde, educação, pesquisa e assistência social (políticas governamentais) totalizavam 18,6%.[4]

A mesma pesquisa também revelou que a idade média das Fasfil em 2010 era de 14,4 anos, sendo a maior parte delas (40,8%) criada entre 2001 e 2010.

A origem do terceiro setor, porém, é muito mais antiga e remonta à filantropia do século XVI. Nesse período, a igreja católica, com suporte do Estado, era responsável pela maior parte das instituições que prestavam algum tipo de assistência à população. É nessa época que surgem, por exemplo, as primeiras santas casas de misericórdia, inicialmente em Santos e Olinda e depois em todo o país. Herdadas da colonização portuguesa, o objetivo delas consistia em prestar assistência médico-hospitalar a pessoas necessitadas e caracterizavam bem a forma de atuação das instituições filantrópicas que predominava na época.

Durante mais de três séculos, a filantropia no Brasil desenvolveu-se de forma assistencialista, baseada nos princípios da solidariedade e da caridade cristã, com forte influência das atividades da igreja católica, e sustentada por filantropos abastados que mantinham asilos, creches, hospitais e educandários.

A partir do século XX, instituições de outras religiões também passaram a atuar nessa área da assistência, dividindo com a igreja católica a parceria com o Estado na criação de instituições de caridade, principalmente voltadas às áreas de educação e saúde.

No final do século XIX e início do século XX, começaram a ocorrer mudanças importantes no relacionamento entre o Estado e essas institui-

3 IBGE. *As fundações e associações sem fins lucrativos no Brasil, 2010*. Rio de Janeiro, 2012. Disponível em: <http://www.ibge.gov.br/home/estatistica/economia/fasfil/2010/fasfil.pdf>. Acesso em: 7 ago. 2013.

4 Idem. Nome do texto. Disponível em: http://www.ibge.gov.br/home/presidencia/noticias/noticia_visualiza.php?id_noticia=2278&id_pagina=1. Acesso em: 7 ago. 2013.

ções. O Estado intensificou sua atuação em áreas como saúde e educação e passou a intervir na gestão administrativa e financeira dessas organizações. Nesse período, o setor social passa a ter forte dependência econômica do Estado.[5]

Além disso, o início da fase de industrialização e urbanização nas décadas de 1920 e 1930 criou um novo cenário no país. A modernização da sociedade trouxe crescimento das cidades e da população operária, gerando uma nova complexidade de problemas sociais. Nessa época surgiram os sindicatos, as associações de classe, as federações e as confederações de trabalhadores, com o objetivo de oferecer auxílio a operários, funcionários públicos e empregados do comércio e de serviços, vinculando o setor privado às práticas de assistência.

O período do Estado Novo caracterizou-se por uma continuidade desse processo de criação de organizações de finalidade pública. O terceiro setor passava a ser composto por inúmeras entidades cuja representatividade já não era tão bem definida.[6]

Nas décadas de 1960 e 1970, durante o governo militar, foram criadas as organizações não governamentais (ONGs), assim denominadas para marcar sua postura de distanciamento da política de governo, gerando uma ruptura no tradicional modelo de dependência econômica do Estado que vigorara até então. Seu principal foco foi lutar pela defesa de direitos políticos, civis e humanos.

Essas organizações diversificaram seu foco de atuação, cresceram e se consolidaram nas décadas seguintes, quando os problemas e as desigualdades sociais se ampliaram no Brasil. E foram fundamentais para disseminar os conceitos de cidadania e constituir as bases do que conhecemos como terceiro setor. Hoje, a expressão ONG é utilizada de forma genérica para denominar qualquer tipo de organização sem fins lucrativos.

Essas organizações desenvolveram também uma nova base de apoio financeiro e administrativo. Várias delas passaram a receber financiamento de agências de cooperação e desenvolvimento internacionais, interessadas em fortalecer a sociedade civil brasileira e a democracia no país. Mas, a partir do final da década de 1980, essas agências começaram a direcionar seus

---

5 ASHOKA; McKINSEY. *Empreendimentos sociais sustentáveis*. São Paulo: Peirópolis, 2001.

6 BNDES. Área de Desenvolvimento Setorial/Gerência de Estudos Setoriais. *Terceiro setor e desenvolvimento social, 2001*. Disponível em: < http://www.bndes.gov.br/SiteBNDES/export/sites/default/bndes_pt/Galerias/Arquivos/conhecimento/relato/tsetor.pdf >. Acesso em: 7 ago. 2013.

recursos para financiar programas sociais em outras regiões, como países da África ou do Leste europeu, cujos problemas sociais tornaram-se visíveis após a abertura política e econômica na região. Ao mesmo tempo, o Estado também reduziu o volume de recursos oferecidos às organizações sociais.

Nos anos 1990 essa combinação de acontecimentos gerou um cenário de escassez de fontes de recursos, que forçou as organizações que atuavam no campo social a buscarem novas alternativas para a sua sustentabilidade financeira, de olho numa nova tendência que surgia nessa mesma época: a entrada do setor empresarial no campo social.

Dois marcos importantes no histórico do ingresso das empresas no campo social são a criação, em 1995, do Grupo de Institutos, Fundações e Empresas (Gife)[7] e, em 1998, do Instituto Ethos de Empresas e Responsabilidade Social[8].

Influenciadas pelas novas tendências da responsabilidade social empresarial[9] e investimento social privado[10], as empresas, num primeiro momento, buscaram financiar, de forma pontual, causas e instituições da sociedade civil com as quais se identificassem. À medida que foram ga-

---

7 O Gife (<www.gife.org.br>) é uma rede sem fins lucrativos que reúne organizações de origem empresarial, familiar, independente e comunitária, que investem em projetos com finalidade pública. É referência no Brasil em investimento social privado.

8 O Instituto Ethos (<www.ethos.org.br>), criado por um grupo de empresários e executivos oriundos da iniciativa privada, é um polo de organização de conhecimento, troca de experiências e desenvolvimento de ferramentas para auxiliar as empresas a analisar suas práticas de gestão e aprofundar seu compromisso com a responsabilidade social e com o desenvolvimento sustentável.

9 Segundo definição do Instituto Ethos, responsabilidade social empresarial é a forma de gestão que se define pela relação ética e transparente da empresa com todos os públicos com os quais ela se relaciona e pelo estabelecimento de metas empresariais que impulsionem o desenvolvimento sustentável da sociedade, preservando recursos ambientais e culturais para as gerações futuras, respeitando a diversidade e promovendo a redução das desigualdades sociais. In: INSTITUTO ETHOS. *O que é RSE*. Disponível em: <http://www1.ethos.org.br/EthosWeb/pt/29/o_que_e_rse/o_que_e_rse.aspx>. Acesso em: 7 ago. 2013.

10 Segundo definição do Grupo de Institutos, Fundações e Empresas (Gife), investimento social privado é o repasse voluntário de recursos privados de forma planejada, monitorada e sistemática para projetos sociais, ambientais e culturais de interesse público. Incluem-se nesse universo as ações sociais protagonizadas por empresas, fundações e institutos empresariais ou instituídos por famílias ou indivíduos In: GIFE. Disponível em: < http://www.gife.org.br/ogife_investimento_social_privado.asp>. Acesso em: 7 ago. 2013.

nhando experiência, algumas optaram por criar suas próprias fundações e institutos, visando tornar seu investimento social mais estruturado e atuar de forma mais estratégica.

No final dos anos 1990 e início dos 2000, ganharam força as denominadas "parcerias e alianças entre empresas e instituições do terceiro setor". Essa aproximação com o setor empresarial influenciou significativamente os modelos de gestão e administração das organizações da sociedade civil (OSC)[11] e inseriu a visão de mercado na lógica de atuação de grande parte das entidades do terceiro setor. A busca por sustentabilidade financeira e profissionalização – características do setor privado – marca uma nova fase no setor e influencia definitivamente muitas das mudanças que ocorreram nos últimos quinze anos.

O gráfico 1 mostra as influências sofridas pelo terceiro setor ao longo do tempo.

Gráfico 1 – Principais fatores que influenciaram a evolução do terceiro setor no Brasil

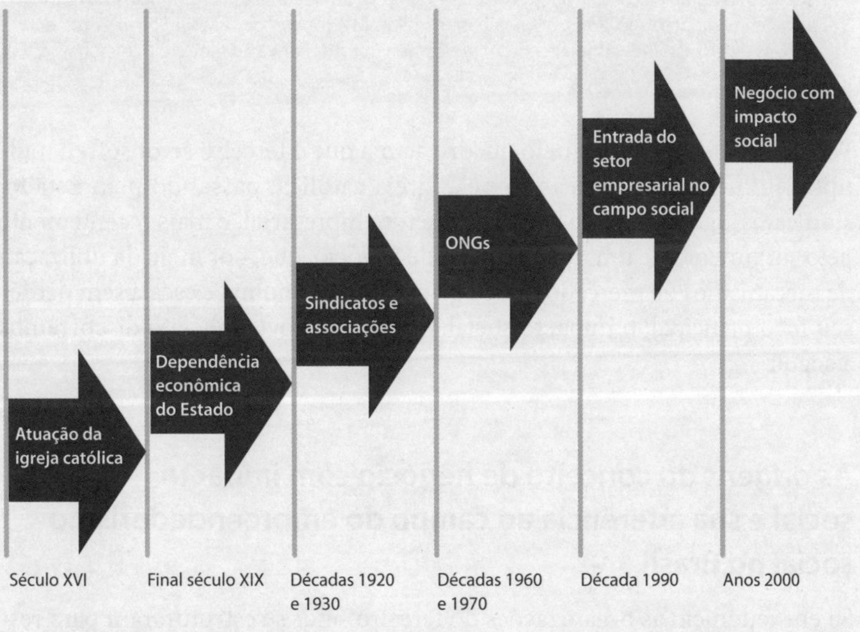

11 Organização da sociedade civil (OSC) é uma denominação adotada pelo Banco Interamericano de Desenvolvimento (BID) no início da década de 1990 e significa a mesma coisa que ONG. O termo é mais usado pela ONU e pelo Banco Mundial. É usada genericamente para se referir a qualquer entidade que desenvolva iniciativas sociais com finalidade pública.

Quadro 1 – Resumo dos principais fatores que influenciaram a evolução do terceiro setor no Brasil

Século XVI – Primeiras santas casas de misericórdia: filantropia baseada nos princípios da solidariedade e da caridade cristã, com forte influência das atividades da igreja católica, e sustentada por ricos filantropos.
Final do século XIX – Dependência do Estado: setor social com forte dependência econômica do Estado. Este intensifica sua atuação em áreas como saúde e educação e passa a intervir na gestão administrativa e financeira das organizações sociais.
Décadas de 1920 e 1930 – Industrialização: surgimento dos sindicatos e associações de classe. Início do vínculo do setor privado com as práticas de assistência.
Décadas de 1960 e 1970 – ONGs: criação, durante o período militar, das organizações não governamentais (ONGs). Postura de distanciamento do governo, ruptura do tradicional modelo de dependência do Estado. Apoio financeiro de agências de cooperação internacional.
Década de 1990 – Entrada do setor empresarial: ampliação da atuação do setor empresarial no campo social e redução do financiamento de agências de cooperação internacional. Em 1995 foi criado o Grupo de Institutos, Fundações e Empresas (Gife) e, em 1998, o Instituto Ethos de Empresas e Responsabilidade Social.
Anos 2000 – Negócios com impacto social: surgimento do negócio social/negócio inclusivo/negócio com impacto social/negócio na base da pirâmide, com foco no desenvolvimento de iniciativas autossustentáveis financeiramente como uma alternativa ao modelo tradicional sem fim lucrativo.

Percebe-se pelo gráfico e pelo quadro acima que o terceiro setor sofreu múltiplas influências, começando pela igreja católica, passando pelo Estado, sindicatos, agências de cooperação e setor empresarial, e mais recentemente pelo surgimento de um novo modelo de negócio, que, por meio da utilização de mecanismos de mercado, busca gerar mais autonomia e escala sem perder seu foco principal, o impacto social. Sobre esse novo conceito discorremos a seguir.

As origens do conceito de negócio com impacto social e sua aderência ao campo do empreendedorismo social no Brasil

Se em seu início as organizações do terceiro setor se estruturaram para responder à lógica do setor público e, depois, às agências de cooperação internacional, a partir da década de 1990 elas passaram também a adequar sua comunicação e seu *modus operandi* para se inserir na lógica empresarial.

O relacionamento com as empresas abriu novas possibilidades de atuação para essas organizações. Fortaleceu-se a ideia de que a diversificação das fontes de recursos era uma forma eficiente de garantir a sustentabilidade, em oposição à antiga dependência de uma ou poucas fontes de recursos, que havia se mostrado frágil em termos de sustentabilidade no longo prazo.

Entre as estratégias desenvolvidas, surgiram iniciativas de geração de receitas próprias, por meio da venda de produtos e serviços com mensagens de cunho institucional. Inicialmente, foram comercializadas camisetas, canecas e outros objetos que disseminavam a causa na qual a organização estava inserida. A produção era terceirizada, e o lucro, revertido para a sustentabilidade da organização. Algumas organizações passaram a vender produtos artesanais elaborados pelas comunidades atendidas em seus diferentes programas sociais. Nesse caso, a geração de renda era compartilhada entre a instituição e os artesãos.

Acostumados a trabalhar criativamente no desenho de soluções para superar o contexto de pobreza e exclusão em que estavam inseridos, alguns empreendedores sociais não tardaram muito em perceber que a venda de produtos e serviços poderia gerar outros benefícios e oportunidades de desenvolvimento e inclusão econômica para as comunidades em que atuavam. Novas ideias de negócio surgiram, bem mais arrojadas e, muitas vezes, desafiadoras da forma tradicional de se fazer negócios. Os negócios com impacto social começaram a ser percebidos como uma estratégia para conquistar a tão desejada autonomia financeira, além de permitir às organizações ampliar o impacto e a escala de suas ações.

Organizações de base comunitária vislumbraram na abertura de pequenos negócios a possibilidade de gerar trabalho e renda para populações excluídas das cadeias produtivas tradicionais, além da promoção do desenvolvimento local. Outras entreviram a possibilidade de oferecer uma alternativa de geração de renda a mulheres, fortalecendo-as como lideranças dentro das famílias e das comunidades.

Instituições socioambientais enxergaram no negócio com impacto social a possibilidade de criar uma alternativa econômica sustentável para pequenas comunidades, cujas atividades produtivas e geradoras de renda tradicionalmente estabelecidas degradavam o meio ambiente.

Organizações que trabalhavam com jovens viram nesse modelo uma forma de criar a oportunidade do primeiro emprego para um público capacitado e treinado, mas cujo acesso ao mercado de trabalho era continuamente inviabilizado pela exigência de experiência profissional prévia.[12]

12 ASHOKA; McKINSEY, op. cit.

A ideia de um negócio com impacto social operado por organizações da sociedade civil de distintas áreas de atuação começava a tomar forma e a fazer sentido num setor tradicionalmente conhecido como não econômico e não lucrativo.

Um exemplo que ilustra bem os primeiros modelos de negócios surgidos no campo social foi a Agência Quixote Spray Arte, desenvolvido pelo Projeto Quixote, ganhador da primeira edição do Prêmio Empreendedor Social Ashoka-McKinsey no ano 2000.[13]

O Projeto Quixote, Oscip[14] sem fins lucrativos ligada à Universidade Federal de São Paulo (Unifesp), atua em São Paulo desde 1996, com a missão de transformar a história de crianças, jovens e famílias em complexas situações de risco, por meio do atendimento clínico, pedagógico e social, apostando na arte, na saúde e na educação como forma de aproximação com esse público. A ideia vencedora do concurso foi a criação de um negócio sustentável financeiramente que, além de gerar recursos e visibilidade para a organização, funcionaria como um espaço de primeiro emprego e geração de renda para jovens, possibilitando o desenvolvimento de suas habilidades profissionais e sua reinserção social. Os produtos negociados pela agência – serviços de grafite em condomínios, comércios, oficinas culturais e peças de vestuário – eram relacionados à cultura *hip hop*.[15]

Surgia assim uma nova forma de empreendedorismo social, que combinava mecanismos de mercado, capacitação e inclusão econômica e social.

Apesar do crescente interesse por esse novo modelo de negócio, naquele momento ainda havia muitas dúvidas sobre a viabilidade de se criar e operar negócios que combinassem a visão social e de mercado e fossem sustentáveis no longo prazo, sem se desviar de sua missão. Muitos receavam que a inclusão de métricas econômicas na avaliação dos resultados, mais cedo ou mais tarde, comprometeria valores e princípios de desenvolvimento humano, inerentes às iniciativas sociais.

---

13 Prêmio Empreendedor Social Ashoka-McKinsey: concurso pioneiro, realizado pela Ashoka e pela consultoria McKinsey and Co. no Brasil entre os anos 2000 e 2006, que selecionou e capacitou organizações da sociedade civil brasileiras na elaboração de planos de negócio que aliavam geração de recursos financeiros e impacto social.

14 A definição de organização da sociedade civil de interesse público (Oscip) é oriunda da Lei Federal 9.790, de março de 1999, que institui uma qualificação aplicável a pessoas jurídicas de direito privado sem fins econômicos (associações ou fundações).

15 Para mais informações: <http://www.agenciaquixote.epm.br/>.

Nos últimos dez anos, novos negócios com impacto social originados de organizações da sociedade civil se multiplicaram e se diversificaram, influenciados, entre outros motivos, por movimentos como os do comércio justo[16] e da economia solidária[17], que, apesar de mais antigos, só ganharam força no Brasil no início dos anos 2000.

A Aliança Empreendedora[18], organização da sociedade civil fundada em 2005, é uma das instituições que se destacam nesse novo campo. Liderada por um jovem empreendedor social, a Aliança desenvolve projetos de empreendedorismo comunitário em regiões de baixa renda, em comunidades urbanas e rurais dos estados do Paraná, Pernambuco, São Paulo e Santa Catarina. A Aliança incentiva e apoia microempreendedores de baixa renda para que iniciem e ampliem seus negócios de forma a gerar inclusão, empregos e o desenvolvimento de suas comunidades, ajudando-as a superar a situação de pobreza.

A Aliança Empreendedora é uma boa referência desse modelo mais recente de OSC com foco no social e no econômico, descrito anteriormente. Ela atua de forma direta, capacitando microempreendedores de baixa renda nas comunidades, e oferece serviços de consultoria e treinamento a empresas que queiram desenvolver negócios que incluam microempreendedores de baixa renda como fornecedores, vendedores ou distribuidores. De um lado, empresas como Natura, Gerdau e Danone, e, de outro, microcabeleireiras,

---

16 Comércio justo: parceria comercial baseada em diálogo, transparência e respeito, que busca maior equidade nas relações comerciais e contribui para o desenvolvimento sustentável por meio de melhores condições de troca e da garantia de direitos para produtores e trabalhadores marginalizados. In: INTERNATIONAL FEDERATION OF ALTERNATIVE TRADE. Disponível em: <http://www.wfto.com/>. Acesso em: 7 ago. 2013.

17 Empreendimentos econômicos solidários são organizações com as seguintes características: 1) coletivas (organizações suprafamiliares, singulares e complexas, tais como associações, cooperativas, empresas autogestionárias, clubes de trocas, redes, grupos produtivos etc.); 2) seus participantes ou sócias/os são trabalhadoras/es dos meios urbano e/ou rural que exercem coletivamente a gestão das atividades, assim como a alocação dos resultados; 3) são organizações permanentes, incluindo os empreendimentos que estão em funcionamento e as que estão em implantação, com o grupo de participantes constituído e as atividades econômicas definidas; 4) podem ter ou não registro legal, prevalecendo a existência real; 5) realizam atividades econômicas que podem ser de produção de bens, prestação de serviços, de crédito (ou seja, de finanças solidárias), de comercialização e de consumo solidário. In: FÓRUM BRASILEIRO DE ECONOMIA SOLIDÁRIA. Disponível em: <www.fbes.org.br>. Acesso em: 7 ago. 2013.

18 Para mais informações: <www.aliancaempreendedora.org.br>.

catadores e vendedoras porta a porta. A Aliança atua como intermediária na formação e no apoio à rede de microempreendedores e na inclusão destes na cadeia produtiva das empresas.

A experiência da entidade em atuar com iniciativas baseadas no mercado e que combinavam resultados econômicos e sociais foi decisiva para a criação, em 2006, da empresa social Solidarium.[19]

A Solidarium foi fundada a partir da constatação de que muitos grupos produtores[20] (associações, cooperativas e grupos informais) de todo o Brasil tinham dificuldade em criar, produzir e comercializar produtos no mercado tradicional. Ela percebeu que as vendas em lojas próprias ou de comércio justo, feiras, catálogos e *e-commerce* não eram suficientes para atender às necessidades dos produtores, nem tampouco gerariam o impacto social e econômico desejado por todos. Surgiu então a ideia de desenvolver canais de comercialização com as grandes lojas e redes varejistas, aproveitando a penetração destas em grande parte do país, a grande quantidade de lojas e sua capacidade de comprar grandes volumes. Walmart, Tok&Stok e Renner figuram entre os clientes da empresa social.

Além de inovar o canal de distribuição, a empresa buscou melhorar o *design* dos produtos, adaptando-os aos gostos e necessidades de um mercado não necessariamente familiarizado com a causa do comércio justo. Para isso, estabeleceu parcerias comerciais com escritórios reconhecidos que ajudassem o negócio social a agregar mais valor aos produtos da marca.

A Solidarium foi desenhada para se tornar autossustentável financeiramente e ainda reinvestir o excedente no seu crescimento.[21] Formalizada como empresa limitada, a Solidarium é um negócio inserido no mercado, com metas econômicas claras e ambiciosas, mas guiada pelos valores e princípios de inclusão e solidariedade da organização de onde se origina. Seu grande desafio será preparar-se para atender a demandas cada vez maiores, em prazos menores, com excelente qualidade e nível de serviço, sem perder de vista o foco na geração de benefício social e econômico a um número

19 Para mais informações: <www.solidarium.net>.

20 Segundo a Secretaria Nacional de Economia Solidária, existem mais de 21 mil empreendimentos desse tipo no Brasil. Para mais informações: <http://www.mte.gov.br/ecosolidaria/secretaria_nacional.asp>.

21 NEXTBILLION BRASIL. *Oportunidades e desafios na inclusão de microempreendedores*. Disponível em: < http://brasil.nextbillion.net/blog/2011/01/18/oportunidades-e-desafios-na-incluso-de-microempreendedores>. Acesso em: 7 ago. 2013.

cada vez maior de produtores locais. A parceria com organizações como a Aliança Empreendedora e o comprometimento de seus fundadores com a causa do comércio justo e com o bem-estar dos grupos produtores são diferenciais que tornam a Solidarium apta a superar esse desafio.

Atributos, virtudes e desafios de empreendedores sociais na criação de seus negócios

A incursão do setor social no campo dos negócios permitiu identificar com mais clareza quais as possibilidades e também os desafios e dilemas de se desenvolverem negócios no âmbito de uma organização da sociedade civil.

De forma geral, o desenvolvimento de qualquer negócio que visa gerar impacto social representa um desafio a qualquer empreendedor, que é combinar talentos e expertises diferentes para alcançar simultaneamente resultados econômicos e sociais relevantes.

No campo das organizações sem fins lucrativos, isso não é diferente. A incorporação de mecanismos de mercado à lógica de ação social agrega uma dimensão nova e mais complexa à prática cotidiana dessas organizações, o que exige o desenvolvimento de novas competências empresariais, nem sempre presentes no empreendedor social ou em membros da equipe.

Ao mesmo tempo, a relação com um novo ator, o mercado, requer das organizações permanente reflexão sobre os processos de gestão a serem implementados, para garantir que eles estejam alinhados com os valores e princípios que regem o campo social, como cooperação, solidariedade, compromisso com a diversidade, inclusão social, geração compartilhada de riquezas e preservação ambiental.

Se, por um lado, a falta de competências específicas para gerir um negócio e o tempo requerido para a adaptação de processos de gestão são desafios concretos a serem superados por organizações do setor social, por outro, são esses também os principais fatores que impulsionam a criação de modelos de governança mais inovadores que não só garantam eficiência ao negócio, mas também assegurem distribuição equitativa de poder e riqueza, ao longo de toda a cadeia de valor.

Para muitos empreendedores sociais um negócio não deve apenas servir a pessoas de baixa renda, mas também buscar trabalhar *com* elas para promover mudanças no mundo. Eles trabalham com o pressuposto de que a criação de negócios deve distribuir bem-estar, poder e renda (e não somente produtos e serviços) entre mais – e diferentes – pessoas. Dessa forma, cumprem um papel importante na geração de modelos mais inclusivos de governança, inovando nos processos de tomada de decisão, na distribuição de lucros, na relação com clientes, *stakeholders*, entre outros.[22]

Um atributo inerente às organizações sociais e que as difere bastante das empresariais é sua visão sistêmica em relação aos problemas sociais. Isso explica por que muitas organizações têm dificuldade de focar na resolução de um só problema. Esse fenômeno é particularmente mais frequente nas instituições criadas antes do ano 2000. Ao contrário das empresas que definem seu nicho de atuação, as OSCs visam solucionar problemas mais complexos e, assim, costumam desenvolver diferentes ações, a fim de tentar atender às diversas demandas sociais identificadas no contexto de carência e pobreza em que atuam. Quando ingressam no campo dos negócios, a tendência delas é seguir essa mesma lógica, criando diferentes empreendimentos, muitas vezes em setores bastante diversos. É o caso, por exemplo, da Associação Lua Nova, de Sorocaba, São Paulo, que atende a jovens mães em situação de vulnerabilidade, buscando "valorizar a maternidade e transformar a percepção da gravidez na adolescência de problema para possibilidade de superação"[23]. Visando criar oportunidades de emprego e renda para essas mulheres, a Lua Nova incubou diferentes negócios, que vão da produção e venda de bonecas a serviços de *buffet* para eventos, passando pela criação de uma empreiteira, que fabrica tijolos ecológicos e constrói casas. A diversidade possibilita beneficiar-se das oportunidades que surgem e, ao mesmo tempo, aproveitar as diferentes vocações da população que atendem. A gama variada de iniciativas certamente gera complexidade e torna mais desafiadora a consolidação e o crescimento de cada negócio – e, consequentemente, a busca por rentabilidade. Mas, para essas instituições, o negócio se justifica pelo impacto que gera, e não por seu crescimento ou potencial de rentabilidade.

Outra característica marcante de empreendedores do setor social é a vocação para inovar. Em uma de suas publicações recentes, a Comissão Econômica para a América Latina e o Caribe das Nações Unidas (Cepal) define inovação no setor social como "novas formas de fazer coisas" e "novas formas de gestão" com respeito ao estado de arte de uma região, que permitam resultados melhores que os modelos tradicionais, que sejam custo-eficientes e, muito importante, que promovam e fortaleçam a participação da comunidade e dos beneficiários, convertendo-os em ver-

22 Para mais informações, recomenda-se a leitura do artigo "A governança nos negócios sociais", de Vivianne Naigeborin, que apresenta as conclusões de debate realizado entre empreendedores de negócios sociais da rede Artemisia Brasil e Ashoka América Latina em outubro de 2009. Disponível em: <http://tech.ashoka.org>.

23 Para mais informações: <http://www.luanova.org.br/>.

dadeiros atores de seu próprio desenvolvimento e, portanto, fortalecendo a consciência cidadã – e, com ela, a democracia.[24]

Empreendedores sociais reconhecem quando a sociedade está estacionada em um paradigma ineficiente. A indignação deles diante de padrões e comportamentos antigos que aprofundam as desigualdades sociais os impulsiona a buscar soluções inovadoras. Por disporem de poucos recursos financeiros e terem uma estrutura pequena e flexível, os empreendimentos sociais costumam funcionar como verdadeiros laboratórios de criatividade, buscando alcançar maior eficiência com menor custo. Nesse sentido, é comum que criem e testem continuamente novos programas ou, no caso de negócios que visam impacto social, novos produtos ou serviços, ou, ainda, novos modelos de produção, promoção ou distribuição de produtos e serviços existentes.

Além da capacidade de inovar, essas organizações costumam ter um diferencial ainda mais importante que vem sendo crescentemente cobiçado por muitos que desejam desenvolver negócios na base da pirâmide: bom conhecimento dos desejos, aspirações e necessidades das comunidades de baixa renda, bem como de sua dinâmica de funcionamento. Elas costumam ainda gozar de boa reputação entre as lideranças comunitárias, além de possuir credibilidade e confiança para estabelecer diálogos, abrir portas e desenvolver relações de parceria com as comunidades no desenvolvimento de novos negócios.

O CDI Lan, negócio surgido a partir do Comitê de Democratização da Informática (CDI)[25], é um exemplo estimulante de como uma organização social pode aproveitar sua experiência, conhecimentos e redes para fomentar o empreendedorismo de negócios com impacto social e desenvolver novos canais de comercialização de produtos e serviços para comunidades de baixa renda.

O CDI foi criado em 1997 e trabalha com inclusão digital sustentável em benefício das comunidades excluídas. Presente em mais de dez países, só no Brasil já conta com mais de 750 CDIs comunidades em vinte estados, muitas delas em lugares remotos. Pioneiro no campo da inclusão digital, o CDI apoiou em 2009 a criação da Associação Brasileira de Centros de Inclusão Digital (Abcid), instituição que incentiva a qualificação e a legalização das *lan houses* no país. Hoje existem cerca de 100 mil *lan houses* no

---

24 MARULANDA, N. R.; TANCREDI, F. B. *Da inovação à política pública*: histórias de êxito na América Latina e no Caribe. Cepal–Fundação Kellogg, 2011. Disponível em: <http://www.cepal.org/publicaciones/xml/8/44588/Da-innovacao-a-politica-publica.pdf >. Acesso em: 7 ago. 2013.

25 Para mais informações: <http://www.cdi.org.br>.

país, que respondem por 45% do acesso à internet e conectam 30 milhões de brasileiros predominantemente de comunidades de baixa renda.[26]

Em sua grande maioria, as *lan houses* são estabelecimentos criados e gerenciados por microempreendedores e lideranças comunitárias com pouca formação e pouco conhecimento em gestão de negócio. Além disso, há um alto grau de informalidade nessa atividade, o que, somado a uma gestão frágil, reduz as chances de crescimento desses empreendimentos no longo prazo.

O CDI Lan criou uma rede que já conta com mais de 6 mil *lan houses* em todo o país e, com o apoio de parceiros, está capacitando seus empreendedores para transformá-las em centros de convivência e distribuição de serviços relevantes para a base da pirâmide, com foco em educação e microfinanças.

O CDI Lan cria códigos de conduta e oferece programas para a melhoria da gestão financeira e operacional das *lans*, ampliando assim o potencial desses empreendedores, muitos deles de baixa renda, de se manterem e terem negócios mais rentáveis. O mais interessante, porém, é que o CDI Lan começa a estabelecer parcerias comerciais com fornecedores, para que as *lans* possam oferecer produtos e serviços de relevância social, como cursos de educação a distância, serviços bancários ou acesso a instituições como o Sebrae[27], por meio de um programa de atendimentos *on-line* do Sebrae à comunidade.

A capacidade de inovar, o conhecimento do funcionamento dessas comunidades e o compromisso com as populações mais pobres ajudam a entender por que o principal público beneficiado por micro e pequenos empreendimentos, em sua maioria originados de organizações do terceiro setor, é a população que pertence às faixas de renda mais baixas, de até cinco salários mínimos, com concentração na faixa de até dois salários. Esse foi um dos resultados do primeiro mapeamento brasileiro de negócios sociais/negócios inclusivos realizado no primeiro semestre de 2011, apresentado com mais detalhes no capítulo 11. O mapeamento comprovou a vocação e a capacidade dos negócios de pequeno porte de atender às classes D e E, com menor ênfase na classe C (renda de cinco a dez salários), que, atualmente, é o principal foco de atenção das empresas de maior porte.[28]

---

26 NEXTBILLION BRASIL. *Lan houses*: um canal transformador. Disponível em: <http://brasil.nextbillion.net/blog/2011/01/18/lan-houses-um-canal-transformador>. Acesso em: 7 ago. 2013.

27 Serviço de Apoio às Micro e Pequenas Empresas (Sebrae).

28 O mapeamento foi realizado pelo Plano CDE e coordenado pela Potencia

Os desafios da distribuição de lucro, da escala e das parcerias

A tensão entre lucro e impacto social é fruto de intenso debate no campo das organizações da sociedade civil, originalmente criadas para não ter finalidade lucrativa. Exatamente por isso, vários empreendedores sociais no Brasil e no mundo compartilham a visão defendida por Muhammad Yunus[29], pioneiro na criação de negócios sociais no terceiro setor. Como descrito no capítulo 2, Yunus argumenta que, em um negócio social, os investidores só podem recuperar o capital investido, sem direito a lucro e dividendos. Os lucros só podem ser distribuídos entre os sócios se estes pertencerem às próprias comunidades, porque, nesse caso, a distribuição de dividendos os estaria ajudando a sair da pobreza.

O argumento principal do criador do Grameen Bank é que a distribuição de dividendos para os sócios (desde que não sejam os pobres) geraria um conflito de interesses difícil de resolver nas operações de uma organização. Outros empreendedores sociais, porém, têm se mostrado abertos a receber investimentos com expectativa de retorno financeiro e distribuição de lucro (ver capítulo 7). O argumento deles é o mesmo defendido pela corrente que se opõe às ideias do professor Yunus e que é representada, entre outros, por especialistas como Stuart Hart[30] e Michael Chu[31]. Eles defendem a distribuição de lucro por entender que essa abordagem possibilita atrair mais investidores e permite o crescimento de negócios com impacto social em uma velocidade maior para superar os desafios sociais existentes no mundo.

Por se tratar de um novo campo, precisaremos de algum tempo para observar quais são as implicações de se distribuir ou não lucro para investidores e até que ponto isso pode ou não comprometer os resultados sociais de um negócio. No âmbito dos negócios criados a partir das organizações da sociedade civil, essa vigilância será ainda maior, porque diz respeito à

Ventures, Fundação Avina e Ande Polo Brasil. Para outras informações, ver artigos relacionados no portal: <http://brasil.nextbillion.net/>.

29 YUNUS, M. *Creating a world without poverty*. Philadelphia: Public Affairs, 2007; e *Building social business*. Philadelphia: Public Affairs, 2010.

30 Stuart Hart é professor de administração na Universidade de Cornell e autor de vários trabalhos acadêmicos sobre sustentabilidade e negócios com a base da pirâmide.

31 Michael Chu é professor da Harvard Business School e sócio-fundador do Ignia Fund (<http://www.ignia.com.mx>), empresa de capital de risco do México, que investe em projetos rentáveis que atendam a pessoas de baixa renda.

preservação da finalidade original desse setor, que é o desenvolvimento de atividades em prol do bem comum.

Outro debate acalorado entre as OSCs que desenvolvem negócios com impacto social diz respeito à expectativa de crescimento do negócio e, consequentemente, ao seu potencial de geração de impacto social e de lucro. Se em grandes empresas a escala para qualquer negócio é sempre uma premissa obrigatória, nas OSCs isso nem sempre é um aspecto tão relevante, pelo menos quando analisado pela própria OSC que o criou.

Muitos empreendedores sociais optam por expandir regionalmente seu negócio, não pelo crescimento da estrutura própria, mas pela incorporação de parceiros locais – outras OSCs, empresas ou lideranças comunitárias –, a quem eles transferem o *know-how*, transformando-os em sócios, parceiros ou franqueados. O principal argumento para a adoção dessa estratégia é que a incorporação de atores locais na expansão do negócio, além de garantir um modelo mais alinhado às expectativas e necessidades de cada região, cumpre outro papel ainda mais importante: o de fortalecer o desenvolvimento de redes de atores e gerar mais oportunidades de emprego e renda na própria região. Tudo isso, na visão desses empreendedores, contribui para multiplicar o impacto social gerado pelo negócio.

Pablo Ordoñez, empreendedor social argentino fundador da comercializadora de produtos El Arca[32], chama isso de "ganhar escala pela soma de vários pequenos parceiros e não pelo crescimento de uma única organização".

O dilema de escalar ou não o negócio também tem muita relação com o perfil do empreendedor e sua capacidade/intenção de gerenciar um grande negócio *versus* seu desejo de, uma vez consolidado o modelo, transferi-lo a outros para poder empreender novas ideias.

A preferência pela criação e lançamento de novas ideias, em vez de operá-las, ajuda a explicar por que empreendedores sociais tendem a criar vários negócios em lugar de se dedicarem exclusivamente ao crescimento de um só empreendimento. De maneira geral, a maioria deles se envolve bastante na fase inicial de criação e lançamento do novo negócio, mas, uma vez desenhado e testado o modelo, novas lideranças são incorporadas para consolidá-lo e promover seu crescimento.

Ainda que mantenha participação no negócio criado, é bastante comum que o empreendedor social continue vinculado à sua entidade social original, até porque só ali dispõe da liberdade de que necessita para continuamente criar e experimentar novas ideias que gerem impacto social. Esse,

32 Para mais informações: <http://www.elarcamendoza.com.ar>.

aliás, é o caso dos empreendedores criadores da Aliança Empreendedora e do CDI, já citados.

Outro aspecto interessante no surgimento de negócios no setor social diz respeito às parcerias entre OSCs e empresas. O crescente interesse das grandes empresas por novos modelos de negócio voltados para a população de baixa renda tem gerado mudanças na relação destas com as organizações da sociedade civil (ver capítulo 3).

As organizações da sociedade civil têm sido cada vez mais valorizadas por diferentes especialistas em negócios na base da pirâmide[33], devido ao conhecimento que acumulam no acesso e no relacionamento com comunidades de baixa renda, bem como no entendimento da problemática social enfrentada por essa população. E, como já foi mencionado, têm demonstrado capacidade de se tornarem parceiros estratégicos em diferentes etapas da criação e desenvolvimento de novos negócios, na medida em que conhecem as reais necessidades desse público e sua forma de se organizar e comunicar. A partir do conhecimento que possuem sobre a dinâmica de funcionamento das comunidades, elas podem colaborar para o desenho de soluções diferenciadas que atendam às reais necessidades dessa população. Podem, ainda, fornecer informações importantes que ajudem a superar os desafios de promoção, distribuição e precificação comumente encontrados nos modelos de negócios para pessoas de baixa renda.

As OSCs podem também apoiar a identificação, a capacitação e a inclusão de pessoas de comunidades de baixa renda na cadeia de valor de grandes empresas como produtores, distribuidores, franqueadores etc. Acima de tudo, as OSCs são atores-chave no estabelecimento das bases de confiança para a construção de um relacionamento entre empresas e comunidades, facilitando o diálogo e a identificação de novas oportunidades de negócio. Por sua finalidade pública e por seu compromisso com o bem comum, elas gozam de legitimidade e isenção para avaliar se um negócio realmente está desenhado para gerar impacto positivo, e estão permanentemente atentas para identificar eventuais desvios na intenção do negócio de servir às populações de baixa renda.

33 PRAHALAD, C. K.; HART, S. The fortune at the bottom of the pyramid. *Strategy + Business*, Sheffield (UK), n. 26, p. 2-14, 2002.

O público e o privado – Como dividir responsabilidades e gerar sinergia

As organizações sociais também cumprem um papel importante quando questionam a função dos negócios na promoção de serviços que deveriam ser oferecidos pelo governo e quando estimulam o equilíbrio saudável entre a participação do Estado e a contribuição do mercado.

É consenso entre as organizações do setor social a necessidade de aproximar as diferentes instâncias do setor público do campo dos negócios com impacto social para que, juntos, governo e sociedade busquem compreender quais produtos e serviços devem ser oferecidos no âmbito privado e quais são os de responsabilidade das diferentes instâncias governamentais.

Também é preciso aprofundar a compreensão sobre a responsabilidade de cada setor na oferta de produtos e serviços, especialmente os de necessidade básica, como educação, saúde, habitação e energia, entre outros.

Além disso, é importante compreender que há limitações e fragilidades na criação de determinados negócios, principalmente em sua capacidade de oferecer produtos e serviços mais complexos e onerosos às populações das classes muito, muito pobres.

Vale ressaltar também que a lógica dos negócios não é e nem deveria ser capaz de oferecer soluções para todos os desafios sociais. Instituições de defesa de direitos ou de assistência social, por exemplo, dificilmente terão condições de operar por meio de modelos de negócio e necessitarão de subsídios públicos ou privados para realizar suas ações.

Por todo o exposto, o setor social desempenha papel fundamental na promoção, qualificação e aprofundamento de um debate mais amplo sobre esse tema e no estímulo à criação de maior diálogo e sinergia entre programas e políticas públicas e o campo dos negócios com impacto social.

Por fim, entre todas as contribuições que as organizações da sociedade civil podem oferecer a esse novo campo, a mais importante delas certamente diz respeito à garantia de que esses negócios não percam o foco na geração de impacto social. Isso porque a combinação de um modelo que abrigue duas lógicas distintas, a de "ganhar dinheiro" e a "de fazer o bem", ainda está em construção. É importante que existam instituições de finalidade pública, comprometidas em zelar para que os modelos criados consigam cumprir seus reais propósitos de gerar impacto positivo, promover desenvolvimento e efetivamente melhorar a qualidade de vida das populações mais pobres.

CAPÍTULO 6

ENTRE O PÚBLICO E O PRIVADO: EDUCAÇÃO, SAÚDE E HABITAÇÃO NO BRASIL

Haroldo da Gama Torres[1]

1 O autor agradece os generosos comentários de Edney Cielici Dias, George Martine, Henrique Oswaldo Torres, Vera Schattan Pereira, Celina Souza e Maria Paula Ferreira.

Este capítulo aprofunda a questão da relevância do setor privado em setores que usualmente são percebidos como típicos da oferta do setor público. Com base na discussão dos setores de educação, saúde e habitação, analisa-se como os negócios com impacto social podem ser uma vertente importante para oferta desses serviços e argumenta-se que políticas públicas poderiam e deveriam ser pensadas de forma a incentivar e apoiar essas iniciativas.

Introdução

O setor privado tem um papel muito mais significativo na provisão de serviços públicos do que supõem muitos dos que atuam na área.[1] E isso acontece mesmo na oferta de serviços de saúde e educação para famílias pobres. Por exemplo, 5 milhões de alunos oriundos de famílias com renda familiar inferior a 2.490 reais estudavam em escolas privadas em 2009. No mesmo ano, famílias desse grupo de renda gastaram 37 bilhões de reais em saúde, ou um terço do gasto total das famílias brasileiras nesse setor.

Além de detalhar esses aspectos, este capítulo pretende também mostrar que o reconhecimento e o fortalecimento da presença privada na oferta de serviços públicos podem contribuir para a melhoria dos indicadores sociais e das condições de vida, dependendo das conjunturas institucionais existentes e do sistema de regulação. Em outras palavras, compartilhamos do argumento proposto por Beland e Gran[2], de que os esforços públicos e privados na área de serviços sociais não podem ser compreendidos como aspectos separados, mas como partes de um mesmo processo de provisão de serviços.[3]

Muitos leitores considerarão esse argumento problemático. Afinal, o governo brasileiro oferece de forma gratuita ou subsidiada diversos serviços supostamente "universais", como ensino fundamental, saúde básica, sanea-

1 Um dos poucos autores que reconhecem de forma explícita essa dimensão é SCHWARTZMAN, S. *Os desafios das políticas sociais para a América Latina.* Texto apresentado no Fórum Latino-Americano de Políticas Sociais: Abordagens e desafios. Belo Horizonte: Fundação João Pinheiro, 8-10 ago. 2007.

2 BELAND, D.; GRAN, B. *Public and private social policy*: health and pension policies in a new era. New York: Palgrave MacMillan, 2008.

3 Ibid. "A second important contribution made by this line of research is its observation that rather than separate public and private efforts, a continuum better describe efforts to provide social benefits."

mento, gás de cozinha e energia elétrica. O governo também oferece, de forma parcial, subsídios ou produtos gratuitos nas áreas de habitação popular, ensino infantil, médio e universitário, internet, livros didáticos, alimentos, microcrédito e remédios. Finalmente, o governo transfere renda diretamente para os mais pobres por meio da aposentadoria (subsidiada em muitos casos) e de programas de transferência de renda, como o Programa Bolsa Família. Isso implica que a própria capacidade de compra dos mais pobres é influenciada pelo papel do governo.

Mas, embora a presença do setor público seja realmente maciça, o setor privado também está presente de diferentes maneiras na oferta desses serviços para a base da pirâmide, e em alguns casos de forma particularmente intensa. Nesse sentido, a dificuldade está em que nossos formuladores de políticas (e nossos empreendedores potenciais) reconheçam essa presença e a positivem, isto é, passem a considerá-las uma possível contribuição adicional para a melhoria das condições sociais.

Esse tema, também caracterizado como cooperação público-privada, tende ainda a ser visto com desconfiança entre nós, particularmente na área de serviços sociais.[4] Trata-se de um debate polarizado, objeto de grande pressão de diversos grupos de interesse, como entidades de classe, empresas, sindicatos e outros grupos políticos. Porém, tal debate parece estar se tornando menos controverso no plano internacional. Por exemplo, Rangan e Petkoski (2010)[5] argumentam que, sobretudo em circunstâncias de restrição fiscal, a cooperação público-privada poderia contribuir para a melhoria das condições sociais e a redução da pobreza.

Outros autores de referência na literatura sobre negócios sociais, como London e Hart (2011)[6], mencionam a necessidade das empresas de se engajarem em parcerias relevantes com o governo e com as organizações não governamentais quando se trata de implementar modelos de negócio para a base da pirâmide, sobretudo no que diz respeito à provisão de serviços essenciais. Seguindo o mesmo raciocínio, o programa Oportunidades para

4 Essa discussão foi colocada em pauta na área de infraestrutura, até mesmo através da definição de uma legislação específica, mas tal formato resultou, por enquanto, em poucos projetos.

5 RANGAN, K.; PETKOSKI, D. Coming out of recession: the role of business in alleviating poverty. In: WORLD BANK INSTITUTE. *Development outreach* – special report. Washington, 2010.

6 LONDON, T.; HART, S. *Next generation business strategies for the base of the pyramid*: new approaches for building mutual value. New Jersey: Pearson Educational, 2011.

a Maioria, do Banco Interamericano de Desenvolvimento (BID), insiste na possibilidade de o setor privado vir a ser usado para aumentar o grau de acesso a bens e serviços por parte dos mais pobres.[7]

Em alguns países, governos e empresas privadas já buscam de forma mais clara somar esforços para oferecer serviços sociais, frequentemente em projetos de natureza híbrida. No México, por exemplo, existem projetos associados ao tema da infraestrutura urbana, com a compra direta desses serviços.[8] Mesmo na Venezuela, que tem dado grande ênfase ao aumento da participação do Estado na economia, podem ser encontrados modelos híbridos em serviços de saúde, como o Cruzsalud.[9]

Para refletir sobre tais elementos, buscamos discutir, na segunda seção, aspectos conceituais relacionados ao papel do setor privado na provisão de serviços sociais. A seguir, identificaremos os principais serviços oferecidos e os significados da presença desses provedores na base da pirâmide. Focaremos as áreas de educação, saúde e habitação. Ao final, apresentamos uma breve conclusão.

Políticas sociais e o setor privado

A tradição brasileira recente na área de políticas sociais é tratar o acesso a serviços sociais como "direitos sociais". Tal princípio foi plenamente consagrado pela Constituição de 1988, que estabeleceu, no artigo 6º, que "são direitos sociais a educação, a saúde, o trabalho, a moradia, o lazer, a segurança, a previdência social, a proteção à maternidade e à infância, a assistência aos desamparados". Em tese, tal dispositivo implica que o Estado teria que garantir o acesso a tais direitos, mesmo para os grupos populacionais que não podem pagar por eles.

De certa forma, tais princípios acompanham a tradição da social-democracia europeia, no âmbito dos chamados regimes de *welfare state*, que tratam o acesso a serviços sociais como direitos do cidadão.[10] Os chamados

7 Ver, por exemplo: <http://idbdocs.iadb.org/wsdocs/getdocument.aspx?docnum=35109056>.

8 Ver, por exemplo, o projeto Patrimonio Hoy da Cemex: <http://www.cemexmexico.com/se/se_ph.html>.

9 Ver: <http://info.worldbank.org/etools/docs/library/239989/CaseStudy_CruzSalud_ENGLISH.doc>.

10 ESPING-ANDERSEN, G. *Social foundations of postindustrial economies*. Oxford: Oxford University Press, 1999. Vale notar que tais princípios não foram

direitos sociais também estão consagrados em documentos internacionais de grande envergadura, como a Declaração Universal dos Direitos Humanos. Porém, as condições econômicas e organizacionais necessárias para que serviços sociais pudessem ser efetivamente tratados como direitos não estavam dadas de forma plena no Brasil quando da Constituição de 1988. Por um lado, os elevados custos da provisão universal de tais serviços e as fortes restrições fiscais do país limitavam fortemente as possibilidades de o governo concretizar de forma plena a intenção dos constituintes; por outro, as políticas sociais no Brasil tinham historicamente características híbridas, com uma presença importante do setor privado em algumas áreas, como no caso da saúde.[11]

Como desdobramento desses processos, o acesso a serviços sociais no Brasil configurou-se, na visão de alguns autores, como um padrão híbrido no qual, *grosso modo*, os mais ricos pagam por serviços de saúde e educação e, crescentemente, pela previdência privada, ao passo que o acesso dos mais pobres a tais benefícios é coberto pelo setor público.[12] Outra característica dessas políticas é a descentralização. As políticas sociais assumiram um padrão de execução altamente descentralizado, e os municípios e Estados passaram a ter papel crucial na oferta de serviços e mesmo na contratação de provedores privados, enquanto o governo federal passou a atuar ativamente na coordenação e no financiamento dessas políticas.[13] No entanto,

---

incorporados às políticas sociais nos Estados Unidos, onde a cobertura universal ocorrerá apenas com a plena implantação da reforma promovida no governo Obama.

11 O setor privado, aqui entendido como incluindo o segmento sem fins lucrativos, sempre teve historicamente uma participação importante na provisão dos serviços de alta complexidade, como procedimentos cirúrgicos. A partir dos anos 1970, os planos de saúde também passaram a crescer de forma muito importante no país (GERSCHMAN, S.; SANTOS, M. A. B. O Sistema Único de Saúde como desdobramento das políticas de saúde do século XX. *Revista Brasileira de Ciências Sociais*, v. 21, n. 61, p. 177-227, 2006.).

12 Ver GERSCHMAN; SANTOS, op. cit.

13 "No Brasil, os governos subnacionais, em particular os municípios, tornaram-se os principais provedores das políticas que envolvem serviços básicos, ao passo que o governo federal está encarregado das políticas de renda. Educação fundamental, cadastramento no Programa Bolsa Família, habitação, desenvolvimento urbano, coleta de lixo e transporte público estão sob a responsabilidade dos governos municipais. Os governos estaduais [...] são os principais provedores do ensino médio, dos serviços mais complexos de saúde, bem como da provisão de água e esgoto. A previdência geral, a política de compensação pelo desemprego bem como os auxílios monetários aos mais pobres permaneceram nas mãos do

vale notar que, ainda hoje, a oferta pública nem sempre se efetua em sua totalidade. Vários serviços continuam não sendo universais, como saneamento e educação nos níveis infantil e médio. Em outros, apesar da oferta universal, a provisão enfrenta problemas significativos de qualidade, como no ensino fundamental. Mas existem também ilhas de excelência no setor público, como certas unidades do sistema universitário. Na prática, a oferta pública apresenta bastante heterogeneidade em cobertura e qualidade, sendo a heterogeneidade regional apenas um dos aspectos do problema.

A ideia de padrão híbrido de provisão de serviços encobre, porém, a existência de um quadro diversificado de modelos de participação do setor privado. Para compreendermos melhor essa dinâmica, faz-se necessário distinguir o tipo de provedor do tipo de pagador do serviço. No quadro 1 resumimos de forma estilizada quatro tipos possíveis de arranjos para a provisão de serviços sociais, segundo a natureza dos provedores e pagadores.

Quadro 1 – Arranjos para a provisão de serviços sociais segundo a natureza dos provedores e pagadores

Provedor do serviço	Pagador	
	Setor público	Famílias
Público	Provisão e financiamento públicos Ex.: posto de saúde	Serviço pago com provisão pública Ex.: água e esgoto
Privado (inclui empresas e organizações sem fins lucrativos)	Prestação de serviços para o setor público Ex.: hospital privado no sistema SUS	Oferta direta ao consumidor Ex.: escola privada

Em primeiro lugar, podemos observar que, no modelo de **provisão e financiamento públicos**, o governo financia e executa diretamente o serviço social. Os exemplos clássicos desse tipo de prestação de serviços são a escola pública e os postos de saúde, onde eles são prestados gratuitamente. Essa é a modalidade de oferta que serve de referência para muitos dos que refletem

governo federal. Ainda que ocorram variações no interior dos estados, esta tende a ser uma descrição bastante próxima da efetiva distribuição intergovernamental da execução de políticas sociais" (ARRETCHE, M. T. S. Estudo 04: descentralização das políticas públicas sociais no marco pós constituição de 1988: experiências e perspectivas. In: *Perspectivas das políticas sociais no Brasil*. Belo Horizonte: Cedeplar/BNDES, 2009.).

sobre o tema. Porém, nem sempre os serviços providos pelo setor público são gratuitos. Um exemplo de **serviço pago com provisão pública** é o de saneamento no Brasil, que via de regra é cobrado.[14]

Essa distinção é importante porque, ao contrário do percebido por muitos, não necessariamente os serviços prestados por agentes governamentais têm a obrigatoriedade de serem gratuitos – de fato, em muitos casos, não o são.[15] A opção pela gratuidade depende evidentemente das condições de financiamento existentes e das escolhas construídas no âmbito do sistema político ao longo do tempo.

Em segundo lugar, a presença de agentes privados também pode variar segundo a natureza do pagador. No caso do modelo de **prestação de serviços para o setor público**, o provedor privado presta os serviços diretamente à população, recebendo do governo pagamentos por procedimento executado. O principal exemplo desse tipo de prestação de serviços no Brasil são os serviços hospitalares oferecidos por agentes privados no âmbito do Sistema Único de Saúde (SUS).[16] O sistema de *vouchers* para a escola e habitação, existente em alguns países como o Chile, é também baseado numa combinação de oferta privada e financiamento público. No Brasil, trata-se de um arranjo presente de forma mais intensa no setor de saúde e tem normalmente por base a figura de uma tabela de pagamentos por tipo de procedimento ofertado.

Nesse modelo, a maior parte dos hospitais privados afiliados ao sistema adota uma estrutura dual de oferta, na qual apenas parte dos leitos é destinada a pacientes do SUS. Como consequência, existem casos de hospitais privados que dão prioridade a determinados procedimentos mais bem remunerados, e têm sido observados padrões desiguais de tratamento oferecidos a clientes privados e clientes do SUS.[17] Vale notar que, embora esse arranjo contribua para resolver o problema relacionado ao acesso dos

---

14 Esses serviços podem embutir subsídios em alguns casos.

15 No exterior, esse tipo de situação é comum. Por exemplo, as universidades públicas de estados americanos, como a Califórnia, cobram anuidade dos alunos.

16 A partir de iniciativas surgidas em São Paulo, tem se disseminado a prática de transferência de hospitais públicos para organizações sociais, que passam a ser responsáveis por sua gestão.

17 Ver: (1) VICTORA et al. *Condições de saúde e inovações nas políticas de saúde no Brasil: o caminho a percorrer*. Disponível em: <http://download.thelancet.com/flatcontentassets/pdfs/brazil/brazilpor6.pdf>. Acesso em: 7 ago. 2013; (2) LANZARA, A. P. *Regimes de welfare e as trajetórias das políticas de saúde no Chile e no Brasil*. Rio de Janeiro: Iuperj, 2008. Mimeografado; e (3) GERSCHMAN; SANTOS, op. cit.

muito pobres ao sistema – sem gerar crescimento adicional do setor público –, ele induz distorções relacionadas ao menor interesse de o provedor privado oferecer certas modalidades de serviço menos bem-remuneradas. A OMS (2010)[18] questiona aspectos relacionados ao efetivo grau de eficiência desse tipo de formato, incluindo a existência de oportunidades para desvios e fraudes.

Finalmente, o modelo de **oferta direta ao consumidor** representa o tradicional entendimento a respeito da provisão de serviços privados, no qual o provedor é privado e o pagamento é oriundo das famílias. Esse arranjo é muito comum: em quase todos os serviços sociais do Brasil existe algum tipo de oferta direta por parte de provedores privados. Nesse caso, o consumidor paga direta ou indiretamente (como num plano de saúde) o serviço prestado e a empresa privada só oferece o serviço nos locais onde existe demanda efetiva. Consequentemente, o acesso a serviços de provisão privada tende a ser limitado pela capacidade de pagamento dos consumidores. Porém, vale notar que, embora tal oferta seja mais concentrada nos grupos de renda mais elevados no Brasil, ela não é exclusiva para eles, estando relativamente disseminada entre consumidores da classe C e mesmo, em alguns casos, entre os mais pobres, como discutiremos adiante.

Evidentemente, diversas combinações mais complexas podem existir. Por exemplo, diferentes agentes governamentais e entes federados podem ser provedores de serviços (e contratantes de serviços privados), até mesmo competindo entre si, como no caso das escolas estaduais e municipais. Em algumas áreas o setor privado está muito presente, em diferentes modalidades de provisão. Mas em outras a presença do setor privado se dá apenas no âmbito da oferta direta para consumidores de renda mais alta. Detalhamos esses elementos no quadro 2.

Além disso, para alguns serviços sociais, começaram a emergir novos arranjos, em que a oferta direta por parte do setor privado ocorre de modo subsidiado pelo setor público (oferta direta com subsídio). Esse é o caso de programas nas áreas de ensino superior (Prouni) e de habitação popular (Programa Minha Casa Minha Vida). Nesses casos, o provedor vende seus serviços diretamente para o consumidor final, mas o governo subsidia parcialmente tal oferta, seja por meio de renúncia fiscal para as empresas provedoras de serviços educacionais, seja por meio de oferta de subsídio no âmbito do processo de concessão de crédito para a compra da casa própria.

18 OMS (Organização Mundial de Saúde). *Relatório mundial de saúde* – Financiamento dos sistemas de saúde: o caminho para a cobertura universal. Genebra, 2010.

Apesar de se encontrar em estágio relativamente embrionário no Brasil, tal tipo de arranjo tem teoricamente o mérito de, além de incluir parte das famílias mais pobres, estimular a concorrência entre os produtores de serviços e reduzir o dispêndio público (vis-à-vis a oferta plena do serviço). Há que se observar, porém, que o subsídio parcial dificilmente consegue proporcionar acesso amplo a famílias extremamente pobres, da classe E.

Quadro 2 – Modelos de serviços sociais no Brasil, segundo tipo de provedor predominante, grau de participação do setor privado e importância do setor privado na provisão de serviços para famílias da base da pirâmide

Tipo de política	Tipos de serviço	Tipos de provedor predominante	Modalidades principais de participação do setor privado	Importância do setor privado para o acesso de famílias da base da pirâmide*
Educação	Creche	Municípios	Oferta direta ao consumidor	Média
	Ensino infantil	Municípios	Oferta direta ao consumidor	Média
	Ensino fundamental	Estados e municípios	Oferta direta ao consumidor	Baixa
	Ensino médio	Estados	Oferta direta ao consumidor	Baixa
	Ensino superior	Setor privado	Oferta direta e oferta com subsídio[1]	Elevada (classe C)
Saúde	Baixa complexidade (consultas básicas)	Municípios	Oferta direta ao consumidor	Baixa
	Média complexidade (exames e consultas especializadas)	Estados e setor privado	Oferta direta e prestação de serviços para o setor público	Média
	Alta complexidade (internações hospitalares e cirurgias)	Setor privado	Oferta direta e prestação de serviços para o setor público	Elevada
	Remédios	Setor privado	Oferta direta e venda para o setor público, até mesmo no âmbito do Programa Farmácia Popular	Elevada

Quadro 2 – Modelos de serviços sociais no Brasil... (continuação)

Habitação[2]	Produção, financiamento e venda de imóveis	Setor privado	Oferta direta e oferta com subsídio[3]	Elevada (classe C)
	Regularização fundiária e urbanização de favelas	Municípios e estados	Agentes privados atuando como intermediários na regularização fundiária	Baixa

* Nota: Consideramos baixa uma participação no nível inferior a 25%; média, valores entre 25% e 50%; e alta a participação em níveis superiores a 50%.
1 Subsídios fornecidos no âmbito do Prouni e do programa de crédito estudantil.
2 Não incluímos aqui a política de saneamento urbano.
3 Subsídio fornecido no âmbito do Programa Minha Casa Minha Vida.

Evidentemente, cada modelo gera resultados diferentes do ponto de vista do acesso dos pobres a serviços de natureza privada. Enquanto esse acesso tende a ser mais limitado no modelo de provisão direta e bastante amplo no modelo de prestação de serviços ao setor público (desde que haja financiamento suficiente), ele encontra-se num nível intermediário no caso dos modelos com subsídio parcial. Existem também consequências diversas do ponto de vista dos custos para o setor público, da eficiência do sistema e do estimulo à inovação, proporcionados por cada um desses modelos.[19]

Do nosso ponto de vista, a questão central é que os diversos modelos acima podem oferecer diferentes oportunidades no campo dos negócios com impacto social, com variado grau de impacto positivo para a sociedade. Na próxima seção, aprofundamos essa discussão com foco em setores específicos.

Serviços públicos e negócios com impacto social

Discutimos nesta seção os principais aspectos da presença de provedores privados no fornecimento de serviços para famílias da base da pirâmide nas áreas de saúde e educação. Dada a grande diversidade de tipos de serviço, trataremos apenas de alguns temas, com ênfase no entendimento mais detalhado da participação do setor privado e na discussão dos significados de tal participação para as políticas sociais.

19 Não pretendemos discutir em profundidade tais aspectos neste trabalho. A propósito desse ponto para o sistema de saúde, ver, por exemplo, para o setor de saúde, o estudo da OMS (2010, op. cit.).

Serviços de educação

Muitos analistas partem do pressuposto de que famílias de baixa renda não utilizam o sistema privado de educação. Afinal, a educação é um serviço caro e nem sempre os mais pobres podem abrir mão de gastar recursos muito escassos em outros itens, como alimentação e habitação. À primeira vista, quando consultamos os dados da Pesquisa de Orçamento Familiar do IBGE (POF) relativos aos gastos médios em educação das famílias brasileiras, essa hipótese parece se verificar, pois os dispêndios médios dos mais pobres nesse item são muito mais baixos do que os dos demais grupos de renda, como proporção da renda familiar (gráfico 1). Por exemplo, o gasto médio com educação do grupo com renda familiar de até 830 reais não atinge 1% do gasto familiar mensal, em média.[20] Essas despesas incluem cursos, livros didáticos e material escolar. Porém, o dispêndio familiar com educação tende a aumentar para níveis mais elevados de rendimento, atingindo o pico de 4% no grupo cuja renda se situa entre 6.225 e 10.375 reais.[21] O gráfico 1 também mostra que o investimento público em educação é progressivo, isto é, contribui para que as famílias de baixa renda gastem relativamente menos do que os demais nesse serviço tão essencial.

Vale advertir, porém, que a análise com base nas médias nos faz ignorar realidades que podem ser mais complexas e segmentadas. De fato, os números desagregados por tipos de curso e por grupos de rendimento contam uma história relativamente diferente. Por exemplo, o setor privado cobria 34% das vagas oferecidas em creches em 2009, 30% das ofertadas no ensino infantil, 13% no ensino fundamental - nível similar ao ensino médio - e 78% no ensino superior (tabela 1). Mesmo em grupos de classe média baixa, como aquele de 2.490 a 4.150 reais, a proporção dos alunos que frequentavam o ensino fundamental privado atingia a elevada proporção de 29%. Em outras palavras, quase uma em cada três crianças do que está se convencionando chamar "a nova classe média" ou a "classe emergente" frequenta hoje o ensino fundamental privado.

20 Essa classificação de rendimentos é a adotada pela POF, que usaremos neste artigo. Para fins de comparação, o grupo com renda de até 830 reais corresponde, aproximadamente, à chamada classe E; o segmento com renda de 830 a 1.245 reais, à classe D; o de 1.245 a 2.490 reais, à classe C; o de 2.490 a 4.150 reais, à classe B-; o de 4.150 a 6.225 reais, à classe B+; o de 6.225 a 10.375 reais, à classe A-; e o grupo com mais de 10.375 reais, à classe A+.

21 Vale notar que esse gasto se refere a valores médios. Parte das famílias em questão não tem filhos em idade escolar ou tem filhos no sistema público.

Gráfico 1 – Gastos médios em educação como proporção do rendimento familiar, por grupo de renda. Brasil, 2009[22]

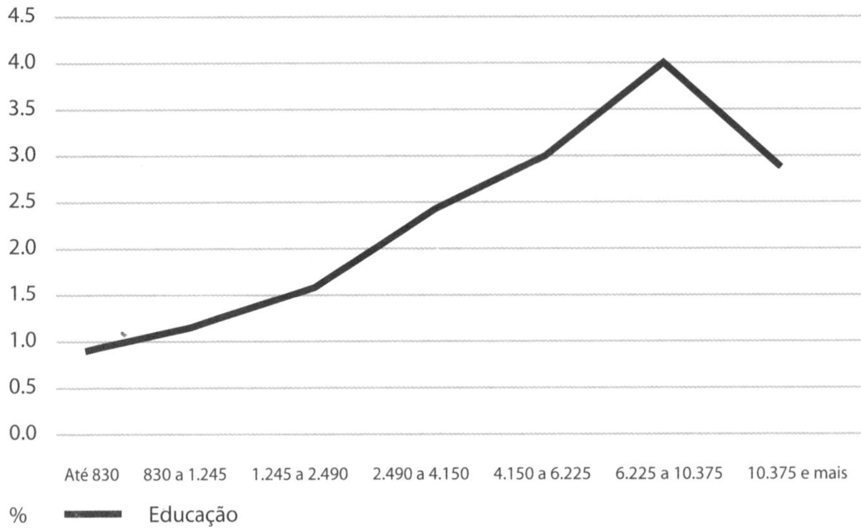

Em termos absolutos, os números são também impressionantes. Existem 11,7 milhões de alunos no sistema privado de ensino, número superior à população de um país como Portugal. Esses dados significam que um em cada cinco alunos no Brasil frequenta escola privada, num sistema que cobre mais de 50 milhões de estudantes. Embora o ensino superior seja o nível em que a participação privada é mais importante, com 4,5 milhões de alunos, existem quase 4 milhões de estudantes no ensino fundamental privado, dos quais 44% eram oriundos de famílias com renda familiar inferior a 2.490 reais em 2009. No conjunto, os principais usuários do ensino privado brasileiro hoje em dia são originários de famílias com renda entre 1.246 e 2.490 reais, respondendo por 26% do total de matrículas (3,052 milhões).

22 IBGE. *Pesquisa de orçamento familiar*. Rio de Janeiro, 2009a.

Tabela 1 – Participação do setor privado na oferta de vagas, segundo nível de ensino e grupo de renda. Brasil, 2009[23]

Curso	Grupos de renda							
	0 a 830	831 a 1.245	1.246 a 2.490	2.491 a 4.150	4.151 a 6.225	6.226 a 10.375	10.376 e mais	Total
	Participação do setor privado na oferta total de vagas							
Creche	14,41	24,52	32,69	51,96	76,30	90,01	95,89	34,00
Ensino infantil	12,94	22,08	30,37	54,79	69,28	84,72	96,76	29,63
Ensino fundamental	3,07	6,64	11,49	29,39	53,50	74,35	88,67	12,56
Ensino médio	3,29	5,39	9,45	21,29	38,54	62,68	80,54	13,47
Pré-vestibular	72,57	64,07	77,70	92,09	95,42	95,76	100,00	83,40
Superior	64,51	72,45	78,34	79,30	79,49	81,24	76,33	77,68
Mestrado ou doutorado	22,69	54,71	58,45	53,21	57,67	51,53	53,00	53,99
	Número absoluto de alunos frequentando cursos privados							
Creche	104.228	103.855	221.308	163.500	100.693	79.985	44.285	817.854
Ensino infantil	156.669	142.881	271.100	191.708	110.522	88.642	51.008	1.012.530
Ensino fundamental	353.626	410.876	983.377	853.762	570.262	431.017	310.156	3.913.076
Ensino médio	64.999	82.286	260.409	261.675	179.920	158.682	117.368	1.125.339
Pré-vestibular	17.870	18.920	46.465	43.405	28.154	13.951	14.071	182.836
Superior	218.196	340.388	1.250.226	1.257.679	705.112	482.630	258.330	4.512.561
Mestrado ou doutorado	962	1.697	20.073	34.173	40.730	35.393	33.793	166.821
Total setor privado	916.550	1.100.903	3.052.958	2.805.902	1.735.393	1.290.300	829.011	11.731.017
Total setor público	14.878.510	8.182.836	11.520.127	3.690.521	1.076.053	413.439	181.661	39.943.147
Total	15.795.060	9.283.739	14.573.085	6.496.423	2.811.446	1.703.739	1.010.672	51.674.164

Nota: Não incluímos alguns cursos relacionados pela Pnad, como educação de jovens e adultos, e cursos de alfabetização de adultos. A Pnad também não discrimina tipos de ensino privado, incluindo na mesma rubrica organizações com e sem fins lucrativos.

23 IBGE. *Pesquisa nacional de amostra a domicílios*. Rio de Janeiro, 2009b.

Os níveis nos quais o ensino privado atingiu maior participação são aqueles em que a cobertura total do sistema era mais baixa. Por exemplo, no caso das creches, a participação do setor privado atingia 34% em 2009, ao passo que apenas 51% das crianças brasileiras de 1 a 3 anos estavam matriculadas em creches ou estabelecimentos similares.[24] Por outro lado, enquanto a participação privada no ensino superior chegava a 78%, apenas 64% dos jovens de 18 a 24 anos estavam na escola, e boa parte deles ainda cursava o nível médio ou mesmo fundamental. Trata-se de casos em que, dado o baixo nível de oferta pública, as famílias mais pobres buscaram soluções privadas alternativas (até mesmo de qualidade duvidosa).

Os dados da tabela 1 sugerem que o ensino privado se organizou como um sistema complementar ao público, nas áreas em que a educação pública estava menos presente. Essa proposição contraria análises conceituadas na área educacional, que criticam de forma enfática a presença da educação privada e o movimento mais geral relacionado ao seu processo de privatização.[25] A rigor, as informações aqui apresentadas mostram de forma evidente que na ausência do sistema privado de ensino - dadas as condições institucionais e restrições orçamentárias existentes - a cobertura dos serviços educacionais seria ainda pior do que é hoje. Vale ainda notar que esse argumento não nega a contribuição do ensino público para os mais pobres, mas busca observar que a presença privada também tem tido e pode ter uma contribuição relevante.

Esses dados mostram que a participação do setor privado na oferta de serviços educacionais para a base da pirâmide no Brasil não pode ser ignorada. Embora fragmentado e pouco conhecido[26], esse mercado pode crescer a taxas importantes com o aumento da renda da população e com a ampliação da demanda por requisitos educacionais no mercado de trabalho. Trata-se de um cenário surpreendente e desafiador do ponto de vista das políticas educacionais.

---

24 Esse dado difere dos do censo escolar, que indicam que menos de 20% das crianças na faixa etária de 0 a 3 anos estão em creches (IPEA. *Políticas sociais*: acompanhamento e análise, nº 19. Brasília: Ipea, 2011. p. 143). Deve-se averiguar até que ponto tal discrepância diz respeito à existência de creches não registradas no sistema do Censo Escolar. Discrepâncias análogas ocorrem para a faixa etária de 4 a 6 anos, cuja cobertura no Censo Escolar atingia apenas 50% em 2009.

25 Ver, por exemplo, HADDAD, S.; GRACIANO, M. Educação: direito universal ou mercado em expansão? *São Paulo em Perspectiva*, São Paulo, v. 18, n. 3, 2004.

26 A exceção é o ensino superior. Ver, por exemplo, SÉCCA, R. X.; LEAL, R. M. Análise do setor de ensino superior privado no Brasil. In: *BNDES Setorial*, Brasília, n. 30, 2009. p. 103-156.

O que sabemos desses provedores? Como é uma escola de ensino fundamental voltada para a classe C? Por que famílias com grandes restrições financeiras preferem esses serviços aos convencionalmente oferecidos pelo setor público? Que lições o setor público pode tirar dessas escolas? Essas são algumas das perguntas importantes a respeito de um segmento tão pouco conhecido no contexto do debate educacional brasileiro.

Por outro lado, há que se reconhecer que as dificuldades em termos de qualidade são comuns tanto ao sistema privado quanto ao público no Brasil, conforme apontado por Menezes Filho e Pazello (2007).[27] O país encontra-se entre os mais mal avaliados no Programa Internacional de Avaliação de Alunos (Pisa), realizado pela OCDE, e o setor privado – embora com desempenho superior ao do ensino público – também não se destaca positivamente. Na edição de 2009, por exemplo, o Brasil ocupou a posição 53 em um *ranking* de 65 países. Apesar de o país ter apresentado evolução significativa nas médias das três disciplinas consideradas (matemática, leitura e ciências), menos da metade dos jovens brasileiros não consegue atingir o nível mais básico de compreensão proposto pelo exame.[28]

Dadas as grandes dificuldades de avançarmos em termos de qualidade e de cobertura do ensino médio, uma das hipóteses que se deve considerar seria nossa política educacional passar a atribuir papel mais estratégico para o setor privado. Isso já foi feito no ensino superior, em que escolas privadas puderam transformar o imposto de renda a ser pago em descontos e em bolsas de estudo para estudantes pobres (Prouni).[29] Iniciativas com esse formato no ensino médio permitiriam, por um lado, aumentar a oportunidade de mais jovens pobres cursarem esse nível de ensino e, por outro, liberar recursos, escassos, para o sistema público investir naqueles que permanecem nas escolas públicas. Outra forma de praticar esse tipo de ação poderia se dar, por exemplo, por meio do sistema de *vouchers,* já praticado em outros países. O Chile, por exemplo, implementou um modelo de oferta de vagas para alunos pobres em escolas privadas por meio desse sistema. Nesse país,

27 MENEZES FILHO, N. A.; PAZELLO, E. Do teachers' wages matter for proficiency? Evidence from a funding reform in Brazil. *Economics of Education Review*, Cidade, v. 26, n. 6, p. 660-672, 2007.

28 Ver <www.pisa.oecd.org>.

29 O BNDES, desde os anos 1990, financiou de forma muito importante a expansão da rede privada de ensino. Nesse sentido, o apoio publico à expansão desse segmento foi além dos incentivos do Prouni.

o programa provavelmente implicou aumento da cobertura e da qualidade, mas com efeitos negativos no plano da equidade.[30]

Apesar da controvérsia em torno dos impactos desse tipo de projeto, trata-se de um modelo adotado, em algum grau, em diferentes países, como os Estados Unidos e a Noruega, e que merece atenção. Evidentemente, critérios para assegurar o acesso para crianças muito pobres devem ser estabelecidos e escolas elegíveis a receber o *voucher* devem comprovar padrões mínimos de qualidade. Mas modelos desse tipo não devem ser ignorados, caso eles possam contribuir para reduzir os gargalos ainda existentes em certos níveis de ensino, como o médio, e para melhorar a qualidade.[31]

Finalmente, é possível também que com o recurso gerado pelas novas tecnologias o ensino possa ser oferecido de modo mais barato, como já vem ocorrendo em alguma medida no ensino superior e profissionalizante. Afinal, as escolas são lugares que continuam ensinando basicamente do mesmo modo que no século XIX. Se a tecnologia for capaz de oferecer soluções de qualidade, com redução de custos, os efeitos poderão ter enorme magnitude. Algumas empresas vêm desenvolvendo e implementando modelos instigantes nessa direção, que também merecem ser mais bem avaliados e difundidos. A Descomplica é um *site* de internet que oferece aulas de segundo grau de diversos conteúdos, a um custo de assinatura de 20 reais por mês. Embora não tenha sido concebido para a base da pirâmide, tal sistema tem o potencial de democratizar o acesso a aulas particulares, por exemplo. A empresa Quadrado Mágico está iniciando no Brasil um modelo análogo, com base no projeto da ONG norte-americana Kahn Academy. Por enquanto, esse projeto está centrado no ensino de matemática para o fundamental. Outro exemplo de projeto educacional que utiliza ferramentas de tecnologia da informação é dado pela Educomp, da Índia, que desenvolveu materiais didáticos em formato de multimídia, empregados por professores ao longo do processo educacional. Finalmente, a Geekie criou uma plataforma de ensino adaptativo, voltada para o processo de aprendi-

30 Ver (1) PATRINOS, H. A.; SAKELLARIOU, C. Quality of schooling, returns to schooling and the 1981 vouchers reform in Chile. In: THE WORLD BANK. *Policy Research Working Paper* 4617. Washington, 2008; e (2) VELOSO, F. A evolução recente e propostas para a melhoria da educação no Brasil. In: BACHA, E.; SCHWARTZMAN, S. *Brasil*: a nova agenda social. Rio de Janeiro: Gen/LTC, 2011. p. 213-253.

31 Evidentemente, há também que se avançar na consolidação do sistema de avaliação já existente – até mesmo cobrindo mais amplamente as escolas privadas. Sistemas desse tipo tendem, em tese, a incentivar a competição, levando no médio prazo à elevação dos níveis de qualidade.

zagem segundo o ritmo de cada estudante, melhorando e dinamizando as condições de aprendizagem.[32]

Em suma, para ser universal e de qualidade, o ensino não precisa necessariamente ser sinônimo de provedores públicos, sobretudo num país como o Brasil, onde os problemas de gestão do setor educacional são significativos.[33] E, embora financiamento público da educação para os muito pobres continue a ser um imperativo, talvez seja o caso de passarmos também a considerar mais seriamente o papel de provedores privados para o fornecimento desse importante serviço.

Serviços de saúde

Ao contrário do setor educacional, os gastos médios dos consumidores pobres com produtos e serviços de saúde não são diferentes daqueles praticados pelos mais ricos, em termos proporcionais. Como podemos ver no gráfico 2, as despesas com saúde em 2009 variavam entre 5,5 e 6% da renda familiar para todos os grupos de renda considerados pela Pesquisa de Orçamento Familiar (POF). Análises similares realizadas para a POF de 2003 mostram que naquele momento o gasto com saúde no Brasil apresentava características regressivas. Nessa época, tal dinâmica punia os grupos de renda mais baixa, que chegavam a despender quase 10% da renda em saúde.[34]

Quando analisamos, porém, esse tipo de dispêndio segundo o perfil de gasto realizado, observamos que os mais pobres concentram sua despesa no item remédios, e as famílias de renda mais elevada gastam de forma muito mais intensa em termos proporcionais no item relacionado a planos

---

32 Ver: <www.descomplica.com.br>, <www.qmagico.com.br>, <www.khanacademy.org>, <www.educomp.com> e <http://www.geekie.com.br/plataforma-geekie/>.

33 Ver, por exemplo, TORRES, H. G.; GOMES, S.; PAVEZ, T.; FUSARO, E. Perfis do professorado da rede pública de São Paulo: a interação entre espaço, regras institucionais e escolhas individuais no resultado de uma política pública. *DADOS – Revista Brasileira de Ciências Sociais*, Rio de Janeiro, v. 53, n. 1, p. 125-158, 2010.

34 Ver MEDICI, A. Propostas para melhorar a cobertura, a eficiência e a qualidade no setor saúde. In: BACHA, E.; SCHWARTZMAN, S. *Brasil*: a nova agenda social. Rio de Janeiro: Gen/LTC, 2011. p. 21-93. Não temos elementos suficientes para discutir as razões dessa importante mudança. É possível, por um lado, que ela seja explicada pelo aumento da renda média dos mais pobres, em virtude das políticas de transferência de renda e do aumento do nível de emprego no período. Por outro lado, novas políticas de saúde, com a implantação do modelo de saúde da família e da farmácia popular e o advento dos genéricos, ampliaram o acesso dos mais pobres aos serviços básicos, reduzindo os custos envolvidos.

e seguros-saúde. Os gastos nos grupos de renda intermediários nesse segmento são também relevantes. O grupo com renda entre 2.490 e 4.150 reais tem uma proporção de gastos nesse tipo de serviço (1,1% do orçamento familiar) que já o aproxima daqueles de renda mais elevada. E a penetração dos planos de saúde é significativa, atingindo, entre aqueles com renda superior a 2.490 reais, mais de 50% em 2009. No conjunto da população, essa modalidade de serviço abrange quase um quarto das famílias brasileiras.

Gráfico 2 – Gastos em saúde como proporção do rendimento familiar, segundo tipo de gasto e grupo de renda. Brasil, 2009[35]

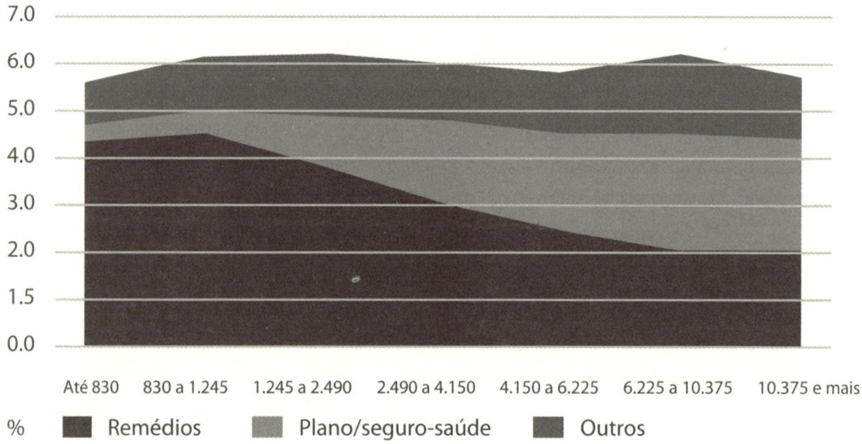

Nota: Outros gastos incluem tratamento dentário, consulta médica, serviços ambulatoriais, cirurgias, exames e outros.

Independente do papel dos hospitais privados como provedores de serviços para o setor público, discutido anteriormente, uma análise mais detalhada dos gastos de saúde em valores absolutos revela a importância dos mercados da base da pirâmide para o setor privado nessa área. As famílias com renda inferior a 2.490 reais gastaram 37 bilhões de reais com saúde em 2009, o que corresponde a um terço do dispêndio total das famílias brasileiras nesse item. Se considerarmos apenas as despesas com remédios, essas famílias mais pobres respondiam por quase 50% do gasto total.[36] Em termos globais,

35 IBGE, 2009a, op. cit.

36 Segundo a *Pesquisa de orçamento familiar* (IBGE, 2009a, op. cit.), o grupo com renda familiar inferior a 2.490 reais agrupava 39,5 milhões famílias em 2009, ou correspondente a 68,4% do total de famílias brasileiras.

as despesas com saúde atingiam um total de 107 bilhões de reais em 2009, e metade desse montante se destinava à compra de remédios (tabela 2). Esses indicadores revelam, para o conjunto da população, a presença de um volume de gasto muito elevado, bem superior aos realizados na área educacional.

Tabela 2 – Gasto familiar anual em saúde no Brasil, segundo grupo de renda familiar e tipo de gasto. Brasil, 2009 (em mil reais)[37]

Tipos de gastos	Grupos de renda							
	0 a 830	831 a 1245	1.246 a 2.490	2.491 a 4.150	4.151 a 6.225	6.226 a 10.375	10.376 e mais	Total
Remédios	4.651.259	5.953.304	13.822.929	9.658.243	5.572.247	5.016.951	7.178.925	51.853.859
Plano/seguro-saúde	355.596	648.858	3.989.851	6.182.428	5.078.497	6.570.553	8.989.532	31.815.315
Consulta e tratamento dentário	100.527	151.038	790.231	895.092	727.578	1.047.235	1.344.130	5.055.831
Consulta médica	243.066	392.698	1.050.925	843.883	405.437	486.242	697.995	4.120.246
Tratamento médico/ ambulatorial	37.510	37.457	83.504	122.688	143.509	386.693	1.174.262	1.985.623
Serviços de cirurgia	73.520	176.412	358.455	435.277	483.212	1.242.019	219.612	2.988.507
Hospitalização	15.004	44.707	132.384	161.095	138.491	83.376	136.001	711.058
Exames diversos	339.092	398.740	938.908	603.840	354.757	296.489	212.468	3.144.294
Material de tratamento	255.069	283.951	1.008.155	703.058	697.973	513.914	755.941	4.218.062
Outras	52.514	93.039	185.338	184.566	89.317	93.798	123.300	821.872
Total	6.121.657	8.181.413	22.362.717	19.791.237	13.690.015	15.737.269	20.831.901	106.716.211
Número de famílias	12.503.385	10.069.184	16.972.311	8.890.463	4.181.485	2.994.837	2.204.938	57.816.604

Mais surpreendente, porém, é que o grupo de renda entre 1.246 e 2.490 reais – grupo tipicamente de classe C– era o principal responsável pelo dis-

37 IBGE, 2009a, op. cit.

pêndio total entre todas as faixas de renda aqui consideradas. Esse grupo era aquele que mais fazia despesas na área de remédios, consultas médicas, exames diversos e material de tratamento. Vale notar que, além de tratar-se do segmento com maior tamanho absoluto, com quase 17 milhões de famílias, esse grupo reúne uma população relativamente jovem, o que tende a diminuir os gastos com saúde comparativamente a outros grupos de idade média mais elevada.[38]

Sem contar os contratos de empresas privadas com o setor público, os dados acima indicam que, assim como na área da educação, existe um significativo mercado de serviços e produtos privados de saúde para a base da pirâmide no Brasil. Além dos remédios, chamam a atenção em particular os gastos com serviços privados realizados por famílias de baixa renda nos segmentos de consulta médica e exames diversos. Em conjunto, as famílias com renda inferior a 2.490 reais gastaram mais de 3 bilhões de reais nesses dois itens em 2009. Teoricamente, tais dispêndios não deveriam ser realizados, devendo ser cobertos pelo setor público no âmbito dos chamados serviços médicos de baixa e média complexidade.

A Organização Mundial da Saúde (OMS) (2010)[39] sustenta um argumento convincente de que o gasto privado em serviços de saúde pelas famílias mais pobres tende a acarretar impactos no aumento da mortalidade e na redução da renda porque, em vez de arcar com os gastos, as pessoas pobres adiam ou não fazem a consulta e o tratamento, deixando para realizá-los quando a enfermidade atinge situações críticas, com forte impacto financeiro para a família. Mas tais infortúnios também ocorrem na ausência de um sistema de saúde eficiente, no qual os encaminhamentos realizados pelos serviços de atendimento básico, na forma de exames e consultas a especialistas (serviços de média complexidade), podem demorar meses em alguns casos.

E a dificuldade de acesso aos serviços de média complexidade é praticamente uma regra no Brasil. Por exemplo, um estudo realizado em 2006 pelo Instituto de Pesquisa Econômica Aplicada (Ipea) e pela Superintendência de Estudos Econômicos e Sociais da Bahia (SEI) indica que o tempo médio para a realização de uma consulta agendada no sistema público em Salvador era de 27 dias, com significativa variação. Nesse sistema, algumas consultas demora-

38 De modo geral, no Brasil, os grupos de renda mais elevados também têm idades médias significativamente mais elevadas.

39 Op. cit.

vam até 150 dias[40] para serem realizadas. Outro estudo realizado por Spedo, Pinto e Tanaka (2010)[41] mostrou que, na cidade de São Paulo, apenas 100 mil atendimentos de média complexidade eram distribuídos pelo *call center* da Secretaria Estadual de Saúde, para uma demanda estimada em 300 mil. A procura tem sido muito superior à oferta, e as dificuldades organizacionais do setor público fazem com que os pacientes não compareçam a até 40% dos exames agendados, tornando os problemas de oferta ainda mais graves. Além disso, entrevistas qualitativas realizadas por esses autores mencionam esperas de 45 a 60 dias para serviços de ortopedia. Na área de cardiologia foram coletadas narrativas que informavam esperas para atendimento de até cinco meses, isso depois da realização dos exames, que também tomam tempo.

Diante desse cenário, existem demandas por aumentos do gasto público em saúde, de modo a suprir as deficiências ainda observadas, conforme proposto por Victora et al. (2011)[42]. Porém, não necessariamente podemos dizer que o gasto público com saúde no Brasil seja baixo. Segundo as estatísticas da OMS, o Brasil gasta mais de 8% do PIB no setor de saúde, nível muito superior ao de países emergentes, como China, Índia e México (tabela 3).

Tabela 3 – Gasto em saúde como proporção do PIB. Países selecionados, 2000 e 2008

Países	Gasto público e privado		Apenas gasto público	
	2000	2008	2000	2008
Brasil	7,2	8,4	2,9	3,7
China	4,6	4,3	1,8	2,0
Índia	4,6	4,2	1,3	1,4
México	5,1	5,9	2,4	2,8

Fonte: OMS, 2011

40 Ver FIGUEIREDO, A. *Projeto Radar das condições de vida e das políticas sociais* – Fase II. Brasília: Ipea/SEI-BA, 2006. Mimeografado. As consultas agendadas são aquelas que caracterizam, de modo geral, os encaminhamentos para serviços de média complexidade. Segundo o mesmo estudo, as esperas em postos de saúde fruto do comparecimento não agendado da população levavam em média 1,2 hora, o que indica que o atendimento básico não parece ser, em média, um gargalo fundamental do sistema público, pelo menos em Salvador.

41 SPEDO, S. M.; PINTO, N. R. S.; TANAKA, O. Y. O difícil acesso a serviços de média complexidade do SUS: o caso da cidade de São Paulo, Brasil. *Physis Revista de Saúde Coletiva*, Rio de Janeiro, v. 20, n. 3, p. 953-972, 2010.

42 Op. cit.

O nível de gastos como proporção do PIB no Brasil é comparável ao de países desenvolvidos como a Finlândia, embora mais baixo do que o dos Estados Unidos, da Alemanha e da França, segundo a OMS (2011)[43]. Outra característica desses gastos no Brasil é o tamanho do gasto público, quando comparado aos de países emergentes. De fato, embora o gasto público atingisse apenas 44% daquele feito em saúde em 2008, ele atingia 3,7% como proporção do PIB – próximo ao nível total de gastos de países como a China e a Índia e muito superior ao gasto público do México (2,8%).

Evidentemente, a demanda por aumentos do gasto público em saúde, pleiteada por diferentes organizações e especialistas na área, é meritória, principalmente quando tais gastos se refletem na redução da mortalidade e na melhoria da qualidade de vida. Porém, argumentos semelhantes podem ser feitos para as áreas de educação, saneamento, habitação e previdência. Já houve um aumento considerável no gasto público em saúde como proporção do PIB entre 2000 e 2008 (0,8% do PIB). E isso ocorreu num momento em que a economia crescia de modo relativamente rápido.

Além disso, o gasto público também cresceu de forma considerável em outras políticas sociais. A rigor, se o governo elevasse os gastos nessa área como proporção do PIB de modo que efetivamente eliminasse as principais carências existentes, o peso desse tipo de gasto sobre o orçamento – para um país que tem já uma carga tributária muito alta –, seria provavelmente de difícil digestão pelo sistema econômico.

Um cenário de crescimento moderado do PIB, com redução do ritmo de crescimento populacional, como é plausível imaginar para o Brasil nos próximos quinze anos, permite-nos visualizar uma expansão substancial dos recursos públicos *per capita* disponíveis para as políticas sociais, caso a participação desse segmento no PIB permaneça constante. De acordo com a atual legislação, parte desses recursos estará comprometida com despesas previdenciárias, em vista do provável aumento do déficit previdenciário derivado do envelhecimento relativo da população. Nesse contexto, aumentos adicionais do gasto social como proporção do PIB, em particular o de saúde, não necessariamente são desejáveis ou plenamente factíveis, seja por causa do nível de gasto social já existente, seja em virtude do seu impacto fiscal.[44]

---

43 OMS (Organização Mundial de Saúde). *World health statistics 2011*. Genebra, 2011. Disponível em: <http://www.who.int/whosis/whostat/EN_WHS2011_Full.pdf>. Acesso em: 7 ago. 2013.

44 O gasto social como proporção do PIB tende a pressionar a carga tributária, influenciando indiretamente o ritmo de crescimento econômico. Vale notar que o balanço entre gasto social e ritmo de crescimento é, evidentemente, uma op-

Se tal argumento fizesse sentido, a política de saúde deveria, em primeiro lugar, aumentar de forma significativa o nível de eficiência. Uma das formas de fazer isso é por meio da promoção da inovação. Por exemplo, existem experiências na Índia de provisão de serviços a um custo muito baixo, por meio de formas de padronização e rotinização de serviços hospitalares. Uma delas ocorre no Hospital Narayana Hrundayalaya, que em 2010 realizou 3 mil operações cardíacas a um custo médio de 2.000 dólares cada, 60% abaixo do custo de serviços semelhantes praticado na Índia. Outro procedimento relevante é proporcionado pelo Hospital Aravind Eye, que realizou nesse ano o correspondente a 70% do número de cirurgias oculares efetuadas anualmente por todo o sistema de saúde inglês, a um custo correspondente a 1% do valor pago no âmbito desse sistema de saúde.[45]

Certamente, existe enorme espaço para inovação no sistema médico brasileiro, seja nos serviços médicos propriamente ditos, seja no âmbito das modalidades de desembolso. Alguns modelos interessantes nesse campo já estão sendo gestados entre nós. Um deles é o Projeto Cies (Centro de Integração de Educação e Saúde), que proporciona acesso a exames médicos de média complexidade em unidades móveis, enviados para locais mais mal-servidos pelo sistema público.[46] Um segundo exemplo é dado pela Saútil, que utiliza uma plataforma de internet para disseminar informações relacionadas ao acesso aos serviços de saúde pública.[47]

Por outro lado, a política de saúde poderia considerar também modelos de participação direta do setor privado que pudessem contribuir para reduzir as deficiências e os gargalos do setor público na oferta de serviços para os mais pobres. Realizar tal tipo de projeto não é simples, uma vez que o gestor privado tende a utilizar as regras existentes de modo pragmático, visando o retorno econômico do negócio. Na ausência de regulação, isso pode implicar, por exemplo, a recusa de hospitais ou planos de saúde em cobrir determinados serviços de maior complexidade e custo.[48]

ção de natureza política (PESSOA, S. O contrato social da redemocratização. In: BACHA, E.; SCHWARTZMAN, S. *Brasil*: a nova agenda social. Rio de Janeiro: Gen/LTC, 2011. p 204-212.). A rigor, trata-se de uma tensão experimentada por todas as sociedades mais e menos desenvolvidas do Ocidente.

45 Ver *The Economist*, London, volume, número, p. 76, 18 June 2011.

46 Ver <www.projetocies.com.br>.

47 Ver <www.sautil.com.br>.

48 Nesse sentido, a participação do setor privado deve ser associada a estratégias ativas de regulação.

Apesar dessas dificuldades, já existem no sistema privado brasileiro iniciativas relacionadas à provisão direta de serviços de média complexidade a baixo custo, especialmente na área de exames laboratoriais e de imagem. Um exemplo desse tipo de serviço é o projeto Lavoisier Popular, desenvolvido pela Dasa, um dos maiores grupos privados brasileiros da área de diagnósticos médicos.

O modelo de negócios das principais provedoras de serviços nessa área baseia-se na cobrança de preços elevados de cliente comum (que paga à vista) e de preços unitários baixos de clientes institucionais (planos de saúde, hospitais, SUS e outros laboratórios), que compram grandes lotes de exames e efetuam o pagamento em noventa dias ou mais. Esse formato impõe a busca por economias de escala, além de grande volume de capital, pois opera com fluxo de caixa negativo.

O Lavoisier Popular inovou esse desenho. Aproveitando as economias de escala proporcionadas pelas centrais de processamento de diagnóstico que atendem às várias bandeiras da Dasa, a empresa chega a cobrar 9 reais por um hemograma, valor pouco superior ao pago no SUS.[49] Apesar de estar instalado numa loja simples e adotar um sistema de atendimento modesto, o Lavoisier Popular realiza exames com a mesma qualidade oferecida por outras bandeiras mais sofisticadas do grupo, como a Delboni.

Vendendo à vista, o Lavosier Popular melhora o fluxo de caixa do grupo e otimiza a utilização da central de diagnósticos. O consumidor de baixa renda passa a ter a possibilidade de – a preços baixos – reduzir o tempo de espera por um diagnóstico e com isso abreviar os riscos e o tempo de licença médica. Trata-se de uma possível solução ganha-ganha, que, se mais disseminada, poderia contribuir para a melhora da saúde pública.

Iniciativas análogas foram implementadas em outras áreas, como a de tratamento odontológico, cujo caso mais notório é a Sorridents, um modelo de clínicas odontológicas dirigidas para a classe C.[50] No campo internacional, a Por Ti, Familia, do Peru, desenvolveu um modelo de clínicas de custo reduzido para realização de exames médicos de baixa complexidade.[51] Modelo

49 Essa informação provém de consulta realizada em 7 de março de 2013, segundo tabela de preços disponível no *site* da empresa: <http://www.lavoisier.com.br/popular/precos.php>. Vale notar que o preço de um hemograma em outra grande rede de laboratórios de São Paulo (Fleury) era 66,94 reais, segundo informação obtida por telefone na mesma data.

50 Ver <www.sorridens.com.br>.

51 Ver <www.portifamilia.com>.

análogo tem sido tentado no Brasil pela Clínica SIM, em Fortaleza, e pelo Dr. Consulta, em São Paulo.[52]

Em suma, diante da pressão sofrida pelos serviços públicos de saúde no Brasil, é pouco plausível que mesmo a demanda gerada pelos grupos de menor renda possa ser suprida de modo adequado apenas pela oferta proporcionada pelo setor público. Isso é tanto mais verdade quando se nota o aumento do nível de tecnologia associado aos serviços médicos e o seu encarecimento relativo. Ao lado do aumento da eficiência do sistema público, o caminho parece estar também em promover soluções que engajem o setor privado de modo positivo, isto é, produzindo arranjos institucionais que induzam esses provedores a contribuir para a melhoria da condição de saúde e a redução dos níveis de mortalidade. Assim, alternativas privadas de baixo custo, desde que adequadas do ponto de vista técnico, podem, sim, dar uma importante contribuição.

Habitação

Ao contrário dos gastos com educação e com saúde, aqueles destinados à habitação são altamente regressivos. Os pobres gastam muito mais com esse item como proporção de sua renda do que os ricos. De fato, enquanto uma família com renda familiar inferior a 830 reais gastava mais de 35% desta em itens relacionados à moradia em 2009, naquelas com renda superior a 6.225 reais a proporção era inferior a 25% (gráfico 3). Não por acaso, essa é a política em que o setor público esteve menos presente no Brasil. A política habitacional é muito dispendiosa e, nos últimos vinte anos, recebeu um volume de recursos e uma atenção governamental bem inferiores aos dedicados a outras áreas sociais.

Como consequência disso, o número de famílias que residem em condição inadequada no Brasil é muito elevado. Um estudo publicado pelo Ministério das Cidades estima que quase 15% dos domicílios brasileiros se encontravam nessa situação em 2006, o que corresponderia a mais de 8 milhões de famílias, segundo Oliveira, Givisiez e Rios-Neto (2009).[53] Esse número é equivalente, *grosso modo,* ao tamanho do chamado déficit habitacional estimado pelo Ministério das Cidades para 2006.[54] Esses números

52 Ver <www.clinicasim.com e <http://www.drconsulta.com/>.

53 OLIVEIRA, E. L.; GIVISIEZ, G. H.; RIOS-NETO, E. *Demanda futura por moradia no Brasil 2003–2023*: uma abordagem demográfica. Brasília: Ministério das Cidades, 2009.

54 O Plano Nacional de Habitação do Ministério das Cidades estima um déficit

também mostram que parcela significativa da população brasileira vive em locais com condições de saneamento precárias, reside em casas mal construídas e ventiladas, o que tende a acarretar problemas de saúde.

Gráfico 3 – Gastos médios com habitação como proporção do rendimento familiar, por grupo de renda. Brasil, 2009[55]

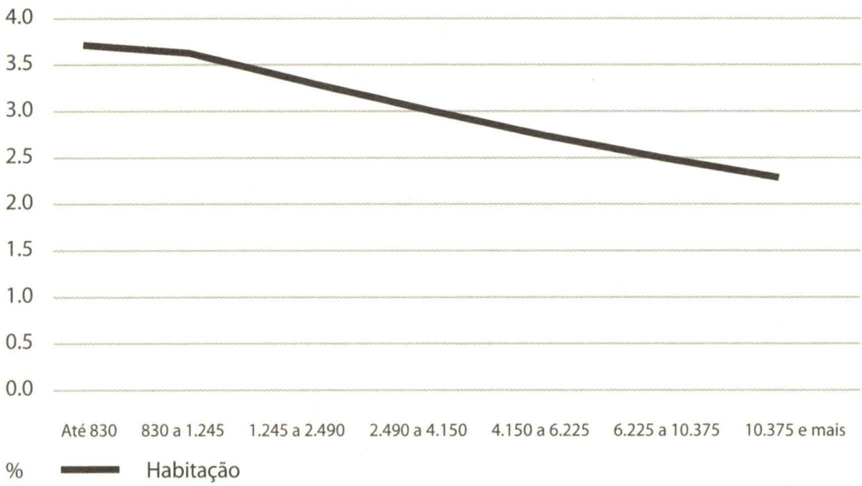

Nota: Além dos gastos com a moradia propriamente dita, tais dispêndios incluem os custos com mobiliário, eletrodomésticos, manutenção do lar e serviços públicos, como água, energia elétrica e telefonia.

Diferente das políticas de educação e saúde, que, apesar de serem geridas localmente, são objeto de financiamento e coordenação por parte do governo federal, a política habitacional voltada para o público de menor renda, depois da crise e extinção do Banco Nacional da Habitação (BNH), assumiu caráter relativamente autônomo, prevalecendo, nas unidades da federação, significativa variação na natureza e no porte das iniciativas.[56] Em consequência disso, o investimento público em habitação no Brasil nos últimos vinte anos acabou sendo influenciado pela disponibilidade de recursos em escala esta-

habitacional de 7.934.719 domicílios em 2006 (MINISTÉRIO DAS CIDADES. *Plano Nacional de Habitação*. Brasília: Ministério das Cidades, 2010.).

55 IBGE, 2009a, op. cit.

56 Ver ARRETCHE, op. cit., e BONDUKI, N. Política habitacional e inclusão social no Brasil: revisão histórica e novas perspectivas no governo Lula. *Arq.urb. – Revista eletrônica de Arquitetura e Urbanismo*, São Paulo, n. 1, artigo 5, 2006.

dual e municipal, e apenas os estados mais ricos, como São Paulo, puderam desenvolver políticas habitacionais de maior fôlego.[57] Ainda assim persistem nesse estado graves problemas habitacionais, sobretudo nas áreas metropolitanas. A prefeitura de São Paulo[58], com base em dados da Secretaria de Habitação, estima que existiam quase 900 mil domicílios na cidade, em 2009, localizados em assentamentos precários ou informais, como favelas e loteamentos clandestinos.

Outro fator complicador eram as dificuldades relacionadas à execução de garantias de crédito, que limitavam o interesse de empreendedores privados em financiar produtos habitacionais no Brasil. A Lei 10.391/2004 mudou esse quadro, ampliando os direitos dos credores e imprimindo maior segurança jurídica ao sistema. A partir desse marco legal, o investimento privado na construção habitacional cresceu dez vezes entre 2002 e 2007, aproximando-se dos 20 bilhões de reais por ano em 2007, de acordo com o Ministério das Cidades (2010)[59]. Mas consumidores de baixa renda raramente são elegíveis a esse tipo de crédito.

Assim, na primeira década do século XXI, o mercado habitacional continuou bastante seletivo. Famílias de classe média obtinham acesso à habitação por meio de financiamento bancário ou na Caixa Econômica Federal, mas as de menor renda continuavam a ter dificuldades de adquirir os poucos imóveis disponibilizados nos programas de habitação de interesse social e buscavam resolver suas necessidades habitacionais por meio de sistemas de autoconstrução, em loteamentos clandestinos de periferia ou em favelas e cortiços, sem nenhum financiamento público.

Segundo a POF 2009, os gastos com moradia para as famílias com renda inferior a 2.490 reais somavam 154 bilhões de reais. Nessa estimativa não incluímos as tarifas públicas e outros produtos, como móveis e eletrodomésticos. Trata-se de um enorme mercado precariamente servido pelo setor privado, uma vez que é revestido de caráter informal em alguns casos. Até recentemente o setor privado estava engajado apenas de modo indireto na provisão de soluções habitacionais para a base da pirâmide, principalmente por meio das empresas de material de construção, que fornecem os materiais necessários para o processo construtivo.

---

57 O Estado de São Paulo destina 1% da arrecadação do ICMS para a área de habitação.

58 PREFEITURA DE SÃO PAULO. *Plano municipal de habitação*. São Paulo, 2010.

59 Op. cit.

De certa forma, reconhecendo que não teria condições de eliminar o enorme déficit habitacional apenas com recursos públicos, o governo federal criou um conjunto de políticas e programas para a área habitacional no final do governo Lula. Por um lado, houve a desoneração fiscal do imposto sobre produtos industrializados (IPI) para diversos itens da cesta básica de material para construção; por outro, o governo federal desenvolveu dois programa de grande envergadura: o Programa de Aceleração do Crescimento (PAC) e o programa Minha Casa Minha Vida[60], os quais, instituídos a partir de 2008, significaram uma importante transformação do investimento público nesse campo. Por intermédio deles, o subsídio federal anual para a habitação subiu de pouco menos de 1 bilhão de reais em 2002 para quase 6 bilhões em 2009, segundo levantamento do Ministério das Cidades[61].

Na área habitacional, o PAC financia projetos de urbanização de favelas e assentamentos irregulares. Caso cresça, trata-se de um programa de extrema relevância, pois permite o acesso à terra por parte da população de baixíssima renda. A execução do programa se dá por meio da transferência de recursos para estados e municípios. O Minha Casa Minha Vida, por sua vez, financia a construção de novas unidades habitacionais, e o modelo varia segundo a classe de beneficiário: famílias com renda entre 3 e 5 salários mínimos e com renda inferior a 3 salários mínimos.

Nos projetos destinados para as famílias enquadradas nesse segundo grupo, a construtora presta serviços diretamente para a Caixa Econômica Federal (CEF). Assim, nesse caso, são os municípios que cadastram as famílias participantes do programa, as construtoras apresentam projetos à CEF para um local pré-selecionado e a instituição financeira libera os recursos diretamente para as empresas e faz o contrato, em paralelo, do financiamento altamente subsidiado com as famílias. Todo o risco financeiro e/ou de não contratação é assumido pela CEF.

No caso dos projetos voltados para as famílias com renda entre 3 e 4 salários mínimos, a construtora seleciona o terreno para obra, apresenta projeto à CEF e realiza o lançamento quando autorizado. A aquisição do cliente é feita diretamente pela construtora ou incorporadora, que precisa garantir um número mínimo de contratações. Após análise e comprovação da comercialização mínima exigida, é assinado o contrato de financiamento para a produção. Durante a obra é a CEF que financia o mutuário, e o mon-

60 O PAC não financia apenas urbanização de favelas, mas diversos outros tipos de obras públicas, até mesmo projetos viários e de saneamento.

61 Op. cit.

tante é abatido da dívida da incorporadora. Concluído o empreendimento, a construtora entrega as unidades aos mutuários e sai do processo.[62]

A meta de 1 milhão de contratos até 2010 foi atingida em grande parte, embora com variações importantes conforme a unidade da federação, segundo informações veiculadas na imprensa.[63] As principais dificuldades do programa se verificavam no segmento de famílias de menor renda (0 a 3 salários mínimos), dado o interesse mais limitado das construtoras em atuar para essa camada da população.

Para famílias com renda entre 3 e 5 salários mínimos a oferta foi maior, mas as empresas privadas tiveram dificuldades em viabilizar projetos em regiões metropolitanas, onde o custo da terra cerceia a oportunidade de empreendimentos em virtude dos limites de valor do imóvel considerados pelo programa. Recentemente, o governo reviu tais limites.

A grande novidade institucional desse programa está em combinar a participação privada na produção e comercialização ao subsídio público ao comprador do imóvel para famílias com renda entre 3 e 5 salários mínimos. Nessa modalidade, o comprador negocia diretamente com a incorporadora e adquire o imóvel financiado pela CEF. Esse mecanismo gera competição entre os provedores privados, que fazem ofertas nos locais e nas condições mais atraentes para os consumidores.

Vale notar que esse programa não resolve a questão de acesso para as famílias de baixíssima renda, que se beneficiam mais dos instrumentos relacionados à regularização fundiária, como os desenvolvidos no âmbito do PAC.[64] De fato, poucas empresas privadas de grande porte se interessaram em participar do programa destinado às famílias com renda entre de 0 e 3 salários mínimos. Uma interessante exceção é a Direcional Engenharia, empresa de grande porte com ações cotadas na Bolsa de Valores de São Paulo e que atua no segmento de menor renda.[65]

---

62 CAIXA ECONÔMICA FEDERAL. *Minha Casa Minha Vida*: cartilha. Disponível em: <http://downloads.caixa.gov.br/_arquivos/habita/mcmv/Cartilha_MCMV.pdf>. Acesso em: 7 ago. 2013.

63 Ver *O Estado de S. Paulo*, São Paulo, volume, número, 19 fev. 2011.

64 Ver SMOLKA, M. O.; LARANGEIRA, A. A. Informality and poverty in Latin American urban policies. In: MARTINE, G.; MCGRANAHAN, G.; MONTGOMERY, M.; FERNÁNDEZ-CASTILLA, R. (Ed.). *The new global frontier*: urbanization, poverty and environment in the 21st century. New York: Easthscan, 2008. p. 115-129.

65 Ver: <www.direcional.com.br>.

De modo geral, a participação privada fora do âmbito dos dois programas mencionados é modesta. Uma exceção é dada pela empresa Terra Nova, que promove a regularização de loteamentos informais e recebe pagamentos mensais realizados pelos próprios moradores.[66] Porém, trata-se de um modelo que, para funcionar, demanda elevado grau de coordenação com o setor público e enfrenta dificuldades relevantes no plano jurídico.

Ao contrário das políticas de saúde e educação, nas quais tem sido histórica a reticência à participação dos provedores privados na oferta de serviços para famílias da base da pirâmide, a política habitacional assumiu essa participação como parte de uma estratégia mais geral. A rigor, diante do tamanho do déficit habitacional e dos volumes de investimento exigidos para satisfazer tal demanda, esse tipo de iniciativa parece fazer sentido do ponto de vista de garantir o maior acesso possível.

Evidentemente, o sucesso de tais programas é fortemente condicionado aos aspectos operacionais definidos quando de seu desenho. E ainda não existem avaliações sobre os impactos do programa Minha Casa Minha Vida. Mas se trata de um modelo inovador de cooperação público-privada no Brasil, que merece ser considerado com atenção.

Conclusões

Pudemos observar ao longo deste texto que o setor privado está presente de forma bastante diversificada na oferta de serviços para famílias da base da pirâmide no Brasil, nas áreas de educação, saúde e habitação. Se em alguns campos tais serviços são bastante fragmentados e pouco conhecidos – como os mercados de ensino fundamental e das consultas médicas –, outras áreas foram objeto de arranjos público-privados mais bem definidos e regulados, como a oferta de serviços de saúde de alta complexidade e o ensino superior. Independente da crítica que se possa fazer à pertinência da presença privada na prestação desses serviços, ela dificilmente deixará de existir, em virtude das dificuldades relacionadas ao financiamento e à operação dos serviços públicos atualmente existentes.[67]

Ao se reconhecer mais explicitamente o papel do setor privado no campo dos serviços sociais, o Estado brasileiro teria também a oportunidade de engajá-lo de forma mais efetiva na provisão de serviços para a base da

66 Ver <www.grupoterranova.com.br>.

67 A capacidade de organização política dos atores privados nesse campo é outro aspecto relevante.

pirâmide. Deve-se procurar entender melhor que modalidades de atuação podem ter maior impacto social a um custo menor. A rigor, os desenhos de política definidos no setor público afetam de forma decisiva tanto as possibilidades de inclusão ou não de famílias mais pobres quanto os modelos de negócio das empresas privadas que se propõem operar no setor. Isso se dá tanto por causa das políticas propriamente ditas quanto da atuação do sistema regulatório.

O campo regulatório (incluindo a nossa complexa estrutura tributária) constitui uma dificuldade importante para quase todas as empresas que atuam no Brasil. Mas na área dos negócios com impacto social tais barreiras podem ganhar tons dramáticos, pois as empresas que atuam no campo trabalham, em geral, com margens unitárias mais baixas, buscando crescer por meio de ganhos de escala.[68] Em algumas áreas como produtos nutricionais, por exemplo, a estrutura regulatória brasileira não apenas é muito complexa como sofre permanente alteração nas regras do jogo, grandes atrasos na aprovação de produtos e projetos e significativo poder discricionário por parte das autoridades que controlam esses setores[69]. Em outras palavras, apesar da grande importância do sistema regulatório para definir as regras do jogo e proteger os interesses do consumidor, determinados formatos de atuação aumentam o custo de fazer negócios, inibem a iniciativa de empreendedores e desestimulam a inovação.

A análise contida nestas páginas mostra que não há por que assumir, por definição, que qualquer modelo de oferta privada de serviços para a base da pirâmide terá impacto social positivo, nem que todas as políticas sociais devam incorporar elementos privados. Mas, naquelas circunstâncias em que os serviços privados puderem contribuir efetivamente para a inclusão social, não há por que não estimulá-los.

---

68 Em alguns momentos o governo reconheceu tal fenômeno, quando, por exemplo, reduziu as alíquotas do IPI para material de construção.

69 Ver TORRES, H. G.; AGUIAR, L. T. *Mapping the potential on private sector nutrition solutions in Brazi*l. 2010. Washington: Interamerican Devolopment Bank, 2010. Mimeografado.

CAPÍTULO 7

FONTES DE FINANCIAMENTO

Daniel Izzo

Este capítulo introduz conceitos e alternativas de financiamento para o desenvolvimento de negócios com impacto social. Assim, discute-se o conceito de investimentos de impacto e, sem se pretender extensivo, apresentam-se alternativas de fontes de financiamento de acordo com o estágio de desenvolvimento dos negócios, os atores que as fornecem e as suas expectativas de retorno financeiro e/ou de contrapartidas.

Introdução

Organizações de todos os tipos – negócios com fins lucrativos, projetos e organizações do setor civil – e tamanhos – micro, pequenas, médias e grandes – enfrentam desafios no acesso ao capital para financiar sua criação, seu crescimento e sua sustentabilidade operacional. O cenário não é diferente para os negócios com impacto social.

Para a implementação e a expansão de um negócio, seja ele inclusivo, social ou tradicional, é necessário capital. Na maior parte das vezes, e principalmente quando se consideram negócios com alto potencial de crescimento, o empreendedor ou a equipe que lidera o empreendimento não possui capital suficiente para financiar a sua empresa até que ela alcance o ponto de equilíbrio e passe a ser lucrativa, cobrindo os custos de sua própria operação e expansão. Mesmo empresas relativamente mais bem estruturadas e que já atingiram há muito tempo o ponto de equilíbrio precisam de capital para financiar sua expansão. Torna-se necessário, portanto, considerar fontes alternativas de financiamento para o desenvolvimento do negócio.

Como se trata de um conceito novo, ainda existem poucas linhas ou veículos de investimento especificamente estruturados para financiar negócios com impacto social. Para que esses veículos sejam criados, há uma exigência anterior: o entendimento mais estruturado e organizado sobre as especificidades e necessidades diferenciadas desses empreendimentos, se comparados com negócios considerados "tradicionais". Teriam margens mais comprimidas os negócios com impacto social voltados para populações de poder aquisitivo menor, exigindo, dessa forma, fontes de financiamento com características diferenciadas? Teriam essas empresas prazo de maturação mais longo, pedindo por um capital mais paciente? Quaisquer que sejam as características dos negócios com impacto social, a realidade é que, hoje, no mercado, as opções de financiamento são muito similares às dos negócios tradicionais. As linhas e os veículos de investimento disponíveis coincidem quase totalmente.

Apesar de os investimentos atuais ainda serem pequenos em volume, o interesse pelo setor de negócios com impacto social vem crescendo rapidamente nos últimos anos. Bancos de investimento começam a pensar no desenvolvimento de veículos exclusivos para aportes nesse tipo de ativo, indivíduos e famílias de alta renda já fazem as primeiras "apostas" no setor e órgãos de fomento nacionais e multilaterais desenham estratégias para melhor apoiar os negócios com impacto social que estão surgindo em suas áreas de atuação.

Esse aumento do interesse é tal que se espera que os negócios com impacto social, e veículos que os apoiam, recebam algo entre 500 bilhões e 1 trilhão de dólares de investimento direto nos próximos dez anos[1], tornando-se uma atividade *mainstream*. Até se atingir a maturidade, entretanto, ainda existem alguns desafios e provas que os pioneiros terão que superar. Casos de sucesso e dados consistentes e abrangentes sobre os retornos esperados, tanto sociais quanto financeiros, são passos importantes para trazer mais capital, de atores diferentes, para o setor.

Este capítulo busca traçar um panorama, que de nenhuma maneira pretende ser extensivo ou incluir todas as possibilidades já existentes, dos investidores que atuam nesse campo e demonstrar a existência de fontes de investimento para o financiamento de negócios com impacto social, dependendo do tamanho, maturidade e objetivos de crescimento.

Investimentos de impacto

Os investimentos em negócios com impacto social vêm sendo chamados de "investimentos de impacto" (*impact investments*, em inglês). Uma das definições mais aceitas sobre o conceito de investimentos de impacto foi criada pelo banco norte-americano de investimentos J. P. Morgan, que, em seu relatório de novembro de 2010, intitulado *Impact investments - An emerging asset class*, afirma que "investimentos de impacto são aqueles feitos em negócios que possuem a intenção de causar impacto social, além do retorno financeiro" (ver capítulo 2).

Dado o alto grau de risco percebido dos investimentos em negócios com impacto social, a maioria do capital que apoia o setor atualmente é proveniente de indivíduos de alta renda, fundos familiares, órgãos multilaterais ou do setor social privado. Ainda se nota pouco movimento de investidores institucionais, fundos de pensão ou bancos de investimento em direção a esses ativos, apesar do interesse crescente. Provavelmente, isso ainda se deva à percepção que o mercado possui dos investimentos em negócios com

1 J. P. MORGAN GLOBAL RESEARCH. *Impact investments*: an emerging asset class. New York, 2010.

impacto social. Enquanto os investidores, em mercados mais estabelecidos, buscam alocar seus ativos com base no risco e retorno, os ativos destinados a investimento de impacto são considerados seguindo de critérios mais subjetivos, como missão pessoal, impacto social e legado para o mundo. Esses investidores estão genuinamente interessados em alcançar o equilíbrio entre o retorno financeiro e o retorno social. Entretanto, para este último tipo de retorno, ainda não se constituiu um modelo amplamente difundido e crível de mensuração. Dessa forma, os investimentos dirigidos a esse campo ainda são feitos por pioneiros, pessoas e instituições que desejam alocar capital para contribuir para a criação de um novo modelo de negócio que busca ser parte da resposta aos problemas sociais atuais. É um investimento voltado para o desenvolvimento de um novo modelo, mais do que dirigido por uma lógica puramente financeira.

Apesar de sempre buscarem o impacto social com seus aportes de capital, conceitualmente os investidores de impacto são divididos em dois grupos distintos: aqueles que dão preferência para o impacto social (em inglês, *impact first*) e os que privilegiam o retorno financeiro (*financial first*). A figura 1 mostra um exemplo do retorno que cada um desses tipos de investidor espera, baseado em dados de fundos pioneiros no mercado.

Os investidores *impact first* são aqueles que buscam o impacto social como prioridade, desde que respeitado um mínimo de retorno financeiro (na maioria das vezes abaixo da taxa de mercado). Esses investidores costumam entrar no mercado de investimentos de impacto a fim de diversificar sua atuação social. Para isso buscam mecanismos de mercado para compor as carteiras sociais com ativos que vão além dos investimentos em filantropia. Os investidores *impact first* costumam ser fundações, institutos e outras organizações sem fins lucrativos. Essa linha defende a necessidade de se adotar uma abordagem mais paciente para os investimentos em negócios com impacto social. O argumento principal é que as empresas sociais se diferenciam daquelas mais "tradicionais" em alguns aspectos[2]: um horizonte de tempo mais longo para o desenvolvimento de seu modelo de negócio, um desejo de se abrir mão da maximização do retorno financeiro em troca de mais impacto social e um apetite e uma tolerância a risco maiores do que o de outros tipos de negócio, entre outros.

---

2 LONDON, T.; HART, S. *Next generation business strategies for the base of the pyramid* – New approaches for building mutual value. New Jersey: Pearson Education, 2010.

Por outro lado, existe a corrente que propõe a priorização da busca pelo retorno financeiro sem abrir mão do impacto social. Esse grupo argumenta que, dessa forma, é possível conseguir maior crescimento e maior escala para as empresas, o que, no final, vai beneficiar maior número de pessoas. Esses investidores são comumente chamados de *financial first* e buscam otimizar os retornos financeiros, mantendo um mínimo aceitável de impacto social. São, em sua maioria, investidores mais tradicionais, que buscam incorporar métricas de impacto social e ambiental às decisões de investimento. Sustentam ainda que qualquer negócio, seja social, seja "tradicional", deve ter como finalidade atingir uma grande escala, oferecendo, assim, retornos competitivos aos investidores.

Figura 1 – Tipos de investidores de impacto[3]

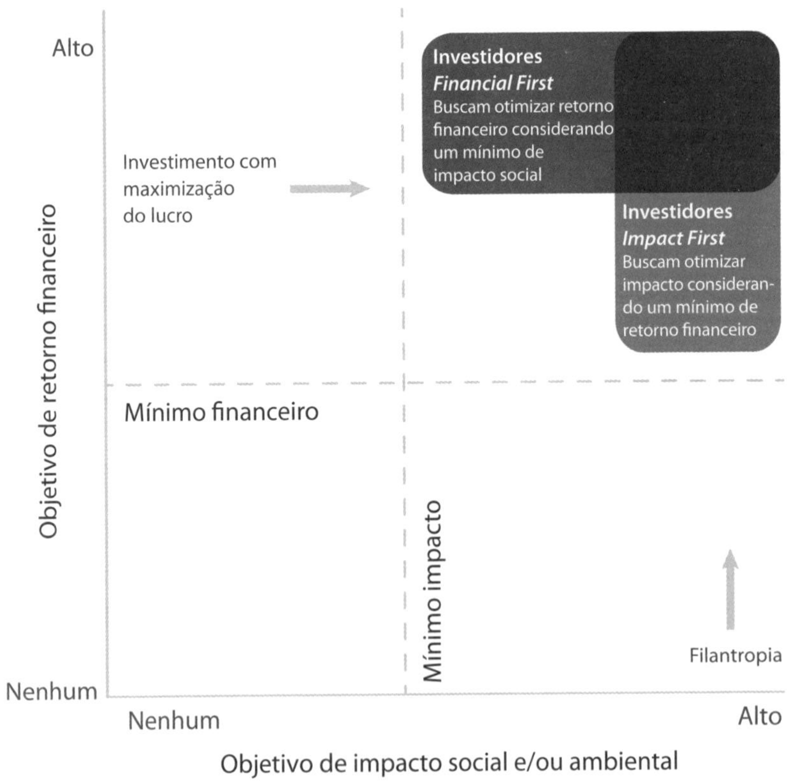

3 FREIREICH, J.; FULTON, K. *Investing for social and environmental impact* – A design for catalyzing an emerging industry. San Francisco: Monitor Institute, 2009.

Ciclo de vida dos negócios com impacto social

O ciclo de vida de um negócio com impacto social, como o da maioria dos negócios, pode ser dividido em três estágios principais: *start-up*, crescimento e expansão.

Estágio *start-up*

Nesse estágio a empresa apenas acaba de deixar de ser um plano, ou uma ideia. Trata-se do momento de concepção ou nascimento de um novo negócio. O empreendedor deve focar na oportunidade de negócio e tentar alinhá-la com suas paixões, talentos e experiência. A velocidade é importante para usar de forma mais produtiva os recursos existentes, que normalmente são escassos. A nova empresa precisará superar o desafio de ter seu produto ou serviço aceito pelo mercado.

Estágio de crescimento

A empresa tem produtos e serviços aceitos minimamente pelo mercado e já conquistou alguns clientes, registrando as primeiras receitas. Ainda não é possível determinar se ela é viável financeiramente dentro do seu modelo operacional ou se os seus produtos ou serviços atuais têm o potencial de atingir escala. O desafio é garantir uma margem saudável e buscar a lucratividade.

Estágio de expansão

As maiores dúvidas sobre a capacidade de sobrevivência da empresa já passaram. É o momento de aumentar as vendas e trabalhar para melhorar a produtividade. Também pode ser o momento de diversificar o portfólio de produtos para aproveitar as oportunidades identificadas nos mercados servidos.

O tipo de financiamento necessário para expansão dos negócios com impacto social varia de acordo com o estágio de vida e as características específicas. Nas próximas seções deste capítulo, iremos conhecer e analisar algumas das opções de financiamento disponíveis no mercado. Essa lista não pretende ser definitiva nem oferecer um cenário completo de todas as opções disponíveis, pois isso seria o trabalho para uma publicação específica sobre esse assunto. Em vez disso, o objetivo é servir como um guia inicial para os interessados, para que possam buscar mais informações sobre o modelo de financiamento que lhe interessarem.

Quadro 1 – Tipo de financiamento sugerido para cada estágio de maturação da empresa

	Start-up	Crescimento	Expansão
Dinheiro próprio	o		
Família e amigos	o		
Doações	o	o	
Subvenção econômica	o	o	o
Empréstimos subsidiados		o	o
Empréstimos com taxa fixa		o	o
Empréstimos com taxa variável	o		
Participação acionária	o	o	o

As principais fontes de financiamento de um negócio com impacto social não são muito diferentes dos oferecidos para uma empresa tradicional. Os atores, sim, podem ser distintos. As principais possibilidades são:

Dinheiro próprio

A primeira e mais óbvia fonte de financiamento de uma nova empresa são os recursos próprios dos fundadores. Esse tipo de investimento oferece a vantagem inicial de não diluir logo de saída a participação da equipe inicial no capital social da empresa, mantendo o negócio sob controle dos fundadores. Isso pode oferecer liberdade maior para tentativa e erro e menor pressão externa para a entrega de resultados no curto prazo. Por outro lado, deixa-se de atrair investidores estratégicos e experientes, que podem contribuir com aportes de capital intelectual (muitas vezes mais importantes que investimentos em dinheiro), para desenvolver a empresa mais rapidamente e de maneira mais estruturada.

Família e amigos

Estes são, muitas vezes, a primeira fonte de financiamento externo de pequenos negócios. Ela nem sempre conta com quantidade de capital muito grande, portanto, pode servir para casos em que o negócio não necessita de muito dinheiro para crescer; ou, então, pode ajudar a fazer com que a empresa se torne operacional e oferecer condições de continuidade enquanto se cria valor para atrair novos e maiores investidores.

Por ser um investimento informal, torna-se difícil quantificar o volume de dinheiro investido por famílias e amigos em empresas nascentes no mercado. Mas se estima que seja a mais importante e maior, em volume, fonte de financiamento de empresas em estágio inicial. Essa forma de investimento oferece algumas vantagens para o empreendedor:

- flexibilidade de um investimento privado: ao contrário de um empréstimo bancário, é possível negociar um modelo de quitação da dívida mais flexível; as parcelas e os juros podem ser menores, e/ou o prazo, mais estendido;
- histórico de crédito é menos relevante;
- não é necessário oferecer um colateral ou uma garantia.

Algumas vezes, esses investidores podem preferir algum tipo de participação acionária na empresa. Isso fará com que o investidor se torne sócio da empresa, dividindo os riscos e os resultados com o fundador. O investidor, nesse caso, toma para si todos os riscos do negócio, já que não há a obrigação do empreendedor de repagar o investimento inicial, caso a empresa não seja bem-sucedida.

Essa é uma questão delicada para investidores nesse estágio, pois muitos deles estão despreparados para aceitar o tipo de risco que estão tomando. O despreparo pode ser de duas ordens, principalmente: financeira (o familiar ou amigo não pode se dar ao luxo de perder o investimento inicial, dada sua situação financeira no momento do aporte) ou desconhecimento do modelo de investimento em participação acionária (que pode ser desde ignorância em relação ao horizonte de tempo mais longo para retornos sobre o investimento até pouca atenção a questões legais, como a responsabilidade solidária em relação a dívidas e passivos quando a pessoa se torna um acionista da empresa). É muito importante, portanto, que os dois lados estejam bem cientes dos riscos que estão correndo e alinhados com as expectativas em relação ao investimento. Dessa forma, se o investimento não é bem-sucedido, pelo menos não se arrisca perder um relacionamento próximo e importante. De qualquer maneira, o risco emocional é menor quando o dinheiro é fornecido por investidores profissionais, em vez de entes queridos ou amigos próximos.

Doações

A vida financeira das pequenas e médias empresas pode começar com investimentos considerados *first-loss,* ou seja, investimentos que têm a finalidade de desenvolver o negócio, mas sem necessariamente buscar retornos financeiros.

Esses investimentos em geral vêm de fontes que não têm pressão de gerar retorno sobre o dinheiro aplicado. A fonte desse investimento pode vir de amigos e familiares ou, principalmente, de fundações e órgãos governamentais.

Doações podem ser definidas como investimentos sem retorno. São investimentos cuja fonte financiadora está disposta a aceitar retorno financeiro negativo (em grande parte, retorno de -100%, o que significa que nenhuma parte do principal é devolvida ao investidor pelo recipiente da doação) em troca de algum resultado tangível, seja desenvolvimento de algum produto de fim tecnológico, seja impacto social percebido. A grande maioria das doações está relacionada ao apoio ao desenvolvimento de um país ou de uma região específica ou ligadas a boas causas.[4]

Normalmente, as doações são efetuadas durante a fase de vida *start-up* e servem para ajudar os empreendedores a transformar suas ideias em produtos e serviços tangíveis. O risco para a empresa é que muito provavelmente ela não irá receber outra doação caso o investimento inicial acabe antes de o negócio se consolidar e estar pronto para receber outro tipo de investimento em dívida ou em participação acionária. Esse desafio se torna ainda mais relevante se levarmos em conta que o capital disponível costuma ser bastante pequeno, diante do volume exigido para se desenvolver um negócio de alto potencial.

Por outro lado, uma grande e inegável vantagem para os empreendedores é que não há a necessidade de devolução do capital nesse tipo de investimento. Isso pode ser bastante útil durante o estágio em que o fluxo de caixa ainda é negativo e quando o negócio é muito pequeno para investimentos em participação acionária. A grande questão negativa é que, em sua maioria, esse investimento gera um relacionamento superficial e de curto prazo com o investidor/doador. Não existe, normalmente, um suporte maior para o desenvolvimento do negócio. O ideal, para solucionar essa questão, seria receber o aporte de um investidor alinhado e que pudesse, de alguma maneira, contribuir para o negócio, seja abrindo portas de contatos importantes, seja cooperando nas questões internas estratégicas.

As principais fontes de investimento desse tipo disponíveis no mercado atualmente são: institutos, fundações, corporações (em sua área de responsabilidade social empresarial) e indivíduos ou famílias de alta renda. O CDI Lan e o Banco Pérola são dois exemplos de empresas que se beneficiaram de doações no início de suas operações, antes de buscarem outras fontes de financiamento.

4 McKINSEY & CO. *Effective philanthropy in Brazil.* New York, 2008.

Instrumentos de apoio financeiro de órgãos governamentais e multilaterais

Outra fonte de aporte de recursos para negócios com impacto social (e para todos os negócios, em geral) são instrumentos de financiamento por meio de recursos não reembolsáveis ou subsidiados, oferecidos por órgãos governamentais brasileiros (Finep e BNDES, principalmente) ou órgãos multilaterais internacionais (IFC e BID, por exemplo). Muitos empreendedores ainda não buscam esse tipo de recurso por acreditarem ser de difícil acesso. Os órgãos governamentais e multilaterais têm feito grande esforço nos últimos anos para mudar essa realidade, mas ainda acabam esbarrando em burocracia e dificuldades internas de suas próprias organizações. Entretanto, essa deve se tornar uma fonte de financiamento cada vez mais comum no médio e longo prazos. Os dois principais tipos de apoio que esses órgãos oferecem atualmente são programas de subvenção econômica e empréstimos subsidiados.

Subvenção econômica

Programas de subvenção econômica são uma fonte de recursos não reembolsáveis, da mesma maneira que as doações de instituições privadas. Essa ferramenta é bastante utilizada por governos de diversos países para apoiar a inovação em seus mercados locais. A Organização Mundial do Comércio (OMC) criou normas que viabilizam esse tipo de subsídio fornecido às empresas inovadoras pelos órgãos governamentais dos países que fazem parte daquela entidade. No Brasil, essa prática é bastante recente. Em agosto de 2006, foi lançado o primeiro instrumento desse tipo no país. Desde então, a subvenção econômica tem sido considerada um dos principais instrumentos da política de fomento do governo brasileiro.[5]

O marco regulatório que viabiliza a concessão de subvenção econômica surgiu com a aprovação da Lei 10.973, de 2 de dezembro de 2004, regulamentada pelo Decreto 5.563, de 11 de outubro de 2005, conhecida como "Lei da Inovação", e da Lei 11.196, de 21 de novembro de 2005, regulamentada pelo Decreto 5.798, de 7 de junho de 2006, conhecida como "Lei do Bem". Essas normas permitem a aplicação de recursos públicos não reembolsáveis diretamente em empresas brasileiras que estiverem desenvolvendo projetos de inovação estratégicos para o país. Os recursos para esse programa são

---

5 FINEP (Financiadora de Estudos e Projetos). *Manual de programa* – Subvenção econômica à inovação nacional. Brasília, 2010.

provenientes do Fundo Nacional de Desenvolvimento Científico e Tecnológico (FNDCT) e geridos pela Financiadora de Estudos e Projetos (Finep), ligada ao Ministério da Ciência, Tecnologia e Inovação (MCTI).

Para se candidatar a esses programas, o negócio com impacto social precisa ser considerado inovador ou atender aos critérios de inovação da Finep. Os principais critérios de seleção são: efetividade do projeto na solução dos problemas definidos (pelo edital); grau de inovação do projeto em relação a outros projetos ou soluções existentes; impacto do produto ou do serviço no mercado; e a importância estratégica para a sociedade, viabilidade técnica e financeira e adequação do orçamento do projeto proposto, capacitação técnica da equipe executora e experiência anterior da empresa.

Outro órgão que pode oferecer subvenção econômica é o Fundo Multilateral de Investimento (Fumin) do Banco Interamericano de Investimento (BID), que tem como foco projetos e negócios que ofereçam acesso a serviços financeiros, mercados e serviços básicos.[6]

Além, é claro, de contar com um investimento não reembolsável, esse tipo de financiamento traz de positivo para a empresa a credibilidade de contar com uma marca importante no mercado (Finep, BID) e o reconhecimento por ter sido aprovada como proprietária de uma iniciativa inovadora e com importância estratégica para o desenvolvimento das políticas públicas consideradas prioritárias por esses órgãos públicos. Entretanto, muitas vezes, esse financiamento é alvo de críticas pelo burocratismo para a obtenção dos recursos, pelas limitações quanto aos fins para sua utilização e pela grande quantidade de relatórios para demonstrar a utilização dos recursos.

A empresa de turismo sustentável Aoka foi um dos negócios com impacto social que buscaram e obtiveram financiamento por meio do programa de subvenção econômica da Finep.

Empréstimos subsidiados

Esses mesmos órgãos governamentais e multilaterais também podem oferecer empréstimos, muitas vezes subsidiados, ou seja, sob condições mais atrativas que as de mercado para empresas e iniciativas que se encaixem nas condições programáticas ou focos de atuação. Alguns exemplos de organizações que oferecem esse tipo de financiamento são:

6 FUMIN. *How we work*. Disponível em: < http://www5.iadb.org/mif/About/Howwedoit/tabid/166/language/en/Default.aspx>. Acesso em: 7 ago. 2013.

- **International Finance Corporation** (IFC), membro do Banco Mundial. A organização apoia empresas iniciantes e projetos de expansão (sempre com fins de lucro) em países em desenvolvimento. Apesar de cobrar taxas de juros de mercado para os empréstimos, o IFC oferece prazos estendidos, que podem chegar a até vinte anos, incluindo prazo de carência. Os empréstimos do IFC podem ser oferecidos diretamente por ele ou em conjunto com organizações e bancos parceiros.

- **Banco Interamericano de Desenvolvimento** (BID). Possui diversas linhas de financiamento, mas a que merece destaque neste livro é a iniciativa Oportunidades para a Maioria. Por meio dela, o banco promove e financia modelos de negócios sustentáveis que envolvam empresas do setor privado, governos e comunidades locais em países da América Latina e do Caribe. A iniciativa busca negócios que combinem retorno financeiro com impacto social e oferece empréstimos de longo prazo (até quinze anos) a taxas de juro de mercado. No Brasil, a primeira empresa a receber esse apoio foi o Tenda Atacado, com sua iniciativa de cartão de crédito Vox Cred.

- **Agência Brasileira da Inovação** (Finep). Entre outras linhas, possui o programa Juro Zero, que é dirigido para empresas de pequeno porte, oferecendo financiamento com condições especiais, como a não incidência de juros e a adoção de procedimentos simplificados nas análises e aprovações do projeto, que são realizados por parceiros estratégicos da Finep nos estados brasileiros, responsáveis pela pré-qualificação das candidatas.

- **Banco Nacional de Desenvolvimento Econômico e Social** (BNDES), empresa pública federal, vinculada ao Ministério do Desenvolvimento, Indústria e Comércio Exterior. Possui como missão servir de instrumento para o desenvolvimento econômico e social do país. Dessa forma, financia projetos e empresas que possam atuar como agentes de mudanças, com o objetivo de construir uma economia local mais competitiva. O BNDES oferece financiamento por meio de inúmeros produtos e programas (mecanismos de caráter transitório, voltados para determinado segmento econômico), entre os quais merecem destaque: a Linha Capital Inovador, que oferece empréstimos a partir de 1 milhão de reais, com taxas de juros baixas e prazo de amortização que pode chegar a doze anos, para empresas que desenvolvem atividades inovadoras de forma sistemática; e o Cartão BNDES, emitido por bancos nacionais credenciados e voltados para pequenas e médias empresas, que oferece crédito rotativo, pré-aprovado, de até 1 milhão de reais, para aquisição de produtos credenciados, com baixa taxa de juros (em agosto de 2011, a taxa era de 1% ao mês).

Cada um dos programas oferecidos por órgãos governamentais ou multilaterais possui focos bastante específicos de atuação e regras rígidas, porém claras, sobre os tipos de negócio e de projeto que podem ser apoiados. As empresas que desejam se beneficiar desses programas precisam se encaixar nesses formatos e estar estruturadas o bastante para passar pelo processo seletivo, que muitas vezes é longo e detalhado, e para oferecer os relatórios e a prestação de contas exigidos pelos provedores desses financiamentos.

Empréstimos

Uma fonte de financiamento bastante comum para empresas, sejam elas "tradicionais" ou sociais, são empréstimos oriundos de órgãos ou bancos privados. Esses empréstimos costumam ter taxas de juros fixas durante o prazo de vigência do financiamento, o que pode constituir problema para empresas nascentes cujo fluxo de caixa ainda é negativo. Entretanto, algumas poucas organizações já começam a oferecer um modelo de empréstimo com taxas variáveis, também conhecido como *quasi-equity*, para apoiar negócios em fase mais inicial de desenvolvimento, que não possuem fluxo de caixa previsível para o repagamento de empréstimos. Esses aspectos são detalhados a seguir.

Com taxas de juros fixas

São empréstimos com prazos de pagamento que podem variar de meses a alguns anos. O empreendedor ou gestor do negócio pode se programar financeiramente, já que a amortização, em sua grande maioria, se dá por parcelas fixas mensais, semestrais ou anuais.

Esse tipo de financiamento tem a vantagem de ser acessado de forma mais rápida, com menos burocracia e com mais abundância do que as outras alternativas, além de não dividir o controle acionário da empresa, como ocorre em investimentos em participação acionária. Também não exige relatórios e prestações de contas acerca da forma de utilização do dinheiro.

Por outro lado, para negócios em estágio inicial ou em crescimento, a taxa de juros fixa pode representar um problema, já que nessa fase a empresa não possui fluxo de caixa previsível e pode ter dificuldade para amortizar a dívida por meio de pagamentos regulares. Alem disso, existe normalmente um alinhamento menor entre a empresa e o provedor do financiamento, e, de fato, o investidor não costuma oferecer suporte ao negócio.

A maior parte desses empréstimos são oferecidos por bancos comerciais privados, que cobram taxas de juros muitas vezes superiores a 4% ao mês. Negócios com impacto social interessados nesse instrumento de financiamento também podem buscar empréstimos em organizações que apoiam negócios e iniciativas com impacto social e ambiental. Essas entidades, apesar de possuírem capacidade de financiamento muito menor que os bancos comerciais, oferecem dinheiro a taxas de juros bem mais atrativas para quem se encaixa em suas linhas programáticas. No Brasil, hoje, empresas com impacto social e/ou ambiental podem requerer empréstimos em organizações como a Sitawi e o Instituto Ventura. A Solidarium foi uma das empresas que se beneficiaram dos empréstimos concedidos pela Sitawi nos últimos anos.

Com taxas de juros variáveis

Empréstimos com taxas de juros variáveis são mais raros e também conhecidos como *quasi-equity*, por oferecerem retornos ao investidor muitas vezes relacionados ao desempenho da empresa, de maneira muito similar a investimentos em participação acionária. A amortização do empréstimo costuma ser vinculada a um percentual das vendas ou dos lucros das empresas. Nesse modelo de empréstimo, o financiador divide parte dos riscos do negócio com o gestor ou empreendedor, já que o mútuo pode acabar não sendo pago, caso a *performance* da empresa não seja suficiente para garantir o retorno do montante investido. Dessa forma, existe maior alinhamento de interesses entre o negócio e o investidor. Para ele, interessa que o negócio vá bem, para aumentar o retorno sobre o seu investimento. Outro ponto positivo desse tipo de financiamento é que não há diluição da participação acionária da empresa ao receber o investimento, e a equipe fundadora continua no controle de todo o capital social do negócio.

Por outro lado, esse empréstimo pode ser mais caro que um tradicional. Como ele é atrelado ao desempenho do negócio, quanto mais bem-sucedida a empresa, mais dinheiro será transferido para o investidor. Portanto, apesar do risco reduzido para a empresa, que não se vê obrigada a pagar parcela fixa independentemente do seu desempenho, um empréstimo com taxas de juros variáveis pode ser uma forma mais custosa no caso das empresas mais bem-sucedidas.

A iniciativa Geração de Impacto (GDI) concede esse tipo de financiamento para negócios com impacto social no Brasil. Entre as empresas que já receberam aporte do GDI podem ser citados Gastromotiva, Banco Pérola e Plura Consultoria e Inclusão Social.

Participação acionária

Uma forma de financiamento de empresas nascentes e em fase de expansão que está se tornando cada vez mais comum no Brasil é a participação acionária. Esse tipo de investimento, também conhecido como *venture capital* (capital empreendedor, de acordo com alguns autores) e *private equity*, torna os investidores sócios da empresa, dividindo o capital social com o grupo fundador.

Essa modalidade de financiamento é mais indicada para empresas com alto potencial de crescimento e escala, já que, como os riscos do sucesso da empresa são totalmente compartilhados pelo investidor, há a expectativa de retornos mais agressivos. Os investidores de *venture capital* podem injetar grande quantidade de capital (entre 500 mil e dezenas de milhões de reais) e geralmente contribuem para o crescimento das empresas por meio de aportes de gestão como suporte na estruturação de processos, contratação de profissionais-chave, planejamento estratégico e acesso a contatos comerciais.

Esse investimento ainda é pouco comum no Brasil, especialmente por causa da instabilidade econômica brasileira que durou até meados dos anos 1990, que impedia o desenvolvimento desse tipo de financiamento, o qual possui um prazo de maturação mais longo: entre sete e dez anos. Esse cenário vem mudando rapidamente e o *venture capital* está se tornado uma opção real para empreendedores no Brasil. Segundo o censo da indústria conduzido pelo centro de estudos de *private equity* da Fundação Getúlio Vargas, no início de 2005 existiam cerca de setenta organizações gestoras dessa modalidade de investimento no país, com pouco mais de 6 bilhões de dólares disponíveis, o equivalente a 0,7% do PIB. Já em 2009, existiam 144 gestoras, administrando 36 bilhões de dólares em recursos, o equivalente 2,3% do PIB brasileiro. De lá para cá, esse número apenas aumenta.

Empresas em todos os estágios de ciclo de vida podem se beneficiar de investimentos de capital empreendedor. Na fase inicial de existência, a de *start-up*, quando o modelo de negócios ainda precisa passar por diversos ajustes, a equipe está em formação ou em fase de teste e a empresa demanda estruturação de processos mínimos para um bom funcionamento, os investimentos de *venture capital* são chamados de capital semente ou *early stage*. São investimentos muitas vezes feitos por anjos investidores ou por fundos especializados nesse estágio de vida da empresa. Quando já possuem uma prova de conceito mais clara, com uma base de consumidores e um modelo de negócio mais consolidado, mas ainda precisando demonstrar capacidade de atingir escala, as empresas podem estar aptas a receber investimento de *venture capital growth stage*.

Quando a empresa já está mais desenvolvida e deseja um crescimento acelerado, por meio, por exemplo, da consolidação de um mercado mediante aquisições ou obtenção de ganhos de escala e produtividade, podem receber investimentos de fundos de *private equity,* os quais podem oferecer quantidades maiores de dinheiro, a partir de 25 milhões de reais.

A cada passo na evolução, os valores dos investimentos se tornam maiores, mas as exigências passam a ser mais restritivas. De qualquer forma, é uma fonte de financiamento bastante seletiva. Especialistas do setor consideram que, em média, tanto no Brasil quanto internacionalmente, uma em cada cem empresas analisadas recebe investimento direto. Os principais critérios levados em conta por gestores de fundo de investimento de capital empreendedor para recomendar investimentos são:

- **Equipe**: provavelmente o critério mais importante para todos os fundos. São muito valorizados os empreendedores com bastante experiência relevante para o negócio, as equipes bem preparadas e complementares nas habilidades, grupos com capacidade de adaptação e abertura para serem acompanhadas de perto pelos investidores e, no caso específico de investimentos de impacto, empreendedores com valores alinhados e intenção de causar impacto social positivo por meio de seus negócios.

- **Modelo de negócio**: precisa ser inovador e resolver um problema real. É importante que existam previsões financeiras e de faturamentos realistas, com considerações claras das fontes de receitas e o tamanho de mercado. A partir desse desenho é possível estimar quanto dinheiro será necessário para expandir as operações e qual o valor atual da empresa. No caso de fundos de investimento de impacto, ainda há a necessidade de se avaliar o quanto o impacto social causado pela empresa está ligado ao negócio central. Nesse último caso, quanto mais relacionado, melhor.

- **Governança**: é uma análise crítica em várias dimensões. A empresa tem passivos trabalhistas, fiscais ou de outra natureza que comprometam o desenvolvimento e crescimento futuro? Existem muitos sócios ou o capital social já está pulverizado entre vários acionistas, o que pode tornar o processo de tomada de decisão mais complicado? Existe abertura para um modelo de gestão que considere a criação de um conselho? Investidores de impacto também vão procurar saber se a direção da empresa está comprometida em causar impacto social positivo e se está medindo de maneira consistente esse impacto.

- **Impacto social** (específico para investidores de impacto): o negócio central da empresa possui impacto social positivo? Alguns exemplos desse possível impacto são o fornecimento de produtos e serviços básicos para pessoas antes não servidas, a possibilidade de acumulação de ativos físicos ou intelectuais para pessoas de baixa renda e a redução da incidência ou do custo de tratamento de algumas doenças, entre outros. Os setores que geralmente recebem atenção maior de investidores de impacto são: saúde, educação, habitação, serviços financeiros e energia.

O mercado de gestores de fundos de investimento de impacto ainda está em formação no mundo. Os pioneiros do setor, como Acumen Fund (Estados Unidos) ou Aavishkaar (Índia), surgiram no início dos anos 2000. Alguns outros atores importantes desse setor, no mundo, são: Ignia Fund (México), Bamboo Finance (Suíça) e Elevar (Índia).

No Brasil, a Vox Capital foi a primeira empresa de *venture capital* a trabalhar no modelo de investimentos de impacto, ou seja, a investir apenas em empresas que aspiram causar impacto social positivo, além do retorno financeiro. Uma das inovações desenvolvidas pela empresa, para garantir maior alinhamento com os interesses dos investidores, é considerar métricas de impacto social no cálculo da taxa de sucesso. Em fundos tradicionais, a taxa de sucesso da equipe de gestão é de 20% do capital do fundo que excede a taxa mínima de retorno esperada, no final do prazo de vigência do fundo. A Vox Capital também recebe sua taxa de sucesso apenas quando supera a taxa mínima de retorno financeiro esperado para o fundo, mas a sua remuneração, em vez de ser 20% do capital excedente, é dividida em 10% pelo retorno financeiro e 10% caso o fundo atinja nível mínimo de impacto social, medido pelo Global Impact Investing Rating System (GIIRS). Algumas das empresas que receberam investimento da Vox Capital são: Plano CDE, CDI Lan, Balcão de Empregos, Saútil e Banco Pérola. Hoje, existem outros fundos se estruturando para fazer investimentos de impacto, entre os quais merecem destaque a MOV Investimentos Patrimônio, a Gera Ventures, o fundo Virtuose e a First.

Os fundos de *venture capital* "tradicionais" visam desenvolver empresas nascentes ou em crescimento de forma a auferir o maior retorno financeiro no menor prazo possível. Esse é um modelo que não necessariamente funciona para negócios com impacto social. Existe uma demanda adicional de se desenvolver os modelos de impacto social e garantir que os produtos ou serviços oferecidos pelas empresas apoiadas venham realmente a melhorar a qualidade de vida das pessoas de baixa renda. Isso é fundamental para uma empresa como a Vox Capital, que atrai investidores interessados nessa proposta e que são bastante exigentes quanto à qualidade e à quantidade do impacto social causado pelas empresas que recebem investimento.

Por ser um mercado ainda no estágio inicial, existem poucos dados de mercado que demonstrem o retorno esperado para esses fundos, tanto financeiro quanto social. A mensuração de impacto social também é um dos temas mais importantes para o desenvolvimento desse mercado e é abordado neste livro (capítulo 10).

Para os negócios com impacto social, existem algumas vantagens em buscar investimentos de fundos desse tipo, entre os quais a existência de maior alinhamento e comprometimento do investidor para com o negócio, pois a empresa precisa ter sucesso para o investidor receber o dinheiro de volta, e, no caso dos investidores de impacto, maior alinhamento de valores e interesses, que contribuem consideravelmente para a tomada de decisão na empresa.

Como desvantagens desse tipo de financiamento podemos considerar o processo seletivo restritivo e demandante, já que muitas vezes pode levar de quatro a seis meses para a empresa receber uma proposta de investimento. Outro ponto que deve ser considerado – comum ao campo de *venture capital* em geral – é que o empreendedor e sua equipe são diluídos no capital social da empresa quando da entrada do investidor. Quanto mais cedo no estágio de vida da empresa um investidor externo chegar, mais participação ele demandará, mesmo com investimentos relativamente pequenos. Por fim, como ainda existem poucos investidores de impacto dirigidos por valores e realmente interessados em realizar a missão do empreendedor, pode ser mais difícil para empreendedores de negócios com impacto social conseguirem um parceiro que valorize a obtenção de altos níveis de impacto social pela empresa, além do retorno financeiro.

Acesso às fontes de financiamento

Apesar de ainda bastante restritas – quando comparadas com o tamanho e o crescimento atual da economia brasileira, ou com a realidade de outros países mais desenvolvidos –, as fontes de financiamento para empresas, sejam elas nascentes ou em fase de expansão, estão se tornando cada vez mais abundantes. Com a maior estabilidade da economia, existe toda uma nova geração de empreendedores disposta a correr riscos e a desenvolver modelos de negócios para solucionar os problemas do nosso país. Esse aumento da quantidade de empreendimentos de qualidade, com um bom modelo de negócio e uma equipe qualificada e capaz de tirar a ideia do papel, é fundamental na atração de capital, nacional e internacional.

O mercado, tanto local quanto global, ainda não possui fontes de financiamento desenhadas especificamente para negócios com impacto social em quantidade suficiente para desenvolvê-lo de maneira rápida. Apesar de o relatório do J.P. Morgan apontar um potencial enorme (entre 400 bilhões e 1 trilhão de dólares de investimentos diretos nos próximos dez anos), a realidade é que o setor de investimentos de impacto ainda está longe disso. Isso significa que, pelo menos para os próximos anos, empreendedores de negócios com impacto social terão que disputar com outros negócios mais tradicionais o acesso ao capital que irá desenvolver suas empresas. Nessa realidade, os negócios com impacto social devem estar muito bem preparados e ter estruturas muito sólidas para atrair o capital necessário.

Dessa forma, é muito importante que, antes de buscar financiamento externo, o empreendedor entenda as opções disponíveis e as contraponha ao momento atual e ao potencial de crescimento da empresa. Nem todo financiamento ou investimento é positivo para a empresa. É preciso escolher com cuidado, para não arriscar o futuro da organização. Muitas vezes essa reflexão passa por entender se realmente é o momento de buscar dinheiro externo e qual a melhor alternativa para começar. Uma vez selecionada a fonte de financiamento, considerando os prós e contras, é importante que os empreendedores entendam o que o provedor do dinheiro espera dos negócios que vai apoiar. Uma *check-list* inicial que as empresas devem levar em conta, e é útil para quase todas as formas de financiamento descritas até aqui neste livro, é:

- **Ser realista a respeito do potencial do negócio**. Esse é um negócio com capacidade de atingir escala ou tem potencial menor de crescimento? Saber os limites do crescimento do negócio é importante para alinhar expectativas com os investidores.

- **Ter um plano de negócios bem-fundamentado**. Mais do que um documento formal, um plano de negócios consistente deve considerar os *drives* fundamentais do mercado em que se pretende atuar e as capacidades da empresa em responder a eles.

- **Definir um grupo de indicadores econômicos e operacionais que a empresa pretende monitorar**. É muito importante para os investidores saber quais são os indicadores que serão considerados para avaliar se a empresa está caminhando no sentido certo ou não.

- **Construir uma equipe coesa e complementar**. Será que as pessoas da equipe têm experiência e paixão para lidar com todos os desafios que a empresa irá enfrentar? Existem pessoas com experiências complementares: operacionais, comerciais, financeiras etc.? A equipe é, muitas vezes, o principal critério avaliado pelos investidores externos antes de tomarem a decisão de apostar em uma empresa ou iniciativa.

Por fim, o mais importante quando se buscam investidores externos é garantir que o financiamento ou a fonte financiadora esteja alinhada com a visão e os valores da empresa. Um investimento deve ser considerado levando em conta muitos outros fatores, além do dinheiro. Garantir o financiamento correto, no momento correto, de um investidor alinhado e que pode agregar valor à empresa é fundamental para se começar a desenhar uma organização forte e de sucesso.

CAPÍTULO 8

INOVAÇÃO E TECNOLOGIA NOS NEGÓCIOS COM IMPACTO SOCIAL

Marcel Fukayama

Este capítulo aborda a relevância da inovação e da tecnologia ao se pensar em mercados para a base da pirâmide. No atual estágio de desenvolvimento, se a população da base da pirâmide consumir nas mesmas condições e proporções que os países desenvolvidos, teremos um problema de sustentabilidade ambiental. Assim, a tecnologia é um importante fator para criar condições de desenvolvimento e consumo nos mercados emergentes. Nesse contexto, um fenômeno interessante é o das inovações reversas, em que várias inovações surgem dos países emergentes. Por fim, conclui-se que uma das inovações mais relevantes ao se pensar em negócios com impacto social ocorre nos modelos de negócios. Alguns exemplos no mundo corroboram esse argumento.

Introdução

A população mundial passou por uma grande evolução a partir do pós-guerra. Liderado pelos *baby boomers*, o número de habitantes no planeta saltou de 2,5 bilhões em 1950 para 7 bilhões de pessoas em um intervalo de sessenta anos (figura 1). O crescimento populacional trouxe também desafios e problemas. Atualmente, de acordo com o Fundo de População das Nações Unidas (Unfpa), 80% da população mundial vive em regiões menos desenvolvidas, sendo que 854 milhões de pessoas vivem em 48 países com os mais baixos índices socioeconômicos. A lista inclui 33 países da África, 14 da Ásia e um das Américas. No Brasil, o governo federal definiu que a linha de extrema pobreza é de 70 reais *per capita* por mês. No total, de acordo com o Instituto Brasileiro de Geografia e Estatística (IBGE), 22 milhões de brasileiros vivem nessa condição.[1]

O crescimento rápido e desordenado tem causado profundo impacto ambiental. O modelo de desenvolvimento aplicado nos últimos cinquenta anos é ecológica e economicamente insustentável. Um levantamento da organização não governamental WWF destaca que o consumo humano já supera a capacidade do planeta, pois hoje a demanda por recursos está 30% mais elevada do que a possibilidade de reposição. Nesse ritmo, nos

---

1 <http://agenciabrasil.ebc.com.br/noticia/2013-03-07/governo-700-mil-familias-que-vivem-na-miseria-ainda-estao-fora-dos-programas-sociais>. Acessado em 03/10/2013.

próximos trinta anos serão necessárias duas Terras para atender ao consumo global.

Figura 1: Evolução da população mundial

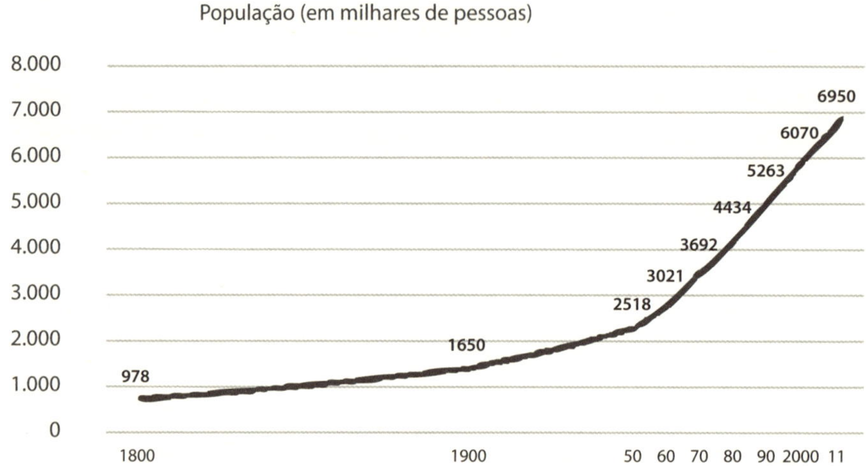

Fonte: Divisão de Estatísticas das Nações Unidas

O movimento em prol da sustentabilidade, iniciado nas décadas de 1980 e 1990, visa a coexistência do homem com o meio ambiente a fim de ampliar a qualidade de vida das gerações atual e futura e conservar o ambiente. A revolução da ecoeficiência, iniciada na década de 1990, mostra que a redução de emissões de gases, de poluição e de geração de lixo pode, na verdade, amenizar riscos e custos e até mesmo ampliar lucros.

Ao mesmo tempo, os esforços dedicados a criar mecanismos de inclusão para a base da pirâmide tornam possível chegar a um público que também tem carências, necessidades e desejos de consumo. Com o crescimento econômico dos países em desenvolvimento, principalmente Brasil, Rússia, Índia, China e África do Sul (Brics), grandes empresas têm visto esse mercado como uma grande oportunidade. Juntos, os países que compõem o Brics somam 40% da população mundial, 25% de área terrestre e um PIB de mais de 18 trilhões de dólares, consolidando-os como o maior mercado emergente e de mais rápido crescimento econômico (ver capítulo 1).

Se, de um lado, há um mercado potencial de grandes proporções nesses países, de outro, conquistá-lo a partir de desenvolvimento sustentável mostra-se um grande desafio. No caso do Brics, são países com grande reserva de recursos naturais e que foram vocacionados a atuar como fornecedores de matéria-prima para grandes empresas e países desenvolvidos. Além disso, se esse mercado consumidor seguir o mesmo modelo econômico praticado nos últimos cinquenta anos, há um risco grande de ampliar o déficit ambiental – o que já tem acontecido, pois aqueles países são tidos como os maiores produtores de resíduos eletrônicos *per capita* do mundo.

Tabela 1 – Comparativo entre os países do Brics e os Estados Unidos no consumo e geração de resíduo eletrônico

Computadores					
1,8 bilhão de computadores	4,1%	3,2%	2,8%	13,3%	22,8%
Lixo tecnológico *per capita*	0,500g	N/A	0,100g	0,400g	0,300g

Fonte: IDC 2009 e Universidade das Nações

Um dos desafios mais críticos, portanto, é conciliar o consumo na base da pirâmide com base num desenvolvimento sustentável e com impacto reduzido no meio ambiente. Uma estratégia de convergência das duas questões pode resultar em tecnologias limpas e disruptivas na base da pirâmide, que podem ser cocriadas por comunidades e parceiros locais, gerando soluções *bottom-up,* bem diferentes de imposições tecnológicas *top-down*. É o que Stuart Hart destaca como *green leap*, ou salto verde.[2]

Uma das tentativas para compreender o impacto do homem foi a elaboração de uma fórmula matemática na década de 1970 por Paul Ehrlich[3], conhecida como I=PAT. Trata-se de uma análise por meio de três variáveis: população, níveis de consumo e tecnologia.

I = P x A x T,

em que:

I (*impact*) = impacto no ambiente resultante do consumo;

P (*population*) = número de pessoas;

A (*affluence*) = consumo *per capita;*

T (*technology*) = tecnologia usada.

2 HART, S. *Capitalism at the crossroads:* next generation business strategies for a post-crisis world. 3 ed. Upper Saddle River: Wharton School of Publishing, 2010

3 EHRLICH, P. *The population bomb*. New York: Sierra Club/Ballantine Books, 1968.

Considerando que a população mundial continue crescendo, mesmo que num ritmo desacelerado, e que o acesso da base da pirâmide ao consumo em larga escala será cada vez maior, conclui-se que o impacto no ambiente será crescente nas próximas décadas. Nessa fórmula, a tecnologia (T) é a única variável que possibilita alteração significativa no curto prazo, sem limitar os anseios legítimos da população mais pobre de aumentar o nível de consumo e sem impor condições e limitações aos direitos das famílias de decidirem sobre reprodução, como foi feito na China.

O tema crescimento populacional e meio ambiente é bastante complexo, e as últimas décadas têm assistido a um extenso debate sobre a dinâmica demográfica e as mudanças ambientais.[4]

Se, de um lado, a variável tecnologia (T) também contribuiu para a degradação do ambiente, a Revolução Industrial possibilitou uma evolução sem precedentes nos usos e costumes das pessoas. A criação de plásticos, alumínio e concreto possibilitou uma produção em larga escala para atender aos "novos" consumidores. A carroça virou automóvel - são 7 milhões apenas na cidade de São Paulo, mais do que em toda a Argentina inteira –, a vela se transformou em lâmpada elétrica, as garrafas retornáveis mudaram para polietilenotereftalato (PET) e acabam nos rios e córregos urbanos. Um estudo da Associação Brasileira de Empresas de Limpeza Pública e Resíduos Especiais (Abrelpe) apontou que em 2012 o Brasil produziu 62,7 milhões de toneladas de resíduos sólidos urbanos, quantia 1,3% superior ao registrado no ano anterior e seis vezes maior que o índice de crescimento populacional, ou seja, os brasileiros estão gerando cada vez mais lixo.

De outro lado, a tecnologia também pode ser uma aliada para amenizar ou até mesmo neutralizar o impacto do consumo. O desenvolvimento de tecnologias limpas e verdes possibilita a otimização do processo produtivo, utilizando menos recursos, causando menos poluição e gerando produtos e serviços mais eficientes. As tecnologias surgidas com base em inovações disruptivas e reversas podem contribuir significativamente para a construção de um mundo mais equilibrado econômica, social e ambientalmente, criando formas de fazer negócio de maneira mais sustentável e inclusiva.

Uma das principais dificuldades do campo dos negócios com impacto social é encontrar uma forma de oferecer produtos e serviços de qualidade a preços inferiores e acessíveis e cuja produção cause baixo impacto ao meio ambiente. Nesse contexto, a tecnologia exerce papel crucial. Diante disso, é

---

4 TORRES, H.; COSTA, H. População e meio ambiente: debates e desafios. In: HOGAN, D. *A relação entre população e ambiente*: desafios para a demografia. São Paulo: Senac, 1999.

importante também entender as necessidades e os desejos do consumidor, um dos principais desafios e fatores críticos de sucesso de qualquer empresa, independentemente do mercado de atuação.

Porém, quanto maior a organização, maior esse desafio. Estrutura de custos inchada, burocracia nos processos internos, horizonte nebuloso nos investimentos de curto prazo e até mesmo arrogância fazem com que grandes empresas tenham dificuldade de manter viva sua capacidade de inovação e reinvenção.[5] Não raro, deixam passar despercebidas as reais necessidades dos clientes e subestimam pequenos negócios, que, apesar de terem baixa capacidade de investimento, têm uma velocidade e assertividade maior.

Historicamente, é comum ver grandes conglomerados serem corroídos, passarem por tempos difíceis e perderem o passo do crescimento por fabricarem produtos que já não atendem plenamente às necessidades e expectativas dos clientes, mesmo sendo produtos ou serviços sofisticados e modernos.

Onde estariam errando?

Com base nos conceitos de tecnologia incremental e disruptiva, introduzidos pelo professor Clayton Christensen[6], da Universidade de Harvard, é possível compreender como empresas entrantes conseguem tirar mercado das líderes, criando novos mercados e atendendo às necessidades de consumidores. Detalhamos esses aspectos a seguir.

Inovação incremental *versus* inovação disruptiva

A inovação incremental tem como principal característica aprimorar o desempenho de produtos já estabelecidos. Para isso, são considerados como ponto de partida atributos que consumidores tradicionais avaliaram como positivos e importantes de modo a reafirmar a posição de liderança das empresas. Um exemplo de inovação incremental no caso dos mercados da base da pirâmide é dado pelas grandes empresas que começaram a desenvolver pacotes com unidades menores e embalagens diferenciadas, a fim de reduzir preços, otimizar a produção e ampliar o acesso aos produtos ofertados.

---

5 CHRISTENSEN, C. M. *Innovator's dilemma*: when new technologies cause great firms to fail. Boston: Harvard Business School, 1997.

6 Ibid.

O dia a dia do consumidor da base da pirâmide é, porém, bastante diferente do vivido por executivos que estão pensando em como entrar nesse mercado potencial. Por possuírem limitação de renda, são obrigados a desenvolver mecanismos de controle financeiro relativamente sofisticados para satisfazer suas necessidades básicas e ainda gastar na construção de um lar, educação dos filhos, adquirir bens de consumo ou montar o próprio negócio. Esse comportamento e a nova lógica do consumidor explicam, por exemplo, a queda nas vendas de cartuchos de tinta para impressoras para usuários domésticos, que preferem pagar de 50 centavos a 1 real por cópia em uma *lan house* de sua comunidade a gastar 30 reais na compra de tinta para impressão doméstica. Esse comportamento leva as empresas que atuam na base da pirâmide a alterar as características de seus produtos: reduzir a embalagem, conteúdo e preços, ampliar o acesso, criar sachês individuais e gerar uma revolução no consumo, que, embora resulte em um custo final maior para o consumidor, possibilita o desembolso menor e estimula o consumo de pequenas "doses", otimizando o *mix* de compras.

Porém, para adquirir ou ampliar as vantagens competitivas, as empresas líderes muitas vezes criam, desenvolvem e aplicam inovações que podem superar a capacidade de absorção dos clientes. Dificilmente os consumidores têm a real percepção de valor de todas as características e atributos disponíveis em um produto.

Você, como um consumidor tradicional, realmente conhece, usa e valoriza todos os recursos do seu *smartphone*? Ou quem sabe de seu editor de texto e planilha?

Certamente não. Assim, a disposição do cliente para pagar mais pelo produto ou serviço pode ser perdida, e as empresas líderes correm o risco de se prender a esse ciclo de desenvolvimento e não percepção de valor por parte dos consumidores.

Esse cenário abre um caminho para as inovações disruptivas a partir do desenvolvimento de produtos ou serviços que, a princípio, podem ter *performance* inferior ao de produtos já solidificados, trazendo ao mercado uma diferente e nova proposição de valor, que, embora apresente inicialmente um desempenho menor, em geral é mais simples, menor, conveniente e fácil de usar - características sempre muito valorizadas!

Nos estágios iniciais de lançamento de produtos por concorrentes menores, as empresas líderes costumam perceber as inovações disruptivas como ameaça. Porém, por serem baseadas em novas tecnologias e novos modelos de negócios, projetos de empresas menores rapidamente podem atingir uma curva ascendente de melhorias e começar a atender mesmo a consumidores mais exigentes das empresas líderes. As empresas menores contam com uma vantagem competitiva de não ter estrutura de custo de uma grande empresa, o que pode tornar o produto ou serviço mais rentável. No momento em que os clientes da empresa de grande porte começarem a adotar a tecnologia emergente é possível dizer que a disrupção está concluída, e as posições de liderança se alteram. Um exemplo desse processo é ilustrado na figura 2.

Figura 2 – O impacto da mudança das inovações incremental e disruptiva

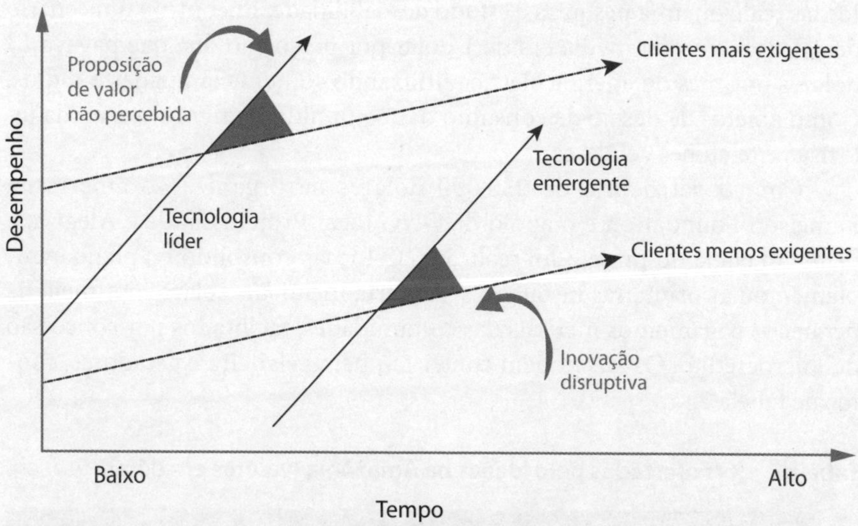

Fonte: Clayton Christensen. *Innovator's dilemma: when new technologies cause great firms to fail.* Harvard Business School Press Books.

Para os negócios com impacto social, a inovação disruptiva pode representar uma grande ferramenta para desenvolvimento de novos produtos ou serviços que promovem a transformação social e uma resposta à questão de como dar acesso a essas soluções para base da pirâmide. É o caso da organização não governamental Instituto para o Desenvolvimento de Energias Alternativas (Ideaas), fundada pelo empreendedor social Fábio Rosa. Sediada em Porto Alegre, a organização elabora modelos de negócios e de gestão para acesso a energias renováveis. Uma de suas iniciativas é o desenvolvimento, entre 2006 e 2007, na ilha do Algodão, no estado do Rio de Janeiro, de um modelo de serviço de energia solar fotovoltaico. Com a observância dos padrões estabelecidos pela Agência Nacional de Energia Elétrica (Aneel) e com o apoio do programa federal Luz para Todos e da concessionária local Ampla, o sistema atendeu a 75 famílias.

O Ideaas lançou também, em agosto de 2006, o projeto Luz Agora na Amazônia, estabelecido inicialmente nas comunidades ribeirinhas de

Maripá, Santi e Suruacá, às margens do rio Tapajós, na Reserva Extrativista de Tapajós. A iniciativa visa prover energia elétrica por meio do sistema de geração solares fotovoltaicos e, dessa forma, melhorar a qualidade de vida da população de regiões isoladas e abrir novas oportunidades de negócios e geração de renda. No total, 128 famílias e 715 pessoas foram diretamente beneficiadas com a instalação e capacitação dos sistemas, que produzem energia confiável, segura e fácil de usar, e aposentaram o uso de energias não renováveis como querosene, baterias e velas. Para desenvolver o projeto, o Ideaas realizou uma pesquisa e estudo de viabilidade. Encontrou um cenário desafiador: a renda média era de 1 dólar por pessoa ao dia, que pagava 13 dólares por mês de energia elétrica utilizando somente lâmpadas e rádios. Como objetos de desejo de consumo das comunidades figuravam ainda televisão e telefones celulares.

Com o patrocínio de 230.000 dólares da organização americana Lemelson Foundation e o apoio da ONG local Projeto Saúde e Alegria, a primeira etapa do projeto foi realizada. O Ideaas consolidou o plano e implementou as primeiras instalações. A oferta inclui *kits* solares por meio de pequenos pagamentos mensais das comunidades, facilitados por concessão de microcrédito. Os *kits* podem conter também geladeira e geradores, conforme tabela 2.

Tabela 2 – *Kits* ofertados pelo Ideaas na Amazônia (valores em dólar)

Kit	Uso	Pagamento inicial	Parcelas mensais
1	Iluminação: 6 horas; rádio: 6 horas	43	10
2	Iluminação: 8 horas; rádio: 8 horas; TV: 4 horas; celular,	64	14
3	Iluminação: 10 horas; rádio: 8 horas; TV: 2 horas; celular...; bomba d'água: 400 litros/dia	107	17
4	*Kit* 3 + parabólica para TV	129	21
Gerador		129	17-26
Geladeira		129	26

As comunidades receberam a instalação dos painéis solares fotovoltaicos e informações sobre geração de renda a partir de novas oportunidades proporcionadas por essa tecnologia. O *kit* 2 foi o mais pedido – 55% dos moradores –, seguido pelo 3, com 35%, e pelo 1, 24%. Com a instalação do sistema, os usuários tiveram acesso a energia elétrica e bombas d'água, melhoria na qualidade de vida, higiene e comunicação básica – televisão, rádio e celular. As comunidades ainda aproveitaram a tecnologia para refrigeração de peixes, automatização da produção de farinha de mandioca e acionamento de máquinas para trabalhos artesanais e marcenaria.

O caso do Ideaas na Amazônia mostra como uma tecnologia pode ser utilizada para transformar, fortalecer e desenvolver comunidades de maneira inclusiva e sustentável a partir de uma inovação disruptiva. Trazendo esse exemplo para o contexto colocado por Christensen, representado na figura 2, fica evidente o potencial de inovação do sistema de painéis solares como tecnologia emergente. O grau de exigência das comunidades ribeirinhas é inferior ao de regiões urbanas e de parques industriais. No entanto, é possível afirmar que com o decorrer o tempo haverá ganho de desempenho nessa tecnologia, a ponto de constituir opção viável de adoção para os clientes de maior exigência. Calcula-se que o preço da energia solar por quilowatt/hora é de 17 centavos de dólar. Com a massificação e produção em escala da tecnologia, há espaço para que chegue a 10 centavos de dólar. Uma usina termoelétrica a carvão pode gerar 1 quilowatt/hora por 2 centavos de dólar, ou seja, a energia solar seria financeiramente menos competitiva na atual lógica de investimento. Porém, uma empresa baseada no tripé de sustentabilidade[7] deve adicionar ao plano de investimento o impacto ambiental causado pelas termoelétricas a carvão, incluindo a emissão de gás carbônico, liberado pelo uso de combustível fóssil e não renovável, o que mostra que, além de todos os benefícios apresentados pelo Ideaas, a energia solar tem potencial para ser uma das principais fontes de energia não só em regiões isoladas como também em diversos países.

Outro exemplo de alto potencial disruptivo é a empresa social americana de origem indiana Embrace Global, que desenvolveu o produto *infant warmer*, ou aquecedor infantil. Atualmente, nascem 20 milhões de crianças abaixo do peso ou prematuros, dos quais 4 milhões morrem no primeiro mês de vida. Aqueles que sobrevivem passam por dificuldades no desenvolvimento intelectual, adquirem diabetes ou doenças cardíacas. Um dos principais problemas descobertos pela Embrace é que essas crianças não conseguem regular a temperatura do próprio corpo e, portanto, não são capazes de se manter aquecidas e se desenvolver.

7 ELKINGTON, J. *Cannibals with forks*: the triple bottom line of 21st century business. CIdade: New Society, 1998.

O aquecedor é dividido em três partes: o aquecedor propriamente dito, que pode ser elétrico ou não elétrico, bolsa selada com cera e um saco de dormir que mantém a cera aquecida. Para utilizá-lo, basta conectar o aparelho e a bolsa a uma tomada por vinte minutos e introduzi-la no saco de dormir, que manterá a temperatura de 37 graus por quatro horas, pelo menos. Um indicador mostra quando a bolsa deve ser reaquecida. Em locais privados de energia elétrica, o aquecedor não elétrico aquece a bolsa com ajuda água quente.

De acordo com a empresa, até 2013 o produto salvou mais de 10 mil vidas, o que está plenamente alinhado com a meta do milênio estabelecida pela ONU: reduzir em dois terços a mortalidade infantil até 2015. O preço do aquecedor infantil é de cerca de 25 dólares, menos de 1% do custo de uma incubadora tradicional, que chega a até 20.000 dólares. O baixo custo, aliado à portabilidade, segurança, manuseio simples e higiênico, possibilita a milhões de famílias fazer uso dessa tecnologia para salvar bebês e garantir melhor qualidade de vida para os filhos. "Não tínhamos dinheiro para colocar nosso filho em uma incubadora; então, eu aquecia toalhas na frigideira e enrolava elas no bebê para manter ele aquecido", diz a mãe de um bebê prematuro em uma comunidade rural da Índia.

A Embrace ainda realiza testes do produto em regiões urbanas e rurais da Índia, com resultados promissores. A adoção dessa tecnologia em larga escala permitirá melhora significativa da vida de milhares de famílias e, além de se mostrar uma inovação disruptiva, abrirá caminho para inovação reversa com a disseminação em outros países em desenvolvimento.

Inovação em mercados emergentes

"Pensar globalmente, agir localmente" – princípio básico de administração de empresas e máxima do mundo dos negócios dos últimos trinta anos, o que gerou a expressão "glocalização". Por mais similares que os mercados sejam, as realidades são distintas e influenciam diretamente as necessidades, vontades e condições dos consumidores, ou seja, a receita de sucesso do produto X no país A não necessariamente terá o mesmo resultado no país B, ainda mais se este for um mercado em desenvolvimento, com características bem diferentes. Ambiente político-legal, infraestrutura, poder de compra dos consumidores, situação econômica da região... São diversas as variáveis que atuam nessa equação e tornam ainda mais complexa a criação de produtos e serviços por grandes empresas, que viram na globalização a oportunidade de ganhar novos mercados e aumentar o faturamento de maneira centralizada e estruturadas com foco em produto.

Por razões econômicas e de infraestrutura, até hoje a maioria das inovações foram adotas primeiramente em países desenvolvidos. Nos últimos anos, principalmente na última década, assistiu-se ao início de um movimento contrário. De maneira descentralizada e com foco no mercado local, empresas têm investido no desenvolvimento de novos produtos, serviços e, fundamentalmente, modelos de negócios que atendam às necessidades dos consumidores de mercados emergentes, gerando uma inovação reversa. Jeffrey Immelt, CEO da General Electric, Govindarajan e Trimble[8] mostram a experiência da GE investimento em P&D em países emergentes como China e Índia e distribuição posterior em países desenvolvidos.

Para isso, a empresa questionou e desafiou dois princípios básicos da "glocalização". O primeiro é que mercados emergentes seguiriam o mesmo caminho percorrido pelos países desenvolvidos, o que, na verdade, não tem ocorrido. A realidade difícil incorporou determinadas características que permitem a esses mercados desenvolvimento mais acelerado e diferenciado. No Brasil, os sucessivos planos econômicos, os cortes de zeros na moeda e a hiperinflação influenciaram a criação de um robusto, sólido e sofisticado sistema bancário de referência mundial. Os mercados emergentes estão se tornando verdadeiros celeiros de inovação em microfinanças, geração de energias renováveis, redução de déficit habitacional por meio de construção de casas de baixo custo e reuso de água. O segundo princípio questionado é que produtos endereçados para mercados emergentes não podem ser vendidos em países desenvolvidos por não terem capacidade de competir. No entanto, tecnologias desenvolvidas com base na inovação reversa podem criar novos mercados, com preços competitivos e novas aplicações para os consumidores.

Após o aparelho de ultrassom convencional, mesmo equipamento vendido nos Estados Unidos e Japão, alcançar resultados inexpressivos na China a um custo unitário de 100.000 dólares, a equipe local da General Electric liderou o desenvolvimento de um produto mais barato, portátil e sofisticado com a redução de até 85% no preço. As vendas decolaram na China e o produto, que respondia por um faturamento global de 4 milhões de dólares, passou para 278 milhões. O foco no mercado local permitiu à organização utilizar tecnologias avançadas como principal vetor para a elaboração de uma oferta que atendesse a essa demanda, que inicialmente era local e passou a ser global.

8 IMMELT, J.; JEFFREY, R.; GOVINDARAJAN, V.; TRIMBLE, C. How GE is disrupting itself. *Harvard Business Review*, Boston, volume, número, p. 56-65, 2009.

Tabela 3 – Quadro comparativo de estratégias das empresas para glocalização e inovação reversa

Glocalização	Inovação reversa
Atuação centralizada	Atuação descentralizada
Estrutura com foco no produto	Estrutura com foco no mercado local
Países emergentes seguem o mesmo caminho de desenvolvimento percorrido pelos países ricos	Países emergentes são centros de inovação
Produtos para países emergentes não são competitivos em países ricos	Produtos desenvolvidos em países emergentes criam novos mercados em países ricos

Fonte: Adaptado de Jefrey Immelt , Vijay Govindarajan & Chris Trimble. "How GE is disrupting itself." *Harvard Business Review*, 2009, p. 56-65.

Três lacunas básicas entre os países emergentes e ricos criam a possibilidade de inovação reversa. A primeira é em relação à renda. Em países emergentes, a renda *per capita* é menor e o público está suscetível a receber uma tecnologia que, a princípio, tem um desempenho inferior, porém com custo acessível – o que os professores Govindarajan e Trimble destacam como 50% solução a 5% preço. Com o passar do tempo, a tecnologia tende a se desenvolver até chegar ao ponto de atender às necessidades e exigências de países ricos. Nesse caso, pode-se afirmar, a inovação reversa também é disruptiva. O exemplo da GE mostra como um produto criado localmente atendia, inicialmente, a boa parte da demanda a um custo competitivo. Hoje, a tecnologia está disponível em todo o mundo, com boa penetração em regiões desenvolvidas, como Estados Unidos, Europa e Japão.

A segunda lacuna que possibilita a inovação reversa é de infraestrutura. Em países em desenvolvimento, investimentos nessa área causam um impacto grande e superior ao de países ricos. Nos mercados emergentes há uma demanda por novas infraestruturas, capazes de transformar a vida de milhares de pessoas. É o caso das iniciativas de telecomunicações na África, como o M-Pesa, criado pela Safaricom, a maior operadora de telefonia móvel no Quênia – um país de 43 milhões de habitantes. Por meio de uma rede de mais de 40 mil agentes espalhados pelo país, 19,4 milhões de usuários utilizam o serviço de mensagens de texto (SMS) para transferência de dinheiro. O telefone celular é o principal meio de comunicação entre os quenianos e também o primeiro meio de acesso à internet, que ainda chega a apenas 15% da população. No início, o público-alvo do M-Pesa eram homens que usavam a tecnologia para enviar recursos das regiões urbanas para suas famílias, residentes em comunidades rurais. Contudo, com a popularização do serviço, já é possível receber salários, pagar contas e até mesmo fazer doações.[9]

Tabela 4 – Números do impacto do M-Pesa

Quênia: 43 milhões de habitantes
31 milhões de assinantes de algum serviço de telefonia móvel
28% da população tem acesso à internet
19,4 milhões de usuários do M-Pesa
Transações P2P via M-Pesa movimentam 650 milhões de dólares por mês

A terceira lacuna que possibilita a inovação reversa é a sustentabilidade. Muitos países em desenvolvimento já enfrentam questões relacionadas ao impacto da evolução do crescimento populacional e às próprias características do meio ambiente e do terreno em que estão. Tecnologias para dessalinização da água estão sendo adotadas com mais velocidade no deserto africano do que na região central norte-americana. Na Índia, por exemplo, doenças transmitidas pela água matam uma vez e meia mais que a Aids e o dobro que acidentes de carro. Assim, o Tata Group desenvolveu em suas empresas Tata Chemicals e Tata Research, Development and Design Centre (TRDDC) o Tata Swach, um produto que utiliza nanotecnologia para purificar água.

O purificador custa cerca de 20 dólares e não requer energia elétrica ou água corrente, o que permite fácil instalação tanto na área urbana quanto na rural. Também não contém materiais químicos prejudiciais à saúde, como cloro, iodo ou bromo. Utiliza tecnologia de nanopartículas para destruir bactérias e vírus e tornar a água segura e limpa para consumo humano. Possui autonomia para até 3 mil litros, e quando a "validade" está prestes a vencer o usuário é notificado para troca do Tata Swach Bulb. Lançado em 2010, o Tata espera vender 3 milhões de unidades em cinco anos. A aceitação do produto foi acima da expectativa, o que adiou planos de exportação a fim de ampliar a produção para atender à demanda local.

Os casos do Tata Swach e do Ideeas mostram como a tecnologia pode potencializar uma inovação reversa e disruptiva com base num desenvolvimento sustentável e no uso de energia limpa, renovável e fácil de usar,

9 Nesse sentido, o M-Pesa transformou o celular em um "correspondente" bancário extremamente diversificado e de baixo custo.

impactando diretamente nas comunidades, ampliando a qualidade de vida e abrindo novas oportunidades.

Tecnologias: meio para negócios com impacto social

A tecnologia já está presente no cotidiano e transformou o mundo e a forma de relação de milhões de pessoas. Pode-se afirmar que será um dos principais vetores para criação de novos negócios com impacto social e que apoiará de maneira significativa o desenvolvimento de novos modelos inclusivos na base da pirâmide. Duas outras iniciativas ilustram como isso já está ocorrendo na prática.

A primeira é a norte-americana Jana. Essa empresa construiu uma rede de operadoras de telefonia móvel de oitenta países, chegando à marca incrível de 3,48 bilhões de pessoas em 102 países. Em um modelo de *crowdsourcing*[10], a Jana coleta informações sobre os mercados locais de forma inovadora, mobilizando sua rede de parceiros, que, por sua vez, convocam seus clientes a participarem de atividades rápidas e simples, como a tradução de menu e comandos de celulares – ação realizada pela Nokia em 62 dialetos africanos. Os usuários também podem participar de pesquisas com institutos de pesquisa e agências internacionais, traduzir sinalizações locais para sistemas de navegação via satélite (GPS) e coleta de contatos comerciais para empresas interessadas. Todos os usuários participantes são remunerados por meio de créditos em seus planos ou até mesmo por *mobile banking*.

A segunda iniciativa é a rede de hospitais Narayana Hrudayalaya, da Índia, reconhecido mundialmente pelo serviço de telemedicina. Em parceria com a Organização Indiana de Pesquisa Espaciais (Isro – em inglês, Indian Space Research Organisation), iniciou em 2001 um projeto experimental de conectar remotamente, via satélite, hospitais localizados em pequenos distritos e comunidades rurais com hospitais especializados, que fornecem infraestrutura, recursos humanos qualificados e mantêm o sistema, ao passo que a Isro provê *software*, *hardware* e conexão (ver referência a esse projeto no capítulo 6). Desse modo, ecocardiogramas, tomografias computadorizadas, raio X e ressonâncias magnéticas são compartilhados entre os hospitais e, com o apoio de especialistas conectados via satélite, é possível obter um diagnóstico mais apurado, além de reduzir o custo de

10 *Crowdsourcing* é um modelo de trabalho que, de forma colaborativa, utiliza inteligência e conhecimentos para desenvolvimento de soluções, conteúdos ou tecnologias para determinado fim.

uma cirurgia para 2.000 dólares – equivalente a 60% do custo médio praticado na Índia –, realizando mais de 70 mil cirurgias cardíacas. Atualmente, o Narayana possui outras formas de conexão, incluindo banda larga e telefonia, e conecta mais oitocentos centros em todo o mundo, servindo gratuitamente milhares de pessoas.

As duas iniciativas têm dois aspectos em comum. O primeiro é o uso da tecnologia como meio de gerar negócios inclusivos e de alto impacto social, que nos dois casos deu capilaridade, reduziu fronteiras e atingiu um público de forma inovadora e em escala. O segundo aspecto é que as duas organizações não inovaram exatamente o produto ou serviço, mas sim o modelo de negócio, gerando valor para toda a cadeia envolvida.

Figura 3 – Escopo de mudança da inovação

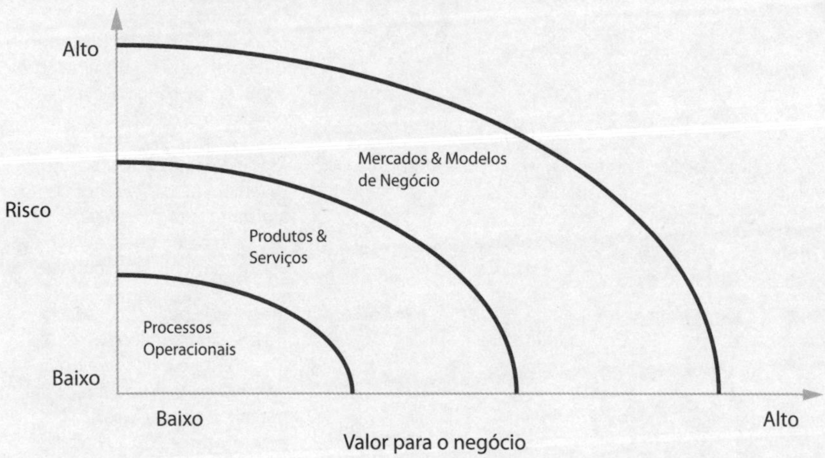

Fonte: Mark Lee, SustainAbility

Nesse gráfico elaborado pela consultoria americana SustainAbility, nota-se que diferentes tipos de inovação podem ter riscos e valores para o negócio distintos. Por exemplo, ao inovar processos operacionais como novas formas de pagamento ou cobrança, tanto o risco como o potencial valor para o negócio da inovação são baixos. Na inovação de produtos e serviços, como no caso da Tata Swach, o risco já é maior, por causa da maior indefinição do sucesso do negócio, mas o retorno também tende a ser maior. Já a inovação no modelo de negócio e em novos mercados, embora tenha alto risco, pode resultar em alto valor de retorno. O risco maior se dá em virtude de a margem financeira ser menor e por se tratar, na maioria das vezes, de um modelo que contempla novos canais, como Jana e Narayana, e que necessita de um volume de transações, operações e atendimentos grande para que o projeto se sustente.

Tabela 5 – Resumo de casos inovadores

Empresa / organização	Principal região de atuação	Tecnologia	Inovação
Ideeas www.ideeas.org	Brasil – Comunidades rurais e Amazônia	Energia renovável	Modelo de gestão e capacitação para desenvolvimento sustentável a partir de energia renovável
Safaricom (M-Pesa) www.safaricom.co.ke	Quênia	Micropagamento móvel	Transferência financeira via mensagens de texto
GE www.ge.com/cn	China	Ultrassom portátil	Desenvolvimento de produto mais acessível, portátil e fácil de utilizar. Por meio de inovação reversa, já é usado em países desenvolvidos
Jana www.jana.com	África	SMS e web	Modelo de negócio que utiliza o principal meio de comunicação como canal, chegando a 3,48 bilhões de usuários
Narayana Hrudayalaya www.narayanahospitals.com	Índia	Telemedicina	Modelo de negócio e gestão revolucionário de atendimento a distância, com redução de custo de cirurgias e aprimoramento de diagnósticos
CDI Lan www.cdilan.com.br	Brasil – Comunidades de baixa renda	Rede social	Modelo de negócio baseado no principal canal de acesso à internet no país, levando educação e inclusão financeira para as comunidades e capacitação e gestão para microempreendedores no ramo de *lan houses*
Embrace Global www.embraceglobal.org	Índia	Aquecedor infantil	Desenvolvimento de aquecedor infantil (*infant warmer*) portátil, fácil de utilizar e acessível, a fim de reduzir a mortalidade infantil causada pelo não uso de incubadoras, devido, principalmente, ao alto custo e à localização distante de comunidades rurais
Tata Chemicals www.tataswach.com	Índia	Purificador de água	Desenvolvimento do purificador Tata Swach, que, por meio de suas catorze patentes, utiliza nanotecnologia para prover água limpa e potável para o usuário, sem uso de energia, água corrente ou aquecedor

Entre os diversos desafios de negócios com impacto social e de grandes empresas que veem na base da pirâmide um potencial mercado consumidor, pode-se destacar o meio de acesso a soluções de qualidade e preços baixos. Para as grandes empresas é preciso que o modelo mental, além de atuar de maneira descentralizada e focada no mercado local, tenha a abertura para entender a nova lógica de consumo e necessidades até então desconhecidas por elas.

A tabela 5 mostra um resumo dos casos apresentados neste capítulo. Esses casos comprovam que a inovação e a tecnologia são extremamente relevantes em negócios com impacto social tanto de grandes empresas (Tata e GE) como de pequenas (Embrace), bem como em empreendimentos implementados por organizações do terceiro setor (CDI Lan e Ideaas).

Mais do que isso, esses casos ilustram a diversidade de possibilidades de inovar negócios com impacto social, com processos diferentes, produtos e serviços não existentes ou até novos modelos de negócio. Assim, fica evidente que, por se tratar de uma proposta inovadora em sua origem, já que se refere a um novo paradigma que alia impacto social e retorno financeiro, os negócios com impacto social são um terreno fértil para ousar, com potencial até mesmo para inverter a lógica de que a inovação deve sempre provir dos países desenvolvidos.

Embora os negócios com impacto social geralmente sejam pequenos no início e com baixa capacidade de investimento – o que pode limitar o crescimento, a ampliação de escala e, com isso, os resultados dos empreendimentos –, o investimento em tecnologia como meio transversal ao modelo de negócio pode contribuir significativamente para o sucesso das iniciativas, gerando inovações disruptivas e quebrando paradigmas de modalidades de inclusão da base da pirâmide em ofertas que, não só eram restritas aos países desenvolvidos em um passado recente. Tais projetos também podem transformar profunda e positivamente a vida de bilhões de pessoas e, com base numa inovação reversa, levar boas práticas ao topo da pirâmide para a construção de um mundo melhor, mais equilibrado e sustentável.

CAPÍTULO 9

MICROCRÉDITO E INOVAÇÕES NOS SERVIÇOS FINANCEIROS

Lauro Gonzalez
Eduardo Diniz

Estima-se que o Brasil possua entre 8 e 10 milhões de microempreendedores aptos a participar do mercado de crédito[1], e pouco mais de 1 milhão têm acesso e efetivo uso, ou seja, são clientes ativos de crédito. Estimativas para o mercado global não mostram um quadro drasticamente diferente, e a taxa de penetração do mercado potencial mundial gira em torno de 10%. São várias as explicações para tal situação; entretanto, a persistência de baixa penetração é paradoxal quando defrontada com a enorme expansão dos ativos financeiros das últimas décadas. Em 1980, para cada dólar relacionado aos bens e serviços produzidos no mundo, havia outra unidade de dólar em ativos financeiros. Hoje, essa proporção, que era um para um, aproxima-se de um para quatro, ou seja, para 1 dólar produzido nas fábricas, na agricultura e nos serviços em geral, há 4 dólares sob forma de ativos financeiros. Wolf[2], analisando essas proporções, denomina o atual período "um novo capitalismo financeiro", caracterizado pelo papel preponderante dos mercados financeiros sobre a economia como um todo.

Para utilizar uma metáfora recorrente na história econômica brasileira, o bolo cresceu muito, mas a desigualdade no acesso a serviços e produtos financeiros permanece elevada, o que evidencia os desafios relacionados ao desenvolvimento de modelos de negócio capazes de integrar os mais pobres ao mercado. Grande parte dos estudos disponíveis aborda esse tema pela ótica das microfinanças, que ganharam forte ímpeto a partir do Prêmio Nobel da Paz concedido a Muhammad Yunus, fundador do Grameen Bank, nos anos 1970 (ver capítulo 2).

As microfinanças ganharam a reputação de representar a parte "humana" do sistema financeiro internacional, ou talvez, como ironicamente afirmado por Schmidt[3], a "única parte humana" do sistema. Por essas razões, no

1 MONZONI NETO, M. P. *Impacto em renda do microcrédito*: uma investigação empírica sobre geração de renda do Crédito Popular Solidário (São Paulo Confia), no município de São Paulo. Tese (Doutorado) – Escola de Administração de Empresas de São Paulo da Fundação Getúlio Vargas. São Paulo, 2006.

2 WOLF, M. *Unfettered finance is fast reshaping the global economy*, Financial Times, June 18 2007. Available at: <http://www.ft.com/cms/s/2/518482b4-1dc5-11dc-89f7-000b5df10621.html>.

3 SCHMIDT, R. H. Microfinance, commercialization and ethics. *Poverty&Public Policy*, Cidade, v. 2, n. 1, 2010.

capítulo aqui apresentado as microfinanças serão o fio condutor da discussão sobre o combate à pobreza e o papel dos serviços financeiros. Como nosso interesse maior é o caso brasileiro, discutir finanças e desenvolvimento passa inequivocamente por uma reflexão sobre os avanços do país em inclusão financeira e construção de um sistema financeiro inclusivo.

Microfinanças em perspectiva

Limites da abordagem tradicional

As microfinanças são geralmente definidas como a provisão de serviços financeiros para população de baixa renda, excluída do sistema financeiro tradicional, por meio de metodologia diferenciada. Entre os serviços financeiros, o crédito tem tido historicamente maior destaque. Tanto é verdade que, repetidas vezes, os termos "microfinanças" e "microcrédito" são tratados como sinônimos. Entretanto, o seguro, a poupança e o acesso a meios de pagamento se revelam igualmente importantes para o bem-estar dos mais pobres, e pensar em microfinanças carrega implicitamente a mensagem de "ir além do microcrédito".

Conforme lembrado por Aghion e Morduch[4], do ponto de vista da abordagem econômica básica, presente nos tradicionais manuais de economia, a necessidade das microfinanças é surpreendente. Isso porque um dos princípios apresentados em cursos introdutórios de economia é o "retorno marginal decrescente do capital", segundo o qual empresas com relativamente pouco capital deveriam apresentar maior retorno sobre investimentos do que empresas com maior estoque de capital investido.

Imaginado o princípio mencionado em uma situação prática, um vendedor de pipoca tem menor capital relativo investido do que uma indústria farmacêutica e, consequentemente, o retorno marginal sobre o capital investido do pipoqueiro será maior. A indústria, ao investir volumes crescentes de capital, produzirá cada vez mais, só que as unidades adicionais de capital investido produzirão volumes incrementais cada vez menores. Seguindo a lógica desse raciocínio, considerando um empréstimo tomado, a capacidade de repagamento de um empreendedor pobre seria maior do que aquela de

4 AGHION, B. A.; MORDUCH, J. *The economics of microfinance*. Cambridge: The MIT Press, 2010.

uma grande empresa. Lucas[5] estende essa lógica para comparar países e estima que tomadores de empréstimo da Índia estariam dispostos a pagar cerca de 58 vezes mais para ter acesso a capital do que tomadores dos Estados Unidos. Portanto, em um mercado livre, sem limites para cobrança de juros e obrigatoriedade de aplicação de recursos, o capital fluiria naturalmente de Nova York para Calcutá, atendendo tomadores e gerando retornos superiores para credores.

Obviamente, a descrição acima é irreal e não seria essa a primeira vez que alguns princípios da abordagem tradicional da economia distanciam-se da realidade. Só que, nesse caso, avaliar as razões pelas quais o modelo estilizado e o princípio citado não funcionam na prática é importante para compreender melhor os contornos do que atualmente se define como microfinanças. Em outras palavras e para dar maior clareza ao raciocínio, importa avaliar os obstáculos ao funcionamento de um modelo no qual o capital "naturalmente" fluiria para os mais pobres.

O primeiro obstáculo é a falta de informação ou a assimetria de informação. Pensando no exemplo do vendedor de pipoca, há falta de informação relevante (sobre o vendedor) para tomada de decisão e avaliação de risco por parte da instituição que concede o crédito, que não sabe plenamente quais tomadores são mais arriscados (antes de conceder o crédito) e qual será o uso de fato dos valores (após conceder o crédito). Um segundo obstáculo é a falta de garantias, ou colaterais, à disposição do tomador e que possam ser oferecidas à instituição como forma de viabilizar a obtenção de crédito. Trata-se aqui do famoso círculo vicioso no qual não há acesso a crédito por não haver ativos acumulados, que possam ser oferecidos como garantia, e não há ativos acumulados justamente por não haver acesso a crédito.

O terceiro obstáculo diz respeito aos custos de transação. Diante de uma situação de falta de informação relevante, se fosse possível coletar e avaliar informações sobre os tomadores a custos reduzidos, o problema informacional seria minimizado. Porém, o crédito em questão é de pequena monta, não valendo a pena economicamente gastar para obter informações.

Compreendidos os obstáculos relatados, o que atualmente se denomina microfinanças surge como uma forma de quebrar o círculo vicioso da pobreza a partir de soluções e práticas inovadoras que superem os obstáculos dos problemas informacionais e reduzam os custos de transação.

5 LUCAS, R. E., Jr. Why doesn't capital flow from rich to poor countries?, *American Economic Review Papers and Proceedings* (80) (2) (May); 92-96, 1990.

Seguindo Gonzalez, Piza & Garcia[6], é possível afirmar que as diversas experiências de microfinanças de êxito mundo afora se caracterizam exatamente pela adoção de uma ou mais inovações, algumas das quais ganharam grande repercussão com o Grameen Bank, de Bangladesh.

Inovações

A primeira grande inovação em relação às práticas tradicionais de crédito é o empréstimo em grupo, que pode ser definido como arranjos feitos por indivíduos que não dispõem de garantias tradicionalmente demandadas pelo sistema bancário. Essas pessoas formam espontaneamente um grupo cujo objetivo é a obtenção de empréstimos. Cada membro do grupo recebe determinado valor e, simultaneamente, garante os empréstimos dos demais. Portanto, em caso de inadimplência de um dos membros, os demais devem pagar a parcela correspondente, sob pena de não receber mais créditos.

Há diversos modelos de empréstimo em grupo. Por exemplo, em modelos como o Grameen, os grupos são constituídos por cerca de cinco membros e os recursos são liberados primeiramente para dois tomadores. Quando parcela desses empréstimos já foi paga, de quatro a seis semanas após a primeira liberação, outros dois tomadores recebem os empréstimos, e a mesma lógica é seguida até que o último membro obtenha os recursos. As variações de modelo de empréstimo em grupo derivam do tamanho dos grupos, do momento de liberação dos recursos e da frequência de pagamentos.

A grande vantagem do empréstimo em grupo é lidar com o problema da assimetria de informação e dos elevados custos de transação. Em um mercado em que há bons e maus pagadores, os últimos tendem a se beneficiar sempre que o banco não souber quem é quem. Em termos econômicos, os tomadores de alto risco (maus pagadores) acabam por receber um subsídio daqueles de menor risco, e a ineficiência emerge quando esse subsídio é tão alto que os bons pagadores abandonam o mercado. O empréstimo em grupo pode reduzir taxas de juros cobradas e manter esses pagadores no mercado.

Para que se entenda como isso ocorre é preciso lembrar que a constituição dos grupos se dá espontaneamente e, na medida em que o contrato de crédito em grupo estabelece a chamada responsabilidade conjunta, ou seja, todos respondem pela inadimplência de todos, os potenciais devedores são incentivados a utilizar toda informação disponível para formar um grupo

6 GONZALEZ, L.; PIZA, C.; GARCIA, D. B. Sinergia entre microsseguro e microcrédito e o crescimento dos mercados no Brasil. *Revista Brasileira de Risco e Seguro*, São Paulo, v. 5, p. 45-84, 2009.

com os melhores pares possíveis. Assumindo que os tomadores detenham melhores informações sobre os demais tomadores do que o banco, os efeitos para inadimplência esperada serão benéficos.

Além disso, chama a atenção o fato de que o banco continua tão ignorante acerca da qualidade de crédito dos tomadores quanto antes. Os próprios tomadores, mais bem informados, realizaram a seleção (*screeening*) e o posterior monitoramento de mercado. Vale lembrar que, como os grupos são formados espontaneamente, espera-se a existência de certo nível de relacionamento entre os tomadores, o que reduz os custos (sociais) associados à seleção e ao monitoramento mencionado, ou seja, é mais barato para um dado tomador monitorar seu vizinho, que faz parte do mesmo grupo de empréstimo, do que para o banco.

A segunda inovação é a presença do agente de crédito. Esse profissional é responsável pelo levantamento de dados sobre tomadores, principalmente novos empreendedores ou grupos, acompanhamento e auxílio a clientes, emissão e análise de relatórios técnicos e recuperação de crédito de tomadores inadimplentes. O agente de crédito é o principal responsável pela inserção do microcrédito em determinada comunidade e, por isso mesmo, é considerado por muitas instituições a peça-chave de toda atividade de microcrédito de empréstimos.

Quando se observa o mercado bancário tradicional é comum haver profissionais dos bancos alocados especificamente para o atendimento de um grupo de clientes. Quanto maior a importância econômica do cliente, maior o grau de exclusividade no atendimento. No mundo dos microempreendedores, a valer essa lógica de mercado, não faria sentido esse tipo de relacionamento, que se resumiria a modelos automatizados de decisão e transação. O agente de crédito quebra esse paradigma e conduz uma atividade que constitui um "*private banking* às avessas". Mesmo lidando com montantes reduzidos, o tomador desfruta de um relacionamento próximo e diferenciado, semelhante àquele de clientes de alta renda.

Um agente de crédito altamente produtivo chega a ter, em média, trezentos clientes, o que permite à instituição credora auferir certo ganho de escala. Além disso, com a maior proximidade do agente e seus clientes, recupera-se uma das essências das operações de crédito tradicionais: a construção de um relacionamento de longo prazo entre credor e devedor, com potencial impacto sobre os níveis de inadimplência.

Ademais, o agente de crédito tende a passar boa parte de seu tempo próximo aos clientes tomadores. Muitas vezes, esses agentes residem nos arredores ou na própria comunidade da clientela, reforçando os elos de ligação e permitindo maior acompanhamento da própria carteira. Dessa forma, por exemplo, é possível tratar de maneira diferenciada os créditos problemáticos investigando a razão pela qual o pagamento não foi feito. Um caso de doença na família, de roubo ou de atraso na entrega dos produtos a serem comercializados pode justificar uma ação de negociação que, simultaneamente, atenda ao devedor, permitindo que este reequilibre seu fluxo de caixa e reduza a perda efetiva nos empréstimos.

Cumpre acrescentar que, a despeito dos ganhos de escala auferidos com a produtividade crescente do agente de crédito, os custos de operação tendem a ser elevados. Daí o porquê, sendo válidas as regras de mercado, as taxas de juros cobradas dificilmente se aproximariam daquelas vigentes para as grandes corporações, ainda que para essa análise seja fundamental abordar não somente os custos, mas também os riscos envolvidos.

A terceira inovação fundamental é a progressividade dos empréstimos concedidos. Conforme Morduch[7], tal inovação constitui um incentivo dinâmico fundamental à administração do risco das operações de microcrédito. Tipicamente, os empréstimos começam com valores reduzidos e, conforme há assiduidade nos pagamentos, os montantes aumentam. A repetição das operações permite acúmulo de informação sobre o cliente. Ademais, havendo progressividade, a ameaça de corte nos futuros empréstimos tem maior peso, pois os empreendedores podem perceber que, se deixarem de cumprir suas obrigações, deixarão de receber valores maiores do que aqueles inicialmente liberados.

Seguindo esse raciocínio, percebe-se por que o microcrédito, a despeito dos elevados custos de operação, deve manter taxas de juros menores do que aquelas tradicionalmente aplicadas aos microempreendedores, como nas taxas cobradas por agiotas. Quanto menor a taxa de juros, maior o valor presente do benefício do qual o empreendedor abre mão se deixar de pagar. Em suma, as taxas devem ser suficientes para cobrir o custo de capital de todos os investidores, mas perdem eficácia quando são muito altas.

Vale lembrar que quanto mais um empreendedor se deslocar geograficamente, por exemplo, ao mudar de um estado para outro dentro do Brasil, menor a eficácia desses incentivos dinâmicos. Por isso, programas de microfinanças em locais de alta mobilidade, notadamente grandes centros urbanos, tendem a adaptar a tecnologia de crédito quando se deslocam para localidades rurais, nas quais a mobilidade é menor.

A quarta inovação é a frequência de pagamentos, ou seja, o desenho adequado da estrutura de vencimento do crédito. Do ponto de vista dos

7 MORDUCH, J. The microfinance promise. *Journal of Economic Literature*, Nashville, v. 37, n. 4, p. 1569-1614, Dec. 1999.

tomadores, o importante é que os pagamentos dos empréstimos esteja sintonizado com o fluxo de caixa dos empreendimentos financiados, em conformidade com a famosa "regra de ouro" de casamento de prazos, proposta pela administração financeira. Boa parte das instituições de microcrédito coleta pagamentos semanalmente, o que parece lógico diante do ciclo de caixa das atividades de comércio e serviços, tipicamente aquelas dos empreendedores atendidos.

Para o credor, pagamentos semanais regulares permitem detectar rapidamente maus pagadores, abrindo espaço para intervenção dos agentes de crédito e, no caso de empréstimos em grupo, dos pares. Outra vantagem é a possibilidade de ter em mãos um fluxo de caixa que potencialmente poderia ser utilizado para finalidades diversas que não a efetivação do pagamento. Muitas instituições demandam que todos os membros do grupo compareçam para o pagamento, ou ainda que um membro do grupo (líder) seja o responsável pelo pagamento total, por exemplo, em um único carnê. Assim, esse membro deverá, no devido tempo, recolher o dinheiro dos demais a fim de realizar o pagamento, garantindo imediata pressão sobre os atrasos.

Embora pagamentos semanais (ou quinzenais) preservem o casamento de prazos dos tomadores, fatores culturais tendem a pesar fortemente contra tal prática, e educar o mercado parece ser um desafio constante para os credores. Muitos empreendedores acabam arcando com taxas de juros muito maiores pelo simples fato de optarem por pagar mensalmente.

Finalmente, a quinta inovação fundamental do microcrédito é o foco nas mulheres. É preferível conceder microcrédito às mulheres a fazê-lo aos homens. Os principais argumentos para justificar essa assertiva referem-se à oposição ao viés sexista do sistema financeiro, em muitos mercados, e ao papel desempenhado pela mulher na família e na sociedade, o que contribui fortemente para a redução da pobreza.

É patente a dificuldade das mulheres em acessar recursos materiais e financeiros, hoje menos que há poucas décadas. Esse fator deve-se a diferentes aspectos culturais e às construções sociais de relação. A principal desigualdade está no ingresso e condições do mercado de trabalho, mas a diferença de gênero no acesso a serviços financeiros também é expressiva. Na década de 1970 as mulheres representavam menos de 1% de todos os empréstimos em Bangladesh. No Brasil, o IBGE estimou em 33% o número de empreendimentos da economia informal urbana liderados por mulheres. Ocorre que, dos mais de 10 milhões de empreendimentos desse segmento, somente 5% haviam tido acesso a crédito. Importa recordar que, no ano de 2007, 19% das famílias eram chefiadas por mulheres, sem cônjuge. Esse percentual sobe para 33% quando se considera a mulher como pessoa de referência da família, como indica pesquisa por amostra de domicílio, também do IBGE.

O segundo argumento refere-se ao conceito de *empowerment* das mulheres. Pode-se entendê-lo como o aumento da autonomia, da autoridade e da legitimidade das mulheres perante o lar e a sociedade. Acredita-se que as mulheres possuem mais prudência na administração dos recursos do que os homens. Assim, melhorias na renda decorrentes do esforço das mulheres resultam em maiores dispêndios com alimentação, saúde e educação dos filhos, e também benfeitorias, como reformas e ampliação dos lares. Em resumo, crédito concedido a mulheres reverte-se em maiores benefícios ao conjunto dos membros de um lar. Há pesquisas que demonstram diferenças estatisticamente significantes desses efeitos entre homens e mulheres.

Pensando-se em uma cadeia de impacto, o *empowerment* das mulheres traz mudanças sociais mais amplas. Pode-se relacioná-lo ao aumento do uso de métodos contraceptivos, o que pode refletir em variações nos índices de fertilidade; evidências concretas existem na maior atuação das mulheres em associações comunitárias e maior participação política em geral. Observa-se, dessa forma, que o foco em mulheres representa uma redefinição do papel social da mulher. Passa-se a enxergá-la, de acordo com o Prêmio Nobel de Economia Amartya Sen, como dotada de livre condição de agente (com capacidade de agir), promotora dinâmica de transformações sociais.

Microfinanças no Brasil

Conforme Monzoni[8], a evolução do histórico do microcrédito no Brasil pode ser caracterizada por quatro momentos bastante distintos, sobretudo marcados pelos tipos de constituição societária predominantes. No primeiro momento, nas décadas de 1970 e 1980, as instituições de microfinanças (IMF) estavam ligadas direta ou indiretamente a redes internacionais: o Projeto Uno e o Sistema Ceape, ligados à Acción; e o Banco da Mulher, ao Women's World Bank. Por meio dessas parcerias, as IMF conseguiram absorver metodologias e certa experiência técnica dessas redes.

No segundo momento, notadamente ao longo da década de 1990, ganha destaque um modelo no qual grande número de organizações da sociedade civil passam a oferecer serviços de microfinanças, com destaque para microcrédito e capacitação, sobretudo voltados para o desenvolvimento local. O denominador comum dessas organizações foi o fato de se constituírem sob a forma de pessoas jurídicas de direito privado sem fins lucrativos. Destacam-se a Portosol, do Rio Grande do Sul, a BluSol, de Santa Catarina, e o VivaCred, do Rio de Janeiro.

8 Op. cit.

O terceiro momento ocorreu no fim da década de 1990 e começo dos anos 2000, com o fortalecimento de iniciativas governamentais nos diversos níveis. O grande destaque é a criação do programa Crediamigo (1998), ligado ao Banco do Nordeste, que hoje representa o maior programa de microcrédito produtivo do Brasil, com mais de 800 mil clientes (ver caso 1). Além disso, surgiram diversos "Bancos do Povo", ligados a governos estaduais e municipais.

Finalmente, o quarto momento caracteriza-se pela ampliação da atuação do setor privado. Um dos marcos importantes foi a Lei 10.194, de 2001, que autoriza a criação das sociedades de crédito ao microempreendedor (SCM), que nada mais representam do que instituições de microfinanças reguladas e com finalidade de lucro.

A atuação do sistema bancário tradicional nas microfinanças não pode ser dissociada da Lei 10.735, de 11 de setembro de 2003, segundo a qual parcela dos depósitos à vista (2%) dos bancos comerciais, dos bancos múltiplos com carteira comercial e da Caixa Econômica Federal deve ser destinada ao microcrédito. Merece destaque ainda a criação do Programa Nacional de Microcrédito Produtivo Orientado (PNMPO), institucionalizado pela Lei 11.110, de 25 de abril de 2005, no âmbito do Ministério do Trabalho e Emprego (MTE). O PNMPO visa explicitamente apoiar o microcrédito produtivo orientado e as instituições que o realizam.

Das microfinanças à inclusão financeira: as inovações brasileiras

Os parágrafos anteriores descreveram a evolução das microfinanças a partir dos momentos históricos distintos do microcrédito no Brasil. Entretanto, sabe-se que o conjunto de necessidades dos mais pobres vai claramente além do crédito e envolve outros serviços financeiros, como poupança, seguros e acesso a meios de pagamento. Dessa forma, não é possível revisitar o histórico de evolução das microfinanças no Brasil sem falar do modelo de correspondentes (*banking agents*). Para que se tenha uma ideia da importância desse modelo, cerca de 80% dos recursos do programa Bolsa Família são distribuídos através desse canal. Além disso, o correspondente se integra de modo harmônico aos modelos de negócio de instituições de microfinanças, como é o caso do Banco Palmas (ver caso 3).

Os correspondentes bancários são pontos autorizados de prestação de serviços típicos de um banco localizados em estabelecimentos parceiros, tais como supermercados, farmácias, casas lotéricas, agências do correio e diversos outros tipos de lojas e postos de serviços particularmente voltados ao atendimento varejista.[9] Trata-se de um modelo que surge no Brasil como resultado do uso intensivo de tecnologia de informação e comunicação (TIC) no setor bancário.

O desenvolvimento desse modelo permitiu aos bancos multiplicar de forma inédita a extensão e a capilaridade de suas redes de atendimento. De acordo com o Banco Central do Brasil[10], havia cerca 151 mil pontos de atendimento instalados em correspondentes em 2010, contra 19.800 agências bancárias convencionais instaladas no país.[11] Deve-se considerar ainda que em 2000, quando já funcionavam cerca de 17 mil agências bancárias no Brasil, não havia virtualmente nenhum correspondente.[12]

Tabela 1 – Número de canais de distribuição por região/mil quilômetros quadrados

	Agências	Correspondentes	Demais canais*	Total
Norte	0,21	1,69	0,73	2,63
Nordeste	1,81	19,22	5,14	26,17
Centro-Oeste	0,93	7,50	2,49	10,82
Sudeste	11,84	73,48	25,31	110,63
Sul	6,54	61,72	16,97	85,23
Total nacional	2,33	17,85	5,64	25,81

*Coop, Posto de Atendimento Cooperativo (PAC), Posto de Atendimento Bancário (PAB), Posto Avançado de Atendimento (PAA), Posto de Atendimento Bancário Eletrônico (PAE) – não inclui caixa automático (ATM) e *Point of Sales* (POS)[13]

9 DINIZ, E.H. *Correspondentes bancários e microcrédito no Brasil*: tecnologia bancária e ampliação dos serviços financeiros para a população de baixa renda. FGV/EAESP/GVPesquisa, p. 1-103, 2007.

10 BANCO CENTRAL DO BRASIL/UNICAD; IBGE. *Relatório financeiro BCB*. Brasília, 2010.

11 Embora não haja o número exato de correspondentes bancários, é importante notar a diferença (em quantidade) entre o número desses correspondentes e o de agências bancárias.

12 BANCO CENTRAL DO BRASIL/UNICAD; IBGE, op. cit.

13 Ibid.

De acordo com esse estudo do Banco Central, em termos de alcance, os correspondentes estavam ausentes em apenas 34 municípios brasileiros em 2010, que eram atendidos por outros canais. Sua concentração é maior nas regiões Sul e Sudeste, com 61,72 e 73,48 correspondentes por mil quilômetros quadrados. Na região Norte esse índice cai para 1,69, com apenas 4,6% dos postos localizados ali. Entretanto, a distribuição em regiões mais pobres – Nordeste e Norte – é bem mais ampla do que a de agências. Isso pode ser depreendido da comparação entre a distribuição dos correspondentes e das agências numa mesma região. Enquanto na região Sudeste existem 6,2 correspondentes para cada agência, em regiões mais pobres como o Nordeste e Norte essa relação é de 10,6 e 8,1, respectivamente, indicando que os correspondentes representam um canal bancário comparativamente mais presente que nessas regiões, em geral subassistidas pelas agências tradicionais.

A curva de crescimento dos correspondentes acentuou-se a partir de 2003, com a edição das resoluções 3.310 e 3.156, mas sua quase onipresença nos municípios brasileiros é marcada pela oferta de serviços de pagamentos de bloquetos, recebimentos de benefícios, transferências de crédito e serviços de utilidade pública decorrentes de convênios. Em 2005, os pagamentos correspondiam a 70% das transações e a 95% dos valores transacionados por correspondentes.

Apesar de a utilização dos correspondentes no país servir ainda majoritariamente para operações de pagamentos, pode-se dizer que esse mecanismo cria um ambiente propício para facilitar a oferta de outros produtos, como o microcrédito. Essa facilidade é decorrente do melhor conhecimento do perfil de clientes, que, sem o atendimento pelos correspondentes, estariam financeiramente excluídos.[14] Esse argumento é corroborado pelo fato de, entre 2004 e 2007, quando examinadas as operações dos correspondentes, o volume financeiro relativo a pagamentos ter dobrado, enquanto a oferta de crédito cresceu doze vezes.[15]

A tabela 2 evidencia a preponderância do modelo de correspondentes em relação às agências bancárias tradicionais, notadamente nas regiões mais pobres do Brasil: Nordeste e Norte. Os dados referem-se unicamente a empreendedores informais com renda inferior a 1.000 reais por mês.

---

14 Ibid.

15 SOARES, M. M.; MELO SOBRINHO, A. D. *Microfinanças*: o papel do Banco Central do Brasil e a importância do cooperativismo de crédito. Brasília: BCB, 2008. Disponível em: <http://www.bcb.gov.br/?PUBMICRO>. Acesso em: 7 ago. 2009.

A importância da utilização do correspondente como canal de distribuição de serviços financeiros para a população mais pobre, sobretudo das periferias dos grandes centros urbanos e das áreas rurais, exemplifica o papel relevante que o sistema financeiro pode desempenhar no combate à pobreza e ao desenvolvimento. As instituições de microfinanças são fundamentais, mas a tarefa de expandir o acesso e o uso de serviços financeiros para os pobres cabe também aos bancos tradicionais, ao governo, ao Banco Central, às centrais de informação de crédito etc.

Tabela 2 - Principal meio de realizações de operações financeiras[16]

Região	Agência bancária	Correspondentes	Não efetuou transações financeiras
Norte	28%	58%	12%
Nordeste	26%	57%	16%
Sudeste	45%	33%	12%
Sul	40%	46%	7%
Centro-Oeste	40%	44%	7%

Trata-se da conveniência de construção de um "sistema financeiro inclusivo", termo propício por permitir uma visão mais ampla de finanças e desenvolvimento, ressaltando a necessidade de articulação de diversos atores para o combate à pobreza, além de delimitar mais claramente os diferentes papéis institucionais, gerando maior transparência, prestação de contas e capacidade de cobrança por parte da sociedade.

Tal articulação não pode ignorar o papel da inovação, que continuará a ser a força motriz dos avanços. Em vários países, parcela relevante da população tem acesso a serviços e produtos financeiros formais sem fazer parte da clientela dos bancos. O exemplo mais conhecido vem do Quênia, onde se desenvolveu uma solução de transferência de recursos por meio do celular (M-Pesa), que pode ser utilizada por quem não é cliente de bancos. Outra importante fonte de inovação relaciona-se ao uso de dados alternativos para modelagem de risco de tomadores sem histórico de crédito.

Lee et al[17], em pesquisa com foco no mercado norte-americano, no qual um número entre 35 e 54 milhões de pessoas não têm acesso a crédito,

16 Ecinf - Economia Informal Urbana - ECINF. Pesquisa IBGE, Brasil, 2003.

17 LEE, A.S.; SCHNARE, A.; TURNER, M., WALKER, P.D. e VARGHESE, R. Give Credit Where Credit is Due: Increasing Access to Affordable Mainstream Credit Using Alternative Data, Political and Economic Research Council Publication, *The Brookings Institution Urban Markets Initiative*, 2006.

mostra que o uso de dados de consumo de gás, energia elétrica e aluguéis permitiria aumentar a inclusão no mercado de crédito, viabilizando a entrada daqueles excluídos justamente por falta de informação. Além disso, a incorporação dessas informações aos modelos de risco reduziria a inadimplência entre 27% e 30%, com potencial efeito redutor sobre os juros. A esse respeito, Yokomizo e Diniz[18] mostram o potencial uso do correspondente como fonte de informação para auxiliar a elaboração de cadastro positivo. Identificou-se que, entre outro, a informação do valor, da data de pagamento e de vencimento da conta de energia elétrica poderia ser utilizada para estimar a renda do domicílio, identificar o perfil de pagamento de contas e o perfil de consumo. Em todos os casos, as informações coletadas poderiam complementar os modelos de escoragem *(scoring)* já existentes ou ajudar a compor um cadastro positivo, em especial para a baixa renda, que, em geral, não tem histórico de crédito.

No Brasil, um dos vetores de inovação para inclusão financeira é o programa Bolsa Família. Há enorme espaço para articulação entre os canais de distribuição dos benefícios do programa e o desenvolvimento de produtos e serviços financeiros inclusivos. A presença física dos correspondentes nas regiões mais pobres é o fator-chave. Trata-se aqui do conceito de "finanças da proximidade", como avaliado em Abramovay.[19] Programas de microcrédito que dão certo no Brasil têm se expandido, sobretudo, por meio de modelos de negócio que incluem a utilização de agentes de crédito, cujo diferencial é justamente a proximidade e o conhecimento dos tomadores de empréstimo, o que propicia menores níveis de inadimplência.

O relacionamento próximo proporciona ainda a oferta de outros serviços financeiros, como o microsseguro, aspecto explorado em Gonzalez, Piza e Garcia[20]. Enquanto o microcrédito produtivo visa essencialmente o combate à pobreza por meio do acúmulo de ativos e da geração de renda, o microsseguro protege esses mesmos ativos e preserva o bem-estar dos pobres, que são, via de regra, os mais vulneráveis diante da ocorrência de fatores adversos, como morte, doença etc. Uma vez mais a proximidade é fundamental, pois há indicações de que os pobres não "irão atrás" do

18 YOKOMIZO, CESAR A.; DINIZ, EDUARDO H. *(Micro?) Crédito para a população de baixa renda*: como gerar cadastro positivo por meio da tecnologia de correspondentes bancários. Relatório de Pesquisa Serasa Experian. 2010. 36p.

19 ABRAMOVAY, R. (Org.). *Laços financeiros na luta pela pobreza*. São Paulo: Annablume/Fapesp/Sebrae, 2003.

20 Op. cit.

microsseguro, além de desconfiarem e desconhecerem o produto. Na verdade, eles necessitam de informações cara a cara. Como no microcrédito, o relacionamento criado com o beneficiário do Bolsa Família pode viabilizar a operação de seguro.

O futuro: princípios éticos e integração ao mercado

A evolução das instituições de microfinanças, que surgiram sobretudo como organizações sem finalidade de lucro, trouxe à tona a importância do engajamento do setor privado no combate à pobreza, notadamente no microcrédito. Simultaneamente, iniciativas oriundas do governo e do setor privado, tais como os programas de transferência de renda e o modelo dos correspondentes, desempenham papel relevante para inclusão financeira, tanto isoladamente quanto em conjunto com as próprias instituições de microfinanças, como é o caso do Banco Palmas (caso 3).

A incorporação de novas tecnologias aos modelos de negócios atrai empresas de telecomunicação, de cartão de crédito e de varejo. A expectativa de utilizar plataformas na internet e redes sociais atrai número crescente de empreendedores que buscam aliar objetivos sociais e lucro em um movimento crescente de combater a pobreza por meio do mercado.

Nesse cenário, é importante lembrar as potenciais tensões existentes entre princípios básicos ligados ao combate à pobreza e os imperativos econômicos de instituições com finalidade de lucro. Como mencionado por Schmidt[21], é vital discutir e estabelecer os limites da abordagem "comercial" nas microfinanças e na inclusão financeira. O caso do Banco Compartamos, no México, é bastante emblemático no tocante a essa discussão. Outrora uma instituição sem finalidade de lucro, o Compartamos abriu seu capital no início de 2007, quando vendeu 30% de suas ações a investidores mexicanos e norte-americanos e passou a ser uma empresa negociada na bolsa do México. O interesse pelos papéis do Compartamos foi enorme e houve grande elevação de preços. O volume de ações vendido pertencia majoritariamente à organização sem fins lucrativos Acción, ao International Development Center (IFC) e a investidores privados compostos por executivos e fundadores da instituição (ver capítulo 2).

De acordo com Schmidt[22], o sucesso da abertura de capital e a valorização das ações não constituem nenhum problema. A questão importante é

21 Op. cit.

22 Op. cit.

como tal sucesso foi alcançado. Naquele ocasião, em 2007, o Compartamos vinha apresentando lucros relativamente elevados havia vários anos e, baseado nos preços pagos pelos papéis naquele momento, esperava-se uma continuidade do patamar de rentabilidade. Examinando as razões de lucro, os custos totais do Compartamos eram superiores àqueles de instituições de microfinanças semelhantes. Portanto, não havia ganhos superiores derivados de eficiência na administração de custos. As fontes de recursos do banco eram eminentemente de mercado, não havendo nenhum subsídio que turbinasse os resultados pelo lado de *funding*. Assim, o ganho elevado era proveniente dos juros cobrados, que chegaram a 100% em termos reais. Taxas de juros reais de tal magnitude, em uma instituição com foco em desenvolvimento, precisam ser avaliadas do ponto de vista ético.

Schmidt[23] examina essa questão a partir do conflito existente entre a "ética da convicção" e a "ética da responsabilidade". A primeira remete a Immanuel Kant, segundo o qual uma ação só pode ser avaliada com base em seus princípios éticos norteadores, suas intenções ou valores. O discurso de Yunus e o Grameen Bank se aproximam dessa abordagem, ainda que por vezes possa ser chamado de moralista, no sentido de apregoar ideias e princípios considerados corretos. Por exemplo, poder-se-ia argumentar que, por princípio, não é aceitável a obtenção de lucros elevados nas microfinanças. Já a ética da responsabilidade se baseia em argumento de Max Weber e define uma ação correta, do ponto de vista ético, como aquela que, tomada após análise criteriosa e planejada, tenha efeitos esperados positivos. Nesse sentido, a lógica de atuação do Compartamos parece norteada pela ética da responsabilidade. Ou seja, num momento posterior, é sempre possível argumentar que houve desvios e que se esperava que a abertura de capital ampliasse a capacidade de atingir os objetivos de desenvolvimento.

Projetar cenários futuros para os negócios inclusivos – no caso específico, aqueles relacionados aos serviços financeiros – passa inequivocamente por uma reflexão sobre a ética subjacente aos modelos de negócio adotados. O espaço para essa reflexão se construiu a partir da discussão acalorada em torno da trajetória do Compartamos, mas outros episódios poderiam ser colocados em tela. Por exemplo, tomando o caso brasileiro, a expansão do crédito conjugada à falta de educação financeira tem sido, em várias situações, deletéria ao bem-estar dos mais pobres, promovendo sobre-endividamento e fragilidade financeira.

23 Op. cit.

Schmidt argumenta que é preciso voltar aos princípios fundamentais de promoção do desenvolvimento sem ignorar os avanços obtidos com a incorporação de algumas práticas de mercado. Para tanto, a solução passa pelo estabelecimento de compromissos obrigatórios, firmados pelos acionistas controladores, em torno das estratégias de atuação institucionais. Assim, os acionistas de uma instituição de microcrédito podem assinar um compromisso formal, divulgando para os *stakeholders* as linhas gerais sobre o que seria um lucro compatível com os objetivos de desenvolvimento estabelecidos.

Desse modo, importa saber quem são os controladores e se eles pensam da mesma forma. Um compromisso amplamente divulgado pode dirimir dúvidas a esse respeito. O lucro é necessário para ampliação da inclusão financeira, mas não pode ser obtido à custa de princípios éticos e de desenvolvimento.

Caso 1 – Crediamigo

O Crediamigo, programa de microcrédito produtivo orientado do Banco do Nordeste do Brasil (BNB), é reconhecido como o principal *ator* do cenário do microcrédito no Brasil e uma das principais instituições de microfinanças da América do Sul. De acordo com relatórios institucionais do programa, disponíveis no *site* do BNB, o Crediamigo encerrou o ano de 2012 com mais de 2,5 milhões de operações. Em novembro de 2012, sua carteira ativa atingia o montante de aproximadamente 1,5 bilhão de reais, contando com 1,3 milhão de clientes ativos. O programa foi lançado em 1998 e, em 2003, passou a ser operacionalizado por meio de uma parceria entre o BNB e o Instituto Nordeste Cidadania (Inec), organização não governamental criada em 1993, por funcionários do banco nordestino. A parceria foi fundamental, entre outros fatores, para o envolvimento do BNB em uma política pública de microcrédito, o Programa Nacional de Microcrédito Produtivo Orientado (PNMPO), instituído em abril de 2005, que permitiu à instituição estender a atuação em regiões caracterizadas pelas dificuldades sociais, climáticas e econômicas, como o Nordeste brasileiro.

Presente em treze unidades da federação (Alagoas, Bahia, Ceará, Distrito Federal, Espírito Santo, Maranhão, Minas Gerais, Paraíba, Pernambuco, Piauí, Rio de Janeiro, Rio Grande do Norte e Sergipe), o Crediamigo atende 1.829 municípios, por meio de 314 unidades e 1.894 colaboradores (entre coordenadores e assistentes, administrativos e de crédito). Em doze estados, o programa é operacionalizado por meio da parceria Inec-BNB. No Rio de Janeiro, o Crediamigo foi lançado em 2009, fruto de parceria entre o BNB e organização não governamental VivaCred.

O programa oferece cinco linhas de crédito para o financiamento de capital de giro ou de investimento fixo, além de abertura de conta corrente no BNB e seguro de vida. Embora as linhas de crédito sejam ofertadas segundo as duas metodologias mais usuais do mercado – o empréstimo em grupo e o empréstimo individual –, 94% das operações contratadas até 2010 concentraram-se nos produtos baseados nos chamados "grupos solidários". Para grupos de três a dez empreendedores, no caso de capital de giro, o valor varia entre 100 e 10.000 reais, e as taxas de juros, entre 1,19% a.m e 3% a.m. Créditos para investimentos fixos são concedidos para grupos de quinze a trinta empreendedores e contam com uma taxa de juros menor, 0,99% a.m, podendo-se financiar quantias entre 100 e 1.000 reais. Também se financia capital de giro para grupos desse porte, com as mesmas condições. Quando se usa a metodologia do crédito individual, empresta-se de 100 a 15.000 reais, com taxas de juros variando entre 2% a.m e 3% a.m. Para todas as linhas, há uma taxa de abertura de crédito (TAC) de 3%, que é reduzida de 0,25 p.p. progressivamente, até o patamar de 1%, conforme as quantidades de crédito dos clientes.

Pioneiro no setor de microsseguros, o Crediamigo incorporou, em 2006, o oferecimento de um seguro de vida para clientes e não clientes do programa. Entre o ano de seu lançamento e 2010, aproximadamente 82 mil clientes adquiriram o produto, caracterizado por prêmio de 25 reais, capital segurado de até 3.000 reais, auxílio-funerário de 840 reais e sorteio mensal de 1.500 reais.

O perfil do cliente médio do Crediamigo corrobora o seu potencial de atingir pessoas em situação de vulnerabilidade socioeconômica. O público feminino movimenta 65% das operações; 91% dos clientes possuem até onze anos de estudo, sendo 4% analfabetos; e, por fim, 57% dos clientes possuem renda familiar inferior a 1.500 reais.

A evolução do Crediamigo não é caracterizada apenas pelo crescente aporte de recursos por parte do BNB. Uma marca fundamental do programa, como aponta Santos Filho[24], é a estratégia de inserção produtiva, baseada na capacitação profissional de empreendedores e na constituição de redes e sistemas de governança nos territórios onde atua.

24 SANTOS FILHO, C. *Fundos rotativos solidários*: dilemas, avanços e esperanças de uma política pública inclusiva no marco da economia solidária no Nordeste do Brasil, 2010. Disponível em: <http://criseoportunidade.wordpress.com/category/claricio-dos-santos-filho>. Acesso em: 7 ago. 2013.

Caso 2 – Autazes

Situada na região do rio Negro-Solimões, Autazes fica a cerca de 120 quilômetros de Manaus, pouco mais de 40% de seus 30 mil habitantes vivem na zona urbana e o restante na zona rural, ao longo dos diversos rios que cortam a região.

Em 2002 o PIB da cidade era de 82 milhões de reais, sendo 48% voltados para a agricultura, basicamente apoiada na criação de gado leiteiro, pois a cidade é uma das principais produtoras de mozarela de leite de búfala do país. Nessa época, para realizar qualquer tipo de transação financeira, fosse um depósito bancário, um pagamento de conta ou recebimento de salário, os moradores da cidade precisavam se deslocar até Manaus, onde ficava a agência bancária mais próxima. Essa jornada poderia durar até catorze horas, pois, via de regra, o meio de transporte mais comum era o fluvial, já que a estrada era intransitável na maior parte do tempo. Para fazer o pagamento do salário dos mais de quatrocentos servidores públicos municipais de Autazes, todo mês um funcionário da prefeitura ia até Manaus, retirava das agências bancárias 300.000 reais, fretava um avião bimotor e levava o dinheiro, protegido por uma equipe de seguranças. Essa logística, além de cara, era extremamente arriscada.

Pensionistas e cidadãos autazenses beneficiários de programas de apoio governamental, para receber os pagamentos, também tinham que se deslocar até Manaus. Considerando que os benefícios pagos aos cidadãos correspondiam a um valor próximo de um terço do PIB da cidade, essa movimentação financeira atraía pessoas mal-intencionadas ao porto, aumentando consideravelmente o risco de assalto em épocas de pagamento. Na prática, a maioria da população pedia a um conhecido ou amigo ou ainda remunerava alguém que estivesse de partida para Manaus para fazer compras, pagar contas ou fazer depósitos, por quantias que variavam de 10 a 20 reais, mesmo sabendo dos riscos, pois às vezes o dinheiro "sumia", o intermediário era "assaltado"... num ambiente de total insegurança.

Como a economia do município era muito dependente da rede bancária de Manaus, a atividade comercial do centro urbano era pequena, e mesmo os funcionários públicos municipais que recebiam na cidade dirigiam-se à capital para fazer compras e ter acesso a produtos mais refinados. Aqueles que se deslocavam até Manaus para receber os pagamentos preferiam também fazer as compras por lá, até por questão de segurança, e as traziam de barco, em vez de voltar para casa com dinheiro. Desse modo, o comércio da cidade tinha poucas perspectivas de crescimento e as dez lojas varejistas sobreviviam com dificuldade. Quando um cidadão necessitava de empréstimo ou financiamento, recorria ao "banco da praça", onde agiotas comandavam operações com juros de até 30%.

Em abril de 2002, o correio da cidade inaugurou o Banco Postal, um tipo de correspondente bancário operado em parceria com o Bradesco. Assim, os funcionários municipais passaram a receber o salário em conta corrente e podiam fazer movimentações financeiras diversas na própria cidade. Pensionistas e outros beneficiários também começaram a receber o pagamento no Banco Postal, que também recebia contas da população em geral e operava todo tipo de serviço financeiro, como abertura de conta, acesso a crédito e financiamentos a juros de mercado. Os gastos extras e os problemas de segurança relacionados às operações financeiras na cidade reduziram-se significativamente.

Com mais dinheiro circulando na cidade, o comércio floresceu e as opções aumentaram. Em apenas dois anos após a abertura do Banco Postal já se contabilizavam mais de 2 mil novas contas abertas no município, cerca de cem pedidos de empréstimos por mês, e o número de estabelecimentos varejistas havia quadruplicado, fazendo com que a arrecadação municipal aumentasse 90% no período.

O crescimento da economia foi tão consistente que em 2007 o Bradesco decidiu abrir uma agência bancária em Autazes. A essa altura a cidade contava com outros cinco correspondentes de três bancos, além do Banco Postal. O PIB da cidade cresceu 54% entre 2002 e 2006 e entrevistas com moradores, políticos, sindicalistas, indígenas, comerciantes e aposentados indicam que o crescimento da cidade está associado ao início da operação dos correspondentes.

Em 2009, entretanto, sinais de sobre-endividamento em Autazes já eram notórios. A facilidade de acesso ao crédito associado ao relativamente baixo controle das operações de crédito consignado e de crédito pessoal leva muitos moradores a assumir dívidas para além de sua capacidade de pagamento. Pensionistas, pressionados por familiares, são grandes vítimas desse alto nível de endividamento, mas funcionários públicos também se fartam do crédito fácil, com pouca atenção aos riscos desse tipo de comportamento. A falta de políticas de educação financeira, bem como de apoio a práticas de consumo responsável, estão criando uma situação de indesejável endividamento na população da cidade. Enquanto isso, o crédito produtivo é basicamente suprido por meio de alternativas subsidiadas, como o Pronaf, do governo federal, e pela Agência de Fomento do Estado do Amazonas (Afeam). Não existem atividades de instituições de microfinanças e a atuação de cooperativas de crédito é incipiente.

Caso 3 – Banco Palmas

O Conjunto Palmeiras foi criado em 1973, com o deslocamento de mil famílias pobres que habitavam áreas turísticas de Fortaleza para uma área pantanosa, localizada a 22 quilômetros da orla. A política urbana que enfatizava o turismo realocava moradores para lotes distantes de seus locais de trabalho, sem escolas, rede elétrica, água ou saneamento, e com transporte precário. Num curto período, o Conjunto Palmeiras se tornou uma favela periférica de 30 mil habitantes, carente de qualquer infraestrutura básica e de serviços sociais, em condições precárias de vida e com índices de desenvolvimento humano baixos.

Com a redemocratização gradual da sociedade brasileira, associações civis e movimentos ativistas comunitários emergiram no país, e no Conjunto Palmeiras foi criada a Associação dos Moradores do Conjunto Palmeiras (Asmoconp) em 1981. Graças às atividades da associação, o bairro conseguiu abastecimento de água, iluminação pública e eletrificação domiciliar. Pavimentação e saneamento chegariam somente nos anos 1990 e, com apoio internacional, a antiga favela foi finalmente urbanizada.

Apesar das melhorias, as condições socioeconômicas dos membros da comunidade não prosperavam na mesma proporção. Em 1997 a maioria dos moradores estava desempregada ou tinha empregos precários. Noventa por cento das famílias viviam com menos de dois salários mínimos por mês, 70% da população adulta era analfabeta e pelo menos 1.200 crianças não frequentavam a escola. Como não podiam pagar as taxas públicas de água e luz criadas com a nova infraestrutura urbana, várias famílias começaram a colocar suas casas à venda e a abandonar a comunidade.

Com a maior parte dos problemas de infraestrutura resolvida, tornava-se urgente encontrar estratégias de geração de renda que pudessem mitigar o risco social enfrentado pela comunidade, e a Asmoconp redefiniu suas prioridades. O Banco Palmas foi fundado em janeiro de 1998 pela associação com o objetivo de explorar oportunidades de microcrédito na comunidade. Um capital inicial de 2.000 reais, doado pela Cearah Periferia, uma organização não governamental local, e recursos adicionais obtidos de outras ONGs locais e internacionais, totalizando 30.000 reais, foram destinados a empréstimos de microcrédito como forma de criar oportunidades de geração de renda.

Em virtude da escassa qualificação profissional das pessoas da comunidade, a equipe do Banco Palmas avaliou que a estratégia de microcrédito no Conjunto Palmeiras só seria sustentável se fosse acompanhada de ações complementares. Elaborou-se então um projeto cuja filosofia central era criar uma rede de solidariedade, integrando produtores e consumidores locais para fazer com que a maior parte da riqueza circulasse localmente, em vez de gerar emprego e renda em outras localidades. A rede de solidariedade articulou três instrumentos desenvolvidos para uso combinado com o microcrédito: **moeda social, treinamento profissional** e **mapeamento de produção e consumo local.**

A **moeda social,** chamada palma, tem paridade um por um com o real e foi aceita por comerciantes locais. Como esse dinheiro vale somente na comunidade, os tomadores tendem a gastar os recursos somente em compras locais. Pode-se fazer a conversão em real a qualquer momento no Banco Palmas; contudo, ela é desestimulada por uma taxa de administração de 2%.

Com a moeda social, duas linhas de microcrédito foram oferecidas: uma, para financiar produtores e comerciantes, e outra, para consumidores locais. Em ambos os casos, a apresentação de documentos ou garantias formais para se obter o empréstimo, exigida por instituições formais de crédito, é dispensada. Adotou-se um sistema simples, baseado na reputação local do tomador de crédito, no qual vizinhos avalizam a responsabilidade e a reputação da pessoa tomadora do empréstimo. Além disso, empréstimos feitos na moeda social não pagam juros.

Para sanar a falta de qualificação dos trabalhadores e produtores locais, o Banco Palmas passou a oferecer **treinamento profissional.** De acordo com a filosofia da instituição, promover o apoio financeiro sem oferecer em contrapartida condições para que os membros da comunidade se tornem empreendedores seria uma receita de fracasso. Assim, foram criadas a PalmaFashion (pequena confecção), a PalmaLimpe (materiais de limpeza), a PalmaNatus (sabonetes naturais) e a PalmArte (produtos artesanais). Cada iniciativa é uma operação comercial independente e financeiramente sustentável, embora todas operem nas instalações da associação para reduzir os custos operacionais. "Incubar" os moradores da comunidade, empregando-os temporariamente e treinando-os em profissões e habilidades comerciais específicas, os capacitaria a trabalhar para si mesmos ou para estabelecimentos locais.

O **mapeamento de consumo e produção local** é uma operação de pesquisa que fornece informações sobre o consumo e a produção de diversos tipos de produto de uso doméstico da comunidade. Esses dados, coletados de porta em porta por jovens da comunidade, permitem ao Banco Palmas avaliar os investimentos que devem ser fomentados ou não, de acordo com a demanda identificada por produtos ou serviços. Ao ajustar as quantidades produzidas à demanda local, o Banco Palmas é capaz de utilizar os mecanismos de microcrédito e treinamento de forma racional, focando setores ou atividades que atendam às necessidades locais, financiando atividades não apenas de interesse e capacidades dos microempreendedores, mas também para o desenvolvimento regional da comunidade. Isso evita o financiamento de microempresas que possam saturar o mercado local e levar a concorrência ao colapso ou à mudança física.

Em 2005 o Palmas se tornou correspondente bancário do Banco do Brasil e, mais tarde, também da Caixa Econômica Federal. Essa condição permitiu ampliar o leque de serviços oferecidos aos moradores, que passaram também a receber no próprio bairro o salário, a aposentadoria e o benefício social, até mesmo o Bolsa Família. Essa parceria possibilitou também ao banco aumentar consideravelmente os recursos disponíveis para oferecer microcrédito à comunidade, além de ganhar receita extra pelos serviços prestados em nome dos bancos parceiros.

Atualmente o correspondente bancário do Banco Palmas atende em média 4 mil famílias, processando mais de 20 mil operações por mês. O Banco Palmas funciona ainda como gestor de uma rede de mais de cinquenta bancos comunitários criados sob sua inspiração, todos operando como correspondentes em suas respectivas comunidades espalhadas pelos Estados do Ceará, Rio Grande do Norte, Mato Grosso, Espírito Santo, São Paulo e Bahia. Essa parceria tem se mostrado vantajosa para todos: bancos comerciais, bancos comunitários e, principalmente, as populações assistidas por seus serviços em assentamentos, comunidades quilombolas, comunidades ribeirinhas, favelas e periferias urbanas remotas. Nenhum outro canal bancário possui ao mesmo tempo capilaridade para prestar serviços nesses territórios e uma consciência social que ajude a transformar o crédito em mais do que um serviço financeiro, mas um instrumento de desenvolvimento de comunidades de baixa renda.

CAPÍTULO 10

OS DESAFIOS DE MENSURAR O IMPACTO SOCIAL

Gilberto R. Oliveira Filho
Renato Seiki Kiyama
Graziella Comini

A mensuração de impacto é um instrumento-chave para esse novo campo de negócios cuja finalidade é produzir efeitos positivos na sociedade. O objeto e a dimensão do impacto podem variar de acordo com os atores envolvidos. Por essa razão, o desenvolvimento de instrumentos que avaliem e mensurem os impactos sociais de um negócio torna-se fundamental para criar uma linguagem comum.

Introdução

Qual é o impacto gerado por negócios cujo objetivo central é transformação social? Quais são as estratégias utilizadas por esses negócios para atingir tal objetivo? Como saber se esse impacto está realmente sendo gerado?

Ao iniciar uma discussão sobre impacto social gerado por iniciativas de mercado é necessário ter três premissas em mente.

A primeira é que não se pode tratá-lo de forma dissociada das dimensões econômica e ambiental. Essa proposta, batizada por Jed Emerson como *blended value*[1], afirma que todas as organizações, independentemente do formato jurídico ou da razão para que foram criadas, geram valor que compreende esses três elementos; desta forma, deveríamos reintegrar nossa visão como uma compreensão indivisível das partes. Entretanto, por uma questão analítica, iremos dar ênfase aos aspectos sociais neste capítulo.

A segunda premissa vai ao encontro da primeira. Existe, atualmente, forte discussão sobre a real possibilidade de integração entre impacto social e busca de retornos econômicos, como se essas fossem duas forças que correm em direções opostas. A proposta de integração faz emergir opiniões diversas, sendo difícil separar juízos de valor de fatos e dados concretos. Sem dúvida, a criação de sinergias entre essas dimensões não é fácil nem muito menos automática. Tensões emergem diariamente e, desse modo, observamos diversos negócios sociais que dedicam à sua proposta de valor mais espaço para um ou outro elemento, dependendo da natureza da abordagem e das crenças e valores dos fundadores e gestores.

1 EMERSON, J. Mighty wave. In: EMERSON, J.; BUGG-LEVINE, A. *Impact investing:* transforming how we make money while making a difference. San Francisco: Jossey-Bass, 2011.

Por último, é importante ressaltar que esses negócios não fazem parte de um ecossistema homogêneo e não podem ser tratados como entidades de um mesmo setor. Ao se falar do ecossistema de negócios de alto impacto social, estamos tratando de investidores, fundações, estudiosos e principalmente empresas que atuam em setores completamente distintos, como saúde, educação e bens de consumo. Além disso, mesmo focando apenas um desses setores, encontramos negócios sociais atuando em diversos pontos de uma mesma cadeia de valor. Todos esses atores estão sendo tratados como parte de um todo que na prática não existe, a não ser pelo fato de que todos buscam possibilidades de servir da melhor forma possível à população de baixa renda. Essa heterogeneidade traz uma perspectiva diversa e complexa para o impacto social que cada um propõe. Portanto, definir, mensurar e, principalmente, avaliar o impacto social proposto por iniciativas de mercado é tarefa complexa. Podemos, no entanto, tirar algumas conclusões com base na nossa observação prática e no resgate de trabalhos conceituais já desenvolvidos.

Impacto social

Quando um negócio nasce com o propósito de causar impacto social na sociedade, bem como retorno financeiro para o acionista, essa declaração de missão gera automaticamente a necessidade de definição do que se entende por impacto e a sua correta mensuração.

Do ponto de vista de avaliação de impacto, este pode ser definido como os efeitos de uma atividade no tecido social de determinada comunidade e suas influências no bem-estar dos indivíduos e famílias que a compõe. Esse efeito geralmente é encapsulado pela missão de uma organização, ou seja, ao declarar sua missão, um negócio social deve deixar claro para todos os *stakeholders* qual é o efeito positivo que deseja alcançar. Os economistas Shahidur Khandker, Gayatri Koolwal e Hussain Samad, do Banco Mundial, propõem uma compreensão mais ampla desse processo, na qual a geração de valor social ocorre em toda a cadeia de valor de determinada intervenção, e o impacto social é o elo final da cadeia.[2] Segundo essa proposição, é necessário avaliar quatro aspectos da geração de valor:

- *inputs,* ou recursos investidos na atividade: são os meios pelos quais o negócio atingirá o impacto social pretendido;

2 KHANDER, S.; KOOLWAL, G.; SAMAD, H. *Handbook on impact evaluation: quantitative methods and practices*. Washington: The World Bank, 2010.

- *outputs,* ou resultados imediatos: são os produtos diretos e tangíveis obtidos por meio da atividade, como número de clientes, unidades de produto vendidas ou volume de crédito concedido;

- *outcomes,* ou resultados de médio e longo prazo: trata-se da mudança gerada na vida das pessoas expostas à atividade do negócio, como geração de renda, redução da vulnerabilidade ou aumento do capital social;

- *impacto:* nesse caso, impacto é a estimativa dos resultados de médio e longo prazo (*outcomes*), excetuando-se o que teria ocorrido de qualquer forma, mesmo sem a intervenção do negócio.

Por essa visão, valor é gerado por qualquer negócio à medida que investimentos são realizados; empregos, gerados; produtos, entregues; e assim por diante. Impacto social, no entanto, somente pode ser definido como tal se se isolarem os resultados alcançados de todas as outras ações independentes da iniciativa que eventualmente tenham afetado o público-alvo.

Valor Social

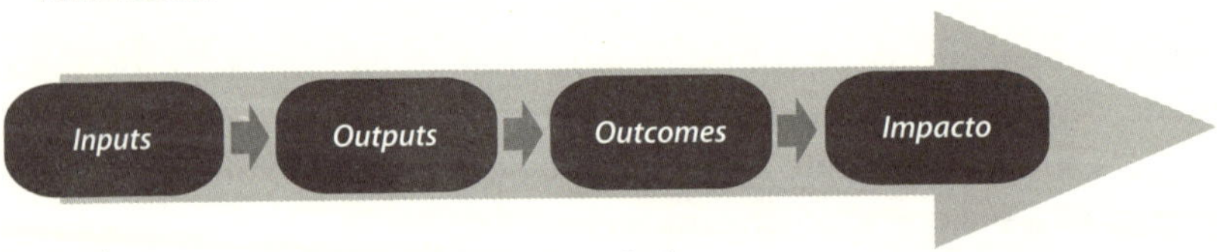

Inputs - investimentos feitos na atividade

Neste capítulo, serão discutidos os objetivos dos negócios de alto impacto social e como eles geram valor para a sociedade. Em seguida, são apresentados os desafios inerentes à atividade de mensuração de impacto, principalmente aqueles relacionados à diferença de visão de valor social pela perspectiva de cada um dos *stakeholders* de um negócio: o público beneficiado, o empreendedor e os investidores que buscam impacto social em seus investimentos. Por fim, é feita uma análise de algumas das ferramentas disponíveis para mensuração de impacto e os desafios inerentes a essa atividade.

Objetivo dos negócios sociais

Qual é a motivação dos agentes envolvidos na criação de negócios cujo impacto social vai além da geração de empregos e externalidades positivas inerentes a qualquer negócio?

Essa pergunta reforça um fato muitas vezes esquecido: negócio social não é um fim em si mesmo.

A motivação para o desenvolvimento de negócios sociais provém da constatação diária de que a pobreza ainda é uma realidade muito presente. A tradicional divisão entre Estado, empresa e sociedade, cada um com seus papéis e responsabilidades, parece não ter resolvido o problema de 3,7 bilhões de pessoas que ainda vivem com menos de 8 dólares por dia.[3]

Olhando para o Brasil, verificamos que o país ainda está longe de ofertar condições dignas à sua população, mesmo com todos os avanços socioeconômicos alcançados na última década. Dados do IBGE[4] mostram que 15% da população urbana e mais de 70% da rural ainda não possuem instalações sanitárias adequadas. Outros dados referentes à educação evidenciam que apenas 23% da população brasileira de mais de 25 anos frequentou o ensino médio.[5] Essas informações revelam que, embora a população brasileira tenha conquistado alguns avanços no que diz respeito ao aumento da renda e ao acesso ao consumo na última década, temos ainda um longo caminho a percorrer em busca de uma sociedade verdadeiramente desenvolvida.

Amartya Sen[6], Prêmio Nobel de Economia de 1998, desvinculou o conceito de pobreza do critério de renda ao afirmar que o verdadeiro desenvolvimento consiste na eliminação das privações de liberdade, pois estas limitam as escolhas e as oportunidades de as pessoas exercerem a cidadania. Por essa perspectiva, ser pobre não significa ganhar menos, mas ser privado das condições mínimas que permitam alcançar o pleno potencial. Uma importante privação de capacidade é a falta de escolhas.

A falta de escolhas encarece os custos de longo prazo para os mais pobres, ou seja, pessoas pobres gastam mais dinheiro e recursos que os ricos para usufruir os mesmos produtos e serviços. É nesse contexto que se insere o conceito de ônus da pobreza. Ser pobre significa pagar muito mais caro, direta ou indiretamente, por produtos e serviços em geral. Encarando a pobreza como um problema multifacetado, percebemos que, a despeito do incremento de renda

3 BANCO MUNDIAL. *Relatório anual de 2008*. Disponível em: <http://siteresources.worldbank.org/EXTANNREP2K8/Resources/5164353-1222371156065/Portuguese.pdf >. Acesso em: 25 abr. 2012.

4 IBGE 2010. Disponível em <http://www.censo2010.ibge.gov.br/resultados_do_censo2010.php>. Acesso em: 25 abr. 2012.

5 PNAD, 2009. *Síntese de indicadores 2009*. Disponível em: <http://www.ibge.gov.br/home/estatistica/populacao/trabalhoerendimento/pnad2009/default.shtm>. Acesso em: 7 ago. 2013.

6 SEN, A. *Desenvolvimento como liberdade*. São Paulo: Companhia das Letras, 2000.

que muitas famílias pobres alcançaram nos últimos anos, a grande maioria continua extremamente vulnerável nos campos da saúde, habitação, educação e acesso a serviços financeiros.

Assim, como destacado no capítulo 1, diversas contribuições nas últimas duas décadas enfatizaram formas e modos de as iniciativas de mercado atuarem para reduzir a pobreza. A Social Enterprise Knowledge Network (Sekn) propõe uma perspectiva ampla do entendimento sobre a inclusão econômica gerada pelos negócios sociais ao definir valor social como "a busca de progresso social mediante a remoção de barreiras que dificultam a inclusão, a ajuda a aqueles temporariamente debilitados ou que carecem de voz própria e a mitigação de efeitos secundários indesejáveis da atividade econômica".[7] Mais do que entender as pessoas de baixa renda como consumidores ou produtores numa economia de mercado, essa perspectiva de valor social traz a visão do exercício da cidadania, ou seja, as pessoas são incluídas na medida em que exercem plenamente todos os direitos como atores participantes da economia formal ou como empreendedores de seus projetos e sonhos.[8]

Desafios para a mensuração do valor social

Qualquer organização precisa saber se seus objetivos estão sendo alcançados. Assumindo a premissa de que um negócio social tem como missão gerar resultados socialmente positivos e que estes não são engendrados espontaneamente pelo mercado, é essencial medir os resultados de suas atividades. Diante disso, definir indicadores torna-se uma ferramenta valiosa para avaliar se os propósitos foram atingidos e para dimensionar as condições que possibilitem cumprir essa missão.

7 Sekn (Social Enterprise Knowledge Networking) é uma rede de escolas de administração atuantes na região iberoamericana. As universidades que integram a Sekn são a Escola de Graduados em Administração e Direção de Empresas (Egade), do Instituto Tecnológico Monterrey; o Instituto Centroamericano de Administração de Empresas, em Alajuela (Costa Rica); a Universidade de Los Andes (Colômbia); a Pontifícia Universidade Católica do Chile; a Universidade de San Andrés, na Argentina; a Escola Superior de Administração e Direção de Empresas (Esade), da Espanha; o Instituto de Estudos Superiores de Administração (Iesa), da Venezuela; a Universidade do Pacífico, do Peru; e a Universidade de São Paulo, por meio do Centro de Empreendedorismo Social e Administração em Terceiro Setor (Ceats) da Faculdade de Economia, Administração e Contabilidade.

8 PORTOCARRERO, F.; DELGADO, Á. Negocios inclusivos y generación de valor social. In: Sekn (Ed.). *Negocios inclusivos*: iniciativa de mercado com los pobres de Iberoamérica. Washington: IADB, 2010. p. 301-326.

Mensurar o valor econômico é relativamente simples. Existe apenas uma variável a ser medida: o valor monetário criado pela atividade. Além disso, as ferramentas e os relatórios financeiros já estão estabelecidos há muito tempo. Em geral, obedecem a formatos padronizados ao redor do mundo, com indicadores conhecidos por todos os usuários, tais como retorno sobre investimento, margens operacionais, margens líquidas, entre outros.

Os desafios vêm à tona, porém, quando falamos de mensuração e análise do impacto social. Nesse caso, por serem analisados segundo o desempenho não financeiro, surgem dois desafios principais. O primeiro está relacionado à inadequação das práticas de mensuração desse desempenho. Ao tentar medir o impacto social de suas atividades, o empreendedor enfrentará dificuldades como falta de informações, barreiras metodológicas ou operacionais para obtenção de dados, falta de governança na verificação da autenticidade dos dados fornecidos e processos ou sistemas caros e ineficientes.

Entretanto, nem toda mensuração é difícil. Segundo a conceituação de impacto social apresentada no início deste capítulo – de acordo com a qual devemos compreendê-lo em toda a cadeia de valor do negócio –, fica claro que os dois primeiros aspectos (*inputs* e *outputs*) são mais fáceis de serem identificados e medidos quando comparados aos outros. As ferramentas atuais mais utilizadas pelo setor dos negócios sociais – que serão apresentados a seguir – geralmente se concentram naqueles aspectos. O grau de complexidade aumenta nos dois aspectos seguintes (*outcomes* e *impacto*), sendo necessária a aplicação de métodos quantitativos e principalmente qualitativos para reconhecê-los.

Não constitui objetivo deste texto discorrer sobre os diferentes métodos de mensuração de *outcomes* e *impacto;* entretanto, uma breve e simplificada comparação entre as abordagens torna-se necessária para o correto entendimento deste capítulo. A análise qualitativa, em comparação com a abordagem quantitativa, procura avaliar os impactos potenciais que o negócio pode gerar, seus mecanismos e o grau de extensão desse impacto no público beneficiado, com base em entrevistas em profundidade ou entrevistas em grupo. O método quantitativo é generalista, ao contrário do qualitativo. Os dados qualitativos irão fornecer informações críticas para compreender as nuances por trás de cada intervenção. Segundo Khandker et al.[9], a principal questão da avaliação de impacto é a de atribuição, ou seja, a capacidade do avaliador de isolar os efeitos da atividade examinada (seja ela negócio

9 KHANDER, S., KOOLWAL, G., SAMAD, H. Handbook on Impact Evaluation: Quantitative Methods and Practices. Washington, D.C.: *The World Bank*, 2010.

ou política pública) de outras influências a que o público beneficiado está exposto. Outro fator importante está em evitar qualquer viés na seleção da amostra a ser avaliada. Para contornar esse aspecto, é fundamental fazer uma avaliação qualitativa.

Antes de medir e avaliar os impactos de uma iniciativa é necessário que os avaliadores concordem sobre os efeitos desejados com a intervenção. Nesse momento, encontramos o segundo desafio, que está diretamente relacionado com a diversidade e ambiguidade das preferências dos *stakeholders* envolvidos no negócio social. Qualquer tentativa de medir impacto social passa por entender a que os *stakeholders* desse negócio atribuem valor. Temos temos três importantes grupos de *stakeholders* a serem considerados. Os investidores, os empreendedores ou gestores e o público beneficiado da atividade. Apesar de se identificarem como partes interessadas no sucesso da mesma atividade, esses grupos possuem diferenças estruturais, operacionais e culturais que levam a demandas diferentes pelos dados a serem obtidos.

Os investidores são o grupo mais exigente no que diz respeito à mensuração e à exibição dos indicadores de valor social. Existe atualmente um grupo promissor de investidores que formam o setor do chamado investimento de impacto e que têm a intenção de produzir um efeito positivo na sociedade, muito mais que apenas retorno financeiro (ver capítulo 7).[10] Esses investidores têm, por natureza, a necessidade de maximizar o retorno social dos investimentos. Ao mesmo tempo, diante da limitação de recursos, tendem a indicadores tangíveis para definir de maneira assertiva a alocação de capital em negócios capazes de gerar maior impacto. Por outro lado, temos outros dois atores com necessidades e objetivos também distintos. Empreendedores e público beneficiado conferem valores diferentes ao impacto do negócio, suas motivações variam desde a satisfação de valores pessoais até a influência de fatores externos ao próprio negócio, tais como os efeitos de politicas públicas.

É importante deixar claro que qualquer tentativa de descrever ou padronizar essas preferências é meramente especulativa. Por essa razão, iremos mostrar e analisar o valor social e suas formas de mensuração segundo o ponto de vista desses três grupos de *stakeholders*.

10 O'DONOHOE, N.; LEIJOHUFVUD, C.; SALTUK, Y. *Impact investing*: an emerging class of assets. New York: J. P. Morgan, 2010. p. 72-77.

Valor social pela ótica dos beneficiados e do empreendedor

Com base em uma pesquisa qualitativa realizada com 33 casos de negócios sociais na região ibero-americana, Portocarrero & Delgado[11] analisaram profundamente os principais efeitos da situação de pobreza sentidos pelas pessoas de baixa renda e, a partir disso, destacaram quatro dimensões analíticas que podem ser verificadas ao se refletir sobre o valor social proposto pelos negócios sociais: o aumento de renda, o acesso a produtos e serviços que atendem a necessidades outrora não satisfeitas, a construção de cidadania e o desenvolvimento de capital social.

Aumento de renda e acesso a produtos e serviços

Essas duas dimensões são as primeiras a serem mencionadas sempre que há uma discussão sobre o impacto social gerado por negócios. Em geral, são identificadas mais facilmente na medida em que propõem benefícios tangíveis para o usuário final e podem ser mensuradas com indicadores quantitativos.

Apesar da aparente simplicidade, o aumento de renda proporcionado a um indivíduo de baixa renda deve ser entendido como um fato além do simples incremento numérico.[12] Mais do que isso, essa é a primeira etapa para a ampliação das suas possibilidades de escolha, ou seja, a partir do momento que passa a ganhar mais, a pessoa aufere a possibilidade de tomar suas próprias decisões de acordo com seus interesses. Parece simples, mas as pessoas de menor renda têm poucas possibilidades de escolha. Ter a opção de oferecer o seu trabalho a empregadores éticos e com melhores propostas ou mesmo recusar-se a utilizar um serviço de má qualidade passam a ser uma possibilidade a partir do incremento da renda. Assim, o aumento de renda tem implicações diretas na melhoria das condições de trabalho, na alternativa de poder fazer melhores escolhas e na redução da vulnerabilidade.

Negócios com impacto social proporcionam aumento de renda a partir da inclusão de pessoas que estão na economia informal, trabalhando como produtores, distribuidores ou empregados de sua cadeia de valor. Além da inclusão nesta, negócios com impacto social também proporcionam aumento da renda de indivíduos a partir da oferta de produtos e serviços que facilitam o trabalho do microempreendedor. O microcrédito é a ferramenta

11 Ibid., item 8.

12 Ibid.

mais conhecida do portfólio de iniciativas capazes de aumentar a renda do pequeno empreendedor.

Após a iniciativa pioneira em Bangladesh, essa ferramenta foi replicada em todo o mundo, e é hoje, no Brasil, oferecida por bancos públicos e privados e até mesmo por pequenas organizações sociais. Um exemplo de negócio com impacto social que opera nesse segmento é o Banco Pérola, que atua em Sorocaba, interior do estado de São Paulo (ver capítulo 2). Após o primeiro ano de operação, os gestores do banco realizaram uma pesquisa utilizando a técnica de grupo focal para avaliar o impacto gerado pelo negócio. Entre os entrevistados, destacou-se o caso de uma mãe de 27 anos que sobrevivia com 80 reais mensais, recurso proveniente do programa Bolsa Família. Ao tomar um empréstimo de 400 reais para iniciar uma pequena atividade comercial, a renda dela aumentou para 800 reais mensais logo nos primeiros meses. Seguindo o mesmo propósito, é possível encontrar diversos negócios sociais que usam tecnologias de informação de baixo custo e tecnologia agrícola para atender às necessidades de pequenos produtores rurais.

Além do aumento da renda, a ampliação das possibilidades de escolha dos indivíduos de baixa renda pode ser alcançada por meio da redução de barreiras que facilitam o acesso a produtos e serviços essenciais. Os empecilhos geralmente estão associados a preços altos, dificuldades de distribuição e má qualidade dos serviços públicos.

Algumas iniciativas atuam oferecendo produtos e serviços a preços mais baixos ou desenvolvendo soluções que preenchem as lacunas dos serviços públicos. O Brasil está entre os três países das Américas que oferecem um sistema público universal e gratuito de saúde à população.[13] Setenta e cinco por cento dos habitantes dependem integralmente do SUS para cuidar da saúde. Essa grande demanda, entre outras coisas, provoca sobrecarga no sistema, o que resulta em longas filas de espera para atendimento, principalmente para realização de exames médicos. O projeto Cies (Centro de Integração de Educação e Saúde) é um negócio social que desenvolve soluções para as lacunas do sistema público oferecendo acesso a exames médicos de média complexidade por meio de clínicas móveis. Por meio desse sistema o projeto atende ao mesmo tempo até dez especialidades médicas. Nos dois anos de operação, já atendeu 57 mil pessoas em todo o território nacional (ver capítulo 6).

Como já foi mencionado, o aumento da renda e o acesso a bens e serviços são dimensões facilmente mensuradas por metodologias quantitativas e, por se

13 Os outros dois países são Costa Rica e Canadá.

tratar de dimensão facilmente mensurável, sua verificação é menos complexa. Porém, tão importantes quanto os aspectos tangíveis são as dimensões intangíveis. Estas lidam com os efeitos de longo prazo que impactam a melhoria da qualidade de vida das pessoas de baixa renda e atuam na construção de cidadania e no desenvolvimento de capital social. Estas dimensões precisam ser entendidas de forma complementar e estão inter-relacionadas com o incremento da renda e a facilidade de acesso a bens e serviços.

Construção de cidadania e desenvolvimento de capital social

Nos mercados da base da pirâmide é comum haver uma grande assimetria no acesso a informação e nas relações de poder e na capacidade de influência.[14] Esse fato impede ou dificulta o exercício da cidadania das pessoas de menor renda. Essa assimetria também aumenta a vulnerabilidade da população para reivindicar direitos, deixando-a exposta ao subemprego e a situações de trabalho inaceitáveis.

Muitos negócios sociais são estabelecidos para diminuir tais assimetrias e ajudar as pessoas da base da pirâmide a conquistar a cidadania. Procuram interromper a ação de intermediários, oferecer acesso ao mercado formal e disponibilizar informações importantes para o exercício dos direitos individuais.

Um negócio que ilustra esse tipo de atuação é o Saútil, uma plataforma *on-line* que agrega e disponibiliza informações sobre os produtos e serviços oferecidos gratuitamente pelo Sistema Único de Saúde (SUS). Assim como o Cies, o Saútil atua para corrigir as falhas existentes no sistema público. Por desconhecimento, muitas pessoas deixam de usufruir os benefícios do SUS e assim ter acesso a um direito seu. Nos primeiros meses após o lançamento, e sem nenhuma propaganda, a Saútil obteve uma média de 40 mil acessos por mês, o que demonstra a relevância desse tema.

Outra importante contribuição dos negócios com impacto social consiste no desenvolvimento de capital social. Negócios que fomentam o desenvolvimento de uma atividade econômica – como as cooperativas de produtores da Solidarium ou os grupos de empréstimo solidário do Banco Pérola – fortalecem as relações sociais entre as pessoas que participam desses grupos. Ao consolidar a relação do grupo, tais negócios abrem espaço para criação de redes e vínculos duradouros entre as pessoas. Quando criados com base nos princípios da cooperação e da confiança mútua, os vínculos geram força social para que direitos básicos e outros recursos sejam alcançados. Um grupo fortalecido abre espaço para o surgimento de lideranças, que

14 Ibid.

evitam a dispersão e garantem a sobrevivência da comunidade. Além disso, tem competência e prestígio para ampliar sua rede de relacionamento com outros grupos antes inacessíveis, como empresas e governo.

Figura 1- Principais elementos de geração de valor

Aumento de renda	Acesso a bens e serviços
Matérias-primas produzidas – principalmente em áreas rurais – para as empresas, particularmente produtos agrícolas ou relacionados à agricultura. Organização de produtores, e associação ou incorporação a cadeias produtivas. Aumento de produtividade decorrido de treinamento e assessoria técnica. Eliminação de intermediários. Certificação para produtos diferenciados. Melhores canais de comercialização para pequenos produtores. Economia em compras frequentes.	Redução de preços. Pagamento fragmentado de bens e serviços e sistemas pré-pagos. Presença física em áreas rurais e áreas pobres urbanas. Investimentos privados em equipamentos, infraestrutura e redes de distribuição. Acesso flexível a empréstimos. Eliminação de barreiras à educação.
Promoção de cidadania	**Desenvolvimento de capital social**
Reconhecimento e exercício de direitos básicos (vida, trabalho etc.). Defesa de interesses públicos. Maior visibilidade e dignidade para setores de baixa renda e grupos de excluídos. Intermediação de oportunidades de trabalho para pessoas com deficiência, grupos de excluídos ou indivíduos não qualificados. Validação da identidade de indivíduos não registrados. Acesso físico ao mercado para vender a produção do setor de baixa renda. Consciência ambiental. Promoção de bons hábitos de higiene, ordem e consumo racional.	Construção de redes, relacionamentos locais e fortalecimento de capabilidade. Construção de sentimento de pertencimento a uma comunidade. Construção de rede social; confiança, reciprocidade e desenvolvimento de cooperação. Maior disponibilidade de recursos próprios e de terceiros por meio de contatos e interações. Capacitação do setor de baixa renda para agilizar e expressar as demandas. Elevação da autoestima. Associação de interesses individuais. Ligar grupos sociais dispersos a administrações, empresas, novos mercados ou clientes locais.

Fonte: Portocarrero e Delgado (2010)

Por considerar complexas essas dimensões, Portocarrero e Delgado[15] sustentam que negócios com impacto social devem ser avaliados a partir de

15 PORTOCARRERO, F.; DELGADO, A, op. cit.

aspectos tangíveis – aumento de renda e acesso a bens e serviços – e intangíveis – construção de cidadania e desenvolvimento de capital social. Com base nessa constatação, os autores propuseram uma lista de indicadores para cada uma das quatro dimensões para que os *stakeholders* envolvidos em um negócio social possam identificar os principais elementos de geração de impacto social de sua atividade. A figura 1 mostra as variáveis que precisam ser consideradas para cada uma das dimensões.

Valor social pela ótica dos investidores

É muito comum encontrar relatórios elaborados por organizações que apenas contam uma boa história de impacto social, ilustrada com uma foto e uma coleção de indicadores escolhidos aleatoriamente. Entretanto, há uma pressão externa cada vez maior para a correta mensuração de impacto social a fim de tornar o setor dos negócios sociais mais atraente para investidores.

A mensuração dos resultados é necessária, por parte dos investidores, para a construção de métricas e indicadores que propiciem melhor governança e padronização dos dados publicados. Por governança entende-se o fato de assegurar que os relatórios gerados por empreendedores, gestores de investimentos ou empresas contratadas especificamente para esse fim sejam fidedignos e reflitam verdadeiramente o impacto gerado pela organização.

Assim, a avaliação de impacto social para o setor de investimento de impacto busca o mesmo nível de governança existente nas regras de demonstrações financeiras, sendo capaz de construir padrões de auditoria e responsabilização pelos dados publicados. Uma das iniciativas mais avançadas na construção de governança para a indústria é o Global Impact Investing Rating System (Giirs)[16], uma agência de certificação independente e sem fins lucrativos cujo objetivo é fornecer métricas comparáveis de impacto e *assessment* independente para o setor de investimento de impacto. Tem como escopo avaliar apenas o impacto ambiental e social, excluindo o desempenho financeiro. Gera informações para fundos e outras organizações, obtidas por meio de metodologias de avaliação análogas às empregadas por agências de avaliação de risco como Standard & Poor's ou Moody's.

Uma vez garantida a governança dos dados mensurados, a padronização também é necessária para permitir a comparação de resultados entre diferentes iniciativas. Gestores de fundações, institutos privados e fundos de investimen-

16 GLOBAL IMPACT INVESTING RATING SYSTEM (GIIRS). *Impact investing*: challenges and opportunities to scale (Q1 2011 Progress Report). Wayne, 2011.

to de impacto internacionais frequentemente tomam decisões de alocação de recursos para iniciativas ao redor do mundo. Para isso, necessitam de relatórios padronizados que facilitem a tomada de decisão e forneçam informações que os auxiliem a maximizar o retorno social de cada investimento.

Para atender a essa demanda, foram desenvolvidas ao longo dos últimos anos diversas ferramentas de reporte de resultados (quadro 2). Uma delas é o Impact Reporting and Investment Standards (Iris)[17], o qual disponibiliza uma biblioteca de indicadores de desempenho social, ambiental e financeiro, com definições padronizadas e aplicáveis em organizações de diferentes setores e regiões geográficas. Esses indicadores são disponibilizados publicamente via internet[18] e estão divididos em quatro categorias: descrição da organização, descrição dos produtos/serviços, impacto operacional e impacto do produto/serviço. A ideia por trás dessa ferramenta é permitir que todos os *stakeholders* interessados na mensuração de impacto social possam falar a mesma linguagem. Por exemplo, o Iris informa aos investidores que queiram melhorar o acesso a serviços de saúde para a população de baixa renda o significado exato das expressões "clínica", "hospital" ou "número de pacientes tratados". Essa padronização possibilita a comparação de resultados e reduz as distorções geradas por diferentes interesses.

Na figura 3, apresentamos uma comparação entre a biblioteca de indicadores do Iris e os elementos de geração de valor social propostos por Portocarrero e Delgado[19]. Essa comparação tem por objetivo demonstrar como pessoas interessadas em mensurar o desempenho social de sua empresa podem assim fazê-lo. Dessa forma, um gestor pode identificar as principais dimensões que sua atividade econômica se propõe alcançar e traduzi-las em indicadores globais que possam avaliar e comparar seu desempenho com outras iniciativas. Para isso, traduzimos os elementos de cada uma das quatro dimensões de geração de valor social (figura 1) em indicadores e métricas do Iris. Alguns deles puderam ser traduzidos em dezenas de indicadores diferentes.

No entanto, apesar da grande variedade de métricas, não se pôde fazer uma tradução exata de alguns elementos de Portocarrero e Delgado. Por exemplo, no elemento "presença física em áreas rurais e áreas pobres urba-

17 GLOBAL IMPACT INVESTING NETWORK (GIIN); IMPACT REPORTING AND INVESTMENT STANDARDS (IRIS). *Data driven*: a performance analysis for de impact investing industry. New York, 2011.

18 Ver <http://iris.thegiin.org>.

19 Op. cit.

nas" não há um indicador que traduza exatamente seu significado. Nesse caso, os autores acreditam que a construção de ativos físicos dentro das comunidades de baixa renda possui um impacto positivo importante na vida das pessoas. Pode-se dizer que os ativos físicos – que consideram o acesso a bens e produtos – geram impactos tangíveis no aumento da renda e consumo produzido pela abertura de empregos. Da mesma forma, esses ativos também produzem efeitos intangíveis, relacionados ao sentimento de pertencimento e elevação da autoestima de seus moradores.

Os efeitos produzidos, por exemplo, por uma iniciativa em uma comunidade de baixa renda – no caso abertura de agências bancárias pelo Bradesco e pelo Banco do Brasil em uma das maiores favelas de São Paulo, Paraisópolis – podem ser medidos pelas palavras do presidente da associação dos moradores: "A vinda dessas redes gerou emprego e renda, desenvolveu o comercio local, que já emprega 20 mil pessoas, a maioria moradores da própria favela"[20]. Se, por um lado, o Iris abrange várias dimensões de impacto, por outro, esse instrumento não especifica se existe ou não a presença física de uma empresa nessas áreas. O relatório se preocupa apenas com o tipo de cliente ou produtor que é servido e disponibiliza oito métricas quantitativas e qualitativas para esse indicador.

Além disso, é perceptível a ênfase dada para a criação de métricas e indicadores relacionados às dimensões tangíveis quando comparadas às intangíveis. Para as dimensões em que o impacto social é tangível, encontramos grande variedade de indicadores disponíveis na biblioteca Iris: 135, que permitem à empresa mapear não só sua cadeia de produtores como também seu público-alvo, a forma como faz negócios (conformidade com a legislação trabalhista, fiscal e ambiental) e o tipo de acesso que a empresa possibilita. Dessa forma, um elemento presente nas dimensões "Aumento de renda" e "Acesso a produtos" pode ser mensurado por diferentes indicadores complementares que explicam com mais detalhes o valor social gerado. Por exemplo, para o elemento "Produtores incorporados a cadeias produtivas" foram encontradas oito métricas que fornecem o percentual de produtos disponibilizados por pessoas de baixa renda. Também é possível classificá-las pela origem: se provenientes da zona urbana ou rural, se produzidas por minorias, por mulheres ou por pequenos agricultores.

---

20 NOGUEIRA, L. A. Paz e lucros na Rocinha. *Istoé Dinheiro*, São Paulo, n. 737, 18 nov. 2011. Disponível em: <http://www.istoedinheiro.com.br/noticias/73525_PAZ+E+LUCROS+NA+ROCINHA>. Acesso em: 7 ago. 2013.

No entanto, em dimensões cujo impacto é menos tangível, como a "Promoção de cidadania e desenvolvimento de capital social", a quantidade de indicadores é bastante reduzida: 59, menos da metade dos 139 disponíveis para dimensões tangíveis. A abordagem, neste caso, é feita por meio de indicadores qualitativos e consiste na declaração da existência ou não de uma política de desenvolvimento comunitário na empresa, na formalização de um código de ética ou na descrição da estratégia de compensação dos funcionários. Isso possibilita padronizar a abordagem qualitativa desses indicadores sem que se necessite fazer uma simplificação demasiada do impacto social. Entretanto, não foram encontrados indicadores, na biblioteca do Iris, para diversos aspectos relacionados ao "Desenvolvimento de capital social": elevação da autoestima, defesa de interesses públicos ou sentimento de pertencimento.

Valor social *versus* impacto social

Na figura ao lado, elaboramos uma proposta simplificada de indicadores para a mensuração do impacto social do Banco Pérola.

O ponto de partida para esse trabalho foi a declaração de missão da organização: "Ser um agente de crédito orientado especializado no público jovem ao oferecer oportunidades em produção, educação, saúde e moradia".

Nesse compromisso fica claro que o público principal a ser atingido são os jovens. O impacto social seria o aumento de renda e consequente acesso a educação, saúde e moradia, bem como a elevação da autoestima do público beneficiado. Assim, foram incluídos indicadores em toda a cadeia de valor do Banco Pérola que assinalam uma aproximação da realização dessa visão.

Conforme o quadro apresentado, um dos indicadores é o números de clientes oriundos de grupos previamente excluídos do mercado de crédito – nesse caso, os jovens. Assim, pode ser feita uma comparação entre o número de clientes jovens e o total de clientes atendidos. Também são avaliados o perfil socioeconômico dos clientes e o valor médio dos empréstimos realizados. Além dos resultados operacionais, são mensurados os recursos investidos na atividade do banco, bem como a quantidade de funcionários contratados e se estes também fazem parte do público beneficiado pela instituição (jovens). Também foi considerado o número de mulheres em posição de gerência e se o banco oferece incentivos aos funcionários atrelados à *performance* social. Como era de esperar, foram encontrados correspondentes na biblioteca Iris para todos os indicadores presentes nessas duas dimensões iniciais. Entretanto, para as dimensões seguintes, o Iris não supriu as necessidades.

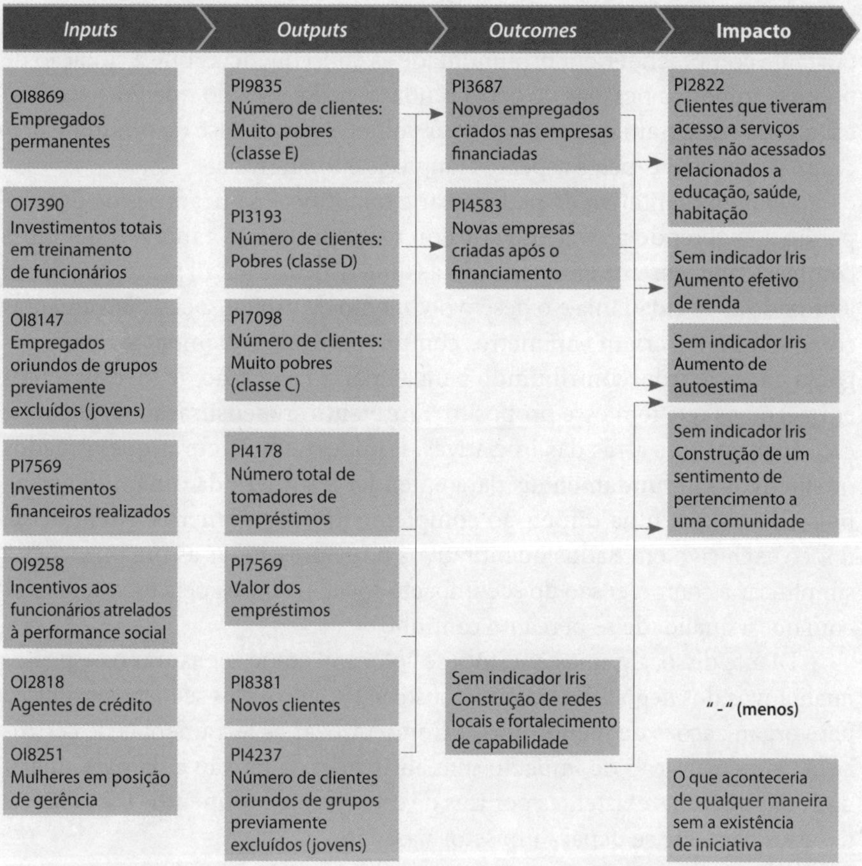

Como *outcomes*, foram consideradas métricas importantes as novas empresas criadas pelos jovens financiados, bem como os empregos gerados por elas. Essas duas métricas são propulsoras de elevação efetiva de renda da comunidade, bem como da autoestima. Além disso, o estabelecimento e fortalecimento de redes locais por meio da formação dos grupos solidários de empréstimo é importante indicador de aumento de capital social.

Desafios futuros

Certamente, mensurar impacto social não é tarefa fácil. Assim como propõe o Banco Mundial, é necessário diferenciar o investimento realizado (*inputs*) e o resultado operacional decorrente da produção de uma iniciativa (*outputs*) do efeito de longo prazo causado na vida das pessoas de baixa renda (*outcomes*). Ou seja, não há sentido em mensurar quanto de determinado produto ou serviço foi vendido se isso não estiver relacionado ao impacto gerado em aspectos como educação, saúde e autoestima. Por isso, é sumamente importante compreender em profundidade as consequências que a situação de pobreza impõe às pessoas de baixa renda. É nesse sentido que Portocarrero e Delgado sustentam que as iniciativas voltadas para a base da pirâmide precisam ser avaliadas pelos aspectos tangíveis e intangíveis.

Qualquer tentativa de padronizar e quantificar indicadores de desempenho social tende a concentrar esforços nos aspectos tangíveis devido à complexidade inerente em mensurar as dimensões de longo prazo, tais como a promoção da cidadania e o desenvolvimento de capital social. Ferramentas como Iris e Giirs criam parâmetros comuns para medir o impacto de um negócio na sociedade, contribuindo para ajudar na alocação de investimentos em negócios que têm esse propósito. Entretanto, a mensuração rígida pode esconder nuances atrás das iniciativas. É importante lembrar que os dados qualitativos são fundamentais para entender a sutileza da dinâmica social, pois eles trazem uma dimensão complementar aos números. Além disso, o foco exclusivo em dados quantitativos pode pressionar as organizações a simplificar a compreensão do seu impacto social na busca pela escala, fazendo com que a qualidade se perca no caminho.

Diante disso, algumas questões se colocam: como mensurar os aspectos qualitativos dos negócios sem que o custo associado a eles se torne proibitivo para organizações de menor porte? Como utilizar as ferramentas de certificação e mensuração de impacto sem abrir mão da paixão e da particularidade das histórias existentes por trás de cada empreendimento? Esses são os desafios com que se depara um setor nascente.

Quadro 2 – Ferramentas de avaliação de desempenho não financeiro[21]

Ferramenta de mensuração	Custo para o usuário final	Métricas	*Benchmarking*	Resultados	Coleta de dados	Usuário final
B Impact Rating System	Sem custo	Padronizadas	Investimentos existentes (*B corporations* registradas) são comparados uns com os outros	Atributos financeiros e não financeiros de "*B corporations*"	Dados inseridos por usuários em formulário de pesquisa específico e analisados por terceiros	Bancos e fundos de investimento (atualmente)

21 O'DONOHOE; LEIJOHUFVUD; SALTUK, op. cit,

Quadro 2 – Ferramentas de avaliação de desempenho não financeiro (continuação)

Ferramenta de mensuração	Custo para o usuário final	Métricas	*Benchmarking*	Resultados	Coleta de dados	Usuário final
CDFI[1] Data Project	Sem custo	Padronizadas	Exibe de forma geral o impacto de todos os CDFIs – sem *benchmark* específico	Dados consolidados de desempenho financeiro e não financeiro	Dados inseridos por usuários em formulário de pesquisa específico e analisados por terceiros	CDFIs e investidores de CDFIs
Community Investment Impact System	Sem custo	Padronizadas	*Benchmark* entre outros CDFIs e CDEs[2]	Publicação sem frequência definida de dados financeiros e não financeiros consolidados	Dados inseridos por usuários em formulário de pesquisa específico e analisados por terceiros	Fundo CDFI
Pacific Community Ventures	Custo alto	Customizadas	*Benchmark* de desempenho entre tendências mais amplas de mercado sem a intervenção do investidor	Relatório detalhado de desempenho não financeiro do cliente	Coleta de dados de pesquisas e análise dos resultados realizada por terceiros	Investidores institucionais, fundos de *private equity* e grandes fundações
NCIF[3] Social Performance Metrics	Sem custo	Padronizadas	*Benchmark* entre CDBIs[4]	Relatórios públicos com sumário detalhado e dados específicos de cada instituição	Coleta de dados de pesquisas e análise dos resultados realizada por terceiros	Investidores de CDFIs
CDFI Assessment and Rating System (Cars)	Custo moderado	Altamente customizadas	*Benchmark* entre outras organizações avaliadas pelo Cars	Dados consolidados de desempenho financeiro e não financeiro	Dados inseridos por usuários em formulário de pesquisa específico e analisados por terceiros	Investidores de CDFIs

Quadro 2 – Ferramentas de avaliação de desempenho não financeiro (continuação)

Ferramenta de mensuração	Custo para o usuário final	Métricas	*Benchmarking*	Resultados	Coleta de dados	Usuário final
CDVCA[5] Measuring Impacts Toolkit	Sem custo	Padronizadas	Exibe de forma geral o impacto de todos os fundos sem informações específicas	Dados consolidados de desempenho financeiro e não financeiro	Dados inseridos por usuários em formulário de pesquisa específico e analisados por terceiros	CDVC – *Community Development Venture Capitalists*
Pulse	Sem custo	Padronizadas	Ferramenta de coleta de dados de impacto para fundos e empresas, sem *benchmarks* específicos	Dados consolidados de desempenho financeiro e não financeiro	Dados inseridos e analisados pelo usuário em plataforma *on-line*	Investidores

1 Community Development Financial Institution
2 Community Development Entities
3 National Community Investment Fund
4 Community Development Banking Institutions
5 Community Development Venture Capital Alliance

Quadro 3 – Comparação entre as métricas de impacto sugeridas por Portocarrero e Delgado e o *framework* Iris

Indicadores sugeridos por Portocarrero e Delgado	Indicadores sugeridos pelo Iris		
	Indicadores	Tipo	Descrição
Aumento de renda			
Matérias-primas produzidas – principalmente em áreas rurais – para as empresas, particularmente produtos agrícolas ou relacionados à agricultura	6	Quantitativo	Métricas relacionadas à localidade dos fornecedores da empresa e ao porte desses prestadores de serviço. Sugerem que o impacto pode ser produzido a partir de onde e de quem são comprados os insumos produtivos. Métricas: PI9566, PI6385, PI9495, PI5478, PI1849 e PI7867.

Quadro 3 – Comparação entre as métricas de impacto... (continuação)

Indicadores sugeridos por Portocarrero e Delgado	Indicadores sugeridos pelo Iris		
	Indicadores	Tipo	Descrição
Aumento de renda			
Organização de produtores e associação ou incorporação a cadeias produtivas	8	Quantitativo	Métricas que permitem relacionar a quantidade de produtores individuais inseridos na cadeia de valor do negócio. A disposição das métricas ainda permite obter o percentual de produtos fornecidos por populações de zona rural, urbana, minorias, mulheres e pequenos produtores. Métricas: PI5350, PI1728, PI9261, PI6179, PI2566, PI9991, PI1492 e PI7852.
Aumento de produtividade decorrido de treinamento e assessoria técnica	68	Quantitativo	Métricas gerais e específicas para setores (educação, meio ambiente, serviços financeiros etc.) que buscam medir a quantidade de pessoas que receberam algum tipo de treinamento ou capacitação, seja ele relacionado ao uso do produto/serviço que está sendo comercializado ou não. Todas essas métricas estão agrupadas na divisão de "Impacto do produto" na seção "Qualidade e desempenho".
Eliminação de intermediários	8	Quantitativo	Métricas que permitem relacionar a quantidade de produtores individuais inseridos na cadeia de valor do negócio. Integrar produtores individuais à cadeia produtiva permite que esses produtores estejam mais próximos dos consumidores finais, eliminando o número de intermediários e aumentando o valor recebido por seus produtos. Métricas: PI5350, PI1728, PI9261, PI6179, PI2566, PI9991, PI1492 e PI7852.
Certificação para produtos diferenciados	2	Qualitativo/ quantitativo	O Iris permite identificar quais e por quem seus produtos são certificados e, além disso, sugere uma mensuração de volume de vendas de produtos certificados (o qual pode ser comparado às vendas totais). Métricas: PI7321 e PD2756.

Quadro 3 – Comparação entre as métricas de impacto... (continuação)

Indicadores sugeridos por Portocarrero e Delgado	Indicadores sugeridos pelo Iris		
	Indicadores	Tipo	Descrição
Aumento de renda			
Melhores canais de comercialização	4	Quantitativo	Pela ótica de Portocarrero, melhores canais de comercialização têm impacto direto nas vendas de pequenos produtores, contribuindo para aumento de renda. Seguindo essa ótica, é possível mensurar impacto por meio do volume de vendas. Métricas: PI1263, PI1775, PI9029, PI5920.
Economia em compras frequentes	N/A	N/A	N/A
Acesso a bens e serviços			
Pagamento fragmentado de bens e serviços e sistemas pré-pagos	1	Qualitativo	O Iris permite elencar qual o objetivo de impacto do negócio, fornecendo como uma das opções "Acesso a serviços financeiros". Métrica: OD6247
Investimentos privados em equipamentos, infraestrutura e redes de distribuição	N/A	N/A	N/A
Eliminação de barreiras à educação	38	Qualitativo	Além de permitir elencar como objetivo de impacto o "Acesso à educação", o Iris apresenta 33 métricas de impacto de produtos educacionais e 4 métricas específicas da operação de um negócio na área de educação.
Redução de preços	3	Quantitativo	Não há indicadores específicos relacionados à redução de preços, apenas indicadores que detalham o tipo de cliente por faixa de renda (independentemente das razões pelas quais o acesso foi possível). Métricas: PI9835, PI3193, PI7098.
Presença física em áreas rurais e áreas pobres urbanas	8	Qualitativo/ quantitativo	Nesse caso, o Iris não explicita se há instalação da empresa nessas áreas. O recorte está muito mais preocupado com o tipo de cliente ou produtores servidos. Métricas: OD0109, PD1007, PD6384, OI9258, PI1190, PI6569, PI6566, PI3972.

Quadro 3 – Comparação entre as métricas de impacto... (continuação)

Indicadores sugeridos por Portocarrero e Delgado	Indicadores sugeridos pelo Iris		
	Indicadores	Tipo	Descrição
Acesso a bens e serviços			
Acesso flexível a mecanismos de empréstimos	61	Qualitativo/ quantitativo	Existem diversos indicadores referentes ao acesso a serviços financeiros.
Promoção de cidadania			
Reconhecimento e exercício de direitos básicos (vida, trabalho etc.)	11	Qualitativo	Na avaliação de impacto operacional o Iris sugere algumas políticas desejáveis para a empresa que deseja atingir impacto social por meio de seus negócios. Essas políticas variam desde um Código de Ética bem definido até políticas de desenvolvimento comunitário e benefícios para os empregados. Métricas: OI1806, OI4324, OI3652, OI6167, OI2419, OI9088, OI8001, OI2742, OI1503, OI4739 e OI7783.
Validação da identidade de indivíduos não registrados	N/A	N/A	N/A
Consciência ambiental	54	Quali/ quanti	O Iris sugere métricas específicas relacionadas somente ao impacto ambiental dos produtos de uma empresa, além de métricas relacionadas ao desempenho ambiental da empresa em suas atividades produtivas.
Defesa de interesses públicos	1	Qualitativo	Na definição do objetivo de impacto social todos os itens elencados pelo Iris referem-se a produtos ou serviços de interesse público como acesso a moradia, serviços financeiros ou educação.
Intermediação de oportunidades de trabalho para pessoas com deficiência, grupos excluídos ou indivíduos não qualificados	3	Quantitativo	Ao analisar a composição do quadro de pessoal de uma empresa o Iris permite avaliar qual a quantidade de empregados oriundos de grupos minoritários ou previamente excluídos do mercado de trabalho. Métricas: OI6508, OI8147 e OI6508.

Quadro 3 – Comparação entre as métricas de impacto... (continuação)

Indicadores sugeridos por Portocarrero e Delgado	Indicadores sugeridos pelo Iris		
	Indicadores	Tipo	Descrição
Promoção de cidadania			
Acesso físico ao mercado para vender a produção do setor de baixa renda	3	Quantitativo	Na seção de fornecedores, o Iris sugere uma quebra entre fornecedores individuais procedentes de grupos minoritários ou previamente excluídos e também de pequenos produtores. Métricas: PI9261, PI9991 e PI7852.
Promoção de bons hábitos de higiene, ordem e consumo racional	N/A	N/A	N/A
Desenvolvimento de capital social			
Construção de redes, relacionamentos locais e fortalecimento de capabilidade	2	Quali/ quanti	O Iris sugere que o objetivo de impacto social de um negócio pode ser exatamente o "desenvolvimento de capabilidade"; além disso, mede também a quantidade de insumos comprados de fornecedores locais implicando o fortalecimento de redes. Métricas: OD6247 e PI6385.
Construção de rede social; confiança, reciprocidade e desenvolvimento de cooperação	N/A	N/A	N/A
Capacitação do setor de baixa renda para agilizar e expressar as demandas	31	Quali/ quanti	A capacitação da população de baixa renda pode ser vista sob diversas óticas no Iris. Pode se tratar de um negócio com objetivo de acesso à educação (OD6247) cuja maior parte dos clientes são pobres ou muito pobres (PI9835, PI3193 e outros dez indicadores), ou então um negócio que inclui essa população e insere na cadeia produtiva (OI4229, OI7877 e outros dez indicadores), ou ainda pode oferecer treinamento na entrega de seus produtos (seis indicadores).
Associação de interesses individuais	N/A	N/A	N/A

Quadro 3 – Comparação entre as métricas de impacto... (continuação)

Indicadores sugeridos por Portocarrero e Delgado	Indicadores sugeridos pelo Iris		
	Indicadores	Tipo	Descrição
Desenvolvimento de capital social			
Construção de um sentimento de pertencimento a uma comunidade	N/A	N/A	N/A
Maior disponibilidade de recursos próprios e de terceiros por meio de contatos e interações	N/A	N/A	N/A
Melhoramento da auto-estima	N/A	N/A	N/A
Ligar grupos sociais dispersos a administrações, empresas, novos mercados ou clientes locais	8	Quantitativo	Métricas que permitem indicar a origem dos fornecedores incluidos na cadeia produtiva separando-os por populações de zona rual, urbana, minorias, mulheres e pequenos produtores. Métricas: PI5350, PI1728, PI9261, PI6179, PI2566, PI9991, PI1492 e PI7852.

CAPÍTULO 11

MAPEAMENTO DOS NEGÓCIOS COM IMPACTO SOCIAL NO BRASIL

Luciana Aguiar
Vivianne Naigeborin

Afinal, como se encontra o campo dos negócios com impacto social no Brasil? O que se pode falar sobre os empreendimentos e as instituições que propõem criar um ecossistema de negócios com impacto positivo na sociedade? Este capítulo traz as principais características dos atores em atividade no país. Mostra também os avanços e desafios enfrentados pelos negócios com impacto social em sua fase de consolidação e crescimento e as oportunidades para aqueles que desejam contribuir para a construção desse novo campo.

Introdução

Identificar iniciativas e oportunidades existentes no setor de negócios com impacto social é uma tarefa necessária e, ao mesmo tempo, desafiadora. Sobretudo quando se trata de mapear uma nova área em um país diverso e de dimensões continentais como o Brasil. Assim como para os antigos navegantes os mapas serviram como suporte fundamental para estabelecer coordenadas e criar uma visão sistêmica do mundo, o registro dos negócios com impacto social permite traçar as particularidades e as fronteiras de um novo campo de negócios que se configura no Brasil.

Este capítulo objetiva delinear o cenário atual do setor de negócios com impacto social. Mesmo cientes do dinamismo inerente a uma indústria inovadora e em processo de criação, esse retrato torna-se necessário para criar referências comuns sobre o tema. Longe de querer englobar a totalidade e a complexidade desse novo campo, a proposta é registrar esse momento peculiar em que diferentes organizações se mobilizam para fomentar e consolidar um ecossistema de novos negócios que têm a intenção de produzir um impacto social positivo sobre a sociedade brasileira.

Os dados apresentados neste capítulo são o resultado do primeiro Mapeamento de Negócios com Impacto Social no Brasil, realizado no início de 2011, numa iniciativa conjunta da Fundação Avina, Potencia Ventures e Polo Ande Brasil.[1] Elaborado e implementado pela consultoria Plano CDE[2], o estudo visou criar um marco zero sobre o tema, identificar seus articuladores e, a partir do olhar de seus principais atores, gerar informações que possam contribuir para a consolidação e ampliação desse novo campo.

1 Gostaríamos de expressar nossos agradecimentos a essas instituições por autorizarem a publicação dos dados apresentados neste capítulo.

2 Vale destacar a contribuição valiosa de Renata Bourroul no levantamento das informações.

A identificação de atores em um campo que se fortalece leva necessariamente à difícil tarefa de definir parâmetros e critérios classificatórios a serem adotados. Afinal, o que define, ou não, um negócio com impacto social? Esse assunto, amplamente discutido no capítulo 2, também surgiu quando da definição do escopo da pesquisa, e foi uma das questões feitas aos entrevistados, na fase inicial da pesquisa.[3]

Mais do que um desafio de definir os critérios classificatórios da pesquisa, essa questão ilumina um ponto central do tema "negócios com impacto social hoje no Brasil", evidenciando o caráter pioneiro, que, como tal, requer um alinhamento entre os atores. É consenso entre os especialistas do campo que há dificuldade para definir os novos modelos de negócio, o que aponta para a necessidade de construir um léxico, estruturar essa terminologia e encontrar uma linguagem comum, como afirma Claudio Boechat.[4] Enfim, até mesmo para poder falar e pesquisar sobre o tema, é preciso, antes, fazer um trabalho de esclarecimento e construção de parâmetros comuns.

Mesmo diante de tais dificuldades, o universo dos negócios com impacto social é vivido na prática por esses atores e é a partir deles que surgem as primeiras informações sobre as características desse novo campo.

A seguir, serão abordadas as conclusões relacionadas aos negócios e ao perfil dos empreendedores. Depois trataremos da perspectiva dos desenvolvedores[5] e investidores que apoiam negócios com impacto social: localização, constituição, foco de atuação, critérios utilizados para selecionar negócios, formas como os apoiam, recursos que investem e peso atribuído ao impacto social.

---

3 Foram entrevistados sobre o tema, na fase inicial do estudo, especialistas que atuam em instituições de pesquisa e ensino. Esses pesquisadores serviram como interlocutores importantes para delinear o escopo do mapeamento, entre eles os professores Ademar Bueno e Edgard Barki, da FGV-SP; Graziella Comini, do Ceats/FEA-USP; Claudio Boechat e Heiko Spitzeck, da Fundação Dom Cabral; Thiago de Carvalho, do Insper; Armindo Teodósio, da PUC-MG; Daniel G. Correa, do Sesc-SP; e Maria Celina Berardinelli Arraes, do Pnud.

4 Entrevista gentilmente concedida pelo professor Claudio Boechat, da Fundação Dom Cabral, à consultoria Plano CDE.

5 O termo "desenvolvedores" refere-se às instituições (incubadoras, aceleradoras e OSCs) que proporcionam uma ambiência para o negócio com impacto social crescer, oferecendo, de forma regular e por um período definido, um portfólio variado de serviços ao empreendedor e ao seu negócio. Essas instituições podem atuar em diferentes estágios, que vão desde a criação e o amadurecimento do negócio até a sua expansão.

Negócios com impacto social

O mapeamento identificou grande diversidade de negócios com impacto social.[6] Porém, o estudo se aprofundou nos empreendimentos que possuíam um modelo de negócio definido, tinham autossuficiência financeira atingida, ou como meta, e apresentavam potencial de crescimento e replicação. Todos os negócios tinham o impacto social como parte importante da estratégia, seja pela oferta de produtos e serviços para a base da pirâmide, seja pela inclusão de pessoas de baixa renda na sua cadeia produtiva.[7]

O estudo mostrou que os negócios estão distribuídos de acordo com a população[8]: 50% na região Sudeste (42% em São Paulo) e 26% no Nordeste. A região Sul responde por 14% do total, e Norte e Centro-Oeste, por 6% e 4%, respectivamente. A amplitude de atuação desses negócios foi algo que despertou muita atenção. Apesar do pequeno porte e do curto tempo de existência, 50% declararam atuar em várias regiões do país e 22%, ter alcance internacional. Ao que parece, esses empreendimentos definem as estratégias com base nas oportunidades que se apresentam e

---

6 O mapeamento foi feito em duas fases. A primeira utilizou uma metodologia qualitativa com aplicação da técnica de *snow ball*. Ela consistiu em uma primeira sondagem com formadores de opinião, isto é, pessoas e entidades que apoiam, investem, divulgam e estudam negócios com impacto social, os quais indicaram as principais iniciativas existentes nesse setor, e assim sucessivamente, para que fosse identificado o maior número possível de referências. Com base nessas indicações, foram conduzidas entrevistas em profundidade com um espectro variado de interlocutores envolvidos no fortalecimento desse campo, que incluiu acadêmicos, profissionais de mídia, diretores de OSCs, empreendedores, consultores, investidores e representantes do setor público, de organizações setoriais e de entidades internacionais. As entrevistas resultaram em duas listagens: uma, composta por 140 nomes de negócios que ofertam produtos e serviços com o fim de lucro, e outra, com cerca de 650 iniciativas de geração de renda e economia solidária, cujo lucro é revertido exclusivamente para os próprios beneficiados. Também foram mapeados 135 desenvolvedores de negócios com impacto social. Na segunda fase do mapeamento, foram selecionados e entrevistados 50 negócios com impacto social, 40 desenvolvedores (incubadoras e aceleradoras) e 14 investidores em todo o Brasil, totalizando 104 entrevistas em profundidade

7 O critério adotado para selecionar os negócios entrevistados em profundidade considerou apenas micro e pequenas empresas com faturamento de até 16 milhões de reais, segundo critério do BNDES. Segundo esse critério, também foram considerados negócios que não dependem majoritariamente de doações.

8 Os dados quantitativos apresentados a seguir foram coletados na segunda fase do mapeamento e retratam os cinquenta negócios investigados em profundidade, conforme mencionado na nota anterior.

não necessariamente segundo a visão de uma atuação voltada para atender às necessidades locais.

Uma breve análise do perfil dos empreendedores fundadores desses negócios revelou que oito em cada dez têm nível superior ou pós-graduação e 78% deles já abriram um ou mais negócios anteriormente. Sem dúvida, trata-se de um perfil qualificado. Cabe, porém, indagar se esses empreendedores têm experiência em atuar na base da pirâmide e, caso contrário, de que forma pretendem buscar esse conhecimento para o negócio. Para os empreendedores que não possuem experiência com esse mercado, a estratégia de incluir o público da base da pirâmide na cadeia de valor pode ser uma forma de trazer esse saber específico para dentro do negócio, criando maior alinhamento e adequação do modelo à realidade dos segmentos mais pobres da população.

Dois terços dos entrevistados declararam ter desenvolvido o modelo de negócio por conta própria, mas um terço deles afirmaram ter obtido apoio principalmente de universidades ou buscado inspiração em modelos internacionais. Esse fato demonstra a capacidade desses empreendedores não só de adaptar e replicar modelos bem-sucedidos no exterior para a realidade brasileira, mas também a habilidade de desenvolver tecnologias próprias para viabilizar produtos ou serviços. Nesse cenário, abrem-se oportunidades tanto para parcerias com agências nacionais de incentivo à inovação como para investidores estrangeiros interessados que tenham interesse em replicar no Brasil modelos de negócio bem-sucedidos em outros países.

No que se refere à natureza das atividades, 72% dos empreendimentos definiram-se como do setor de serviços, e 28%, de produção e manufatura de produtos. Em relação ao foco de atuação, sobressaíram-se os negócios na área de educação (34%), seguidos de microcrédito e serviços financeiros (24%), cultura (24%) e canais de distribuição (18%). É interessante observar que os setores que se destacam aqui coincidem com aqueles que predominam no setor social tradicional.

Ao analisar os tipos de produto e serviço oferecidos, chamou a atenção o baixo número de negócios que atuavam em áreas estruturais como habitação (6%) e saúde (4%), consideradas críticas para garantir a melhoria da qualidade de vida das pessoas de baixa renda. Caberia aqui uma análise mais aprofundada para compreender por que isso ocorre e como podemos superar os obstáculos para estimular mais empreendedores a criar mais negócios nessas áreas. O mesmo fenômeno se verificou no setor de produtos e serviços na área de tecnologia (2%), o que reforça o fato de que, assim como sucede com os negócios tradicionais, o setor de negócios com impacto social no Brasil ainda precisa explorar melhor as oportunidades para utilizar a tecnologia a serviço da inclusão social.

Uma boa notícia revelada pelo estudo é que, apesar do curto período de existência – 52% dos negócios surgiram nos últimos cinco a seis anos –, 64% deles declararam que já não dependiam de doações. Ainda sobre sustentabilidade financeira, 86% dos entrevistados afirmaram contar com recursos próprios para financiar as operações do dia a dia, ao passo que 10% recorriam a empréstimos e 4% contavam com doações. Esses dados são animadores para todos aqueles que acompanham com interesse a consolidação e o potencial de crescimento desse campo, pois começam a demonstrar que é possível compatibilizar lucro e impacto social em um modelo economicamente viável.

Em relação à eficiência das ações e ao sucesso do negócio, apenas 46% desses empreendimentos já haviam atingido ou superado o ponto de equilíbrio *(break even point)*, o que demonstra que existem desafios importantes na gestão desses negócios. Por outro lado, esse dado pode apontar que existe uma oportunidade para a atuação de investidores-anjos que ajudem a estruturar e qualificar tais empreendimentos.

Quando indagados sobre o perfil dos clientes, os empreendedores afirmaram vender produtos e serviços principalmente para indivíduos (74%) e pequenas e médias empresas (60%). Pouco menos da metade deles atendia a grandes empresas (48%) e um número ainda menor, as organizações sem fins lucrativos (26%), mas apenas 18% tinham o governo como comprador dos produtos/serviços, reforçando uma percepção comum a muitos que atuam nesse campo de que ainda é preciso desenvolver a relação entre negócios com impacto social e programas governamentais voltados para as populações de baixa renda.

O fato de 96% dos negócios já terem nascido com a intenção de produzir um impacto positivo na sociedade causou surpresa. Em relação à forma como os negócios geravam impacto social, 86% dos entrevistados disseram que eles possibilitavam o acesso a produtos e serviços, e 82%, que o impacto se dava pelo ingresso de pessoas da base da pirâmide na cadeia de valor, como fornecedores, distribuidores ou donos do próprio negócio. Como se pode ver, pela sobreposição dos resultados, 68% dos negócios geravam impacto por meio das duas estratégias simultaneamente.

Essas informações reforçam a ideia de que as pequenas e microempresas podem ter papel importante na inserção da população de baixa renda na cadeia produtiva. Essa habilidade indica o potencial dos negócios de gerar impacto social significativo, na medida em que propõem soluções que vão além da inserção social unicamente por meio do consumo.

Esse resultado parece também confirmar a hipótese levantada pelo estudo realizado pela SEKN com iniciativas da América Latina[9] que aponta para a vocação das pequenas e médias empresas, bem como das organizações da sociedade civil sem fins lucrativos (OSCs), na inserção do público da base da pirâmide na cadeia de valor das grandes empresas, ampliando o seu impacto social (mais detalhes sobre esse estudo estão descritos no capítulo 2).

Ainda em relação ao impacto social gerado, os negócios pesquisados afirmaram atender principalmente ao público com renda de até cinco salários mínimos, com maior ênfase na faixa de renda de até dois salários. Isso evidencia que os negócios estão mais direcionados ao público de menor renda, pertencente às classes D e E.[10] Foi interessante observar o fato de o público da classe C[11] apresentar participação menor, principalmente se considerarmos a atenção dada pelas empresas em geral para esse segmento da população.

Figura1 – Público-alvo dos negócios com impacto social no Brasil

Grupos demográficos resposta múltipla	
População em geral	70%
Mulheres	38%
Crianças e adolescentes	30%
Deficientes	16%
Minorias/grupos marginais/ excluídos	16%
Índice de multiplicidade	1.76

Grupos socioeconômicos resposta múltipla	
Até meio salário mínimo	60%
De meio a 2 salários mínimos	72%
De 2 a 5 salários mínimos	38%
De 5 a 10 salários mínimos	24%
Mais de 10 salários mínimos	16%
Não sabe	2%
Índice de multiplicidade	2.12

Como se sabe, uma das premissas do negócio com impacto social é criar um modelo de baixo custo que propicie oferecer serviços e produtos acessíveis e de qualidade a maior número de pessoas. Em relação aos custos, os empreendedores declararam utilizar diferentes estratégias para se manterem

9 Estudo realizado pelo Social Enterprise Knowledge Network (SEKN) entre 2006 e 2009, que analisa 33 iniciativas na América Latina.

10 Com renda familiar de 0 a 4 salários mínimos.

11 Com renda familiar de 5 a 10 salários mínimos.

competitivos: 40% investiam em condições de pagamento, 32% procuravam baratear custos de produção, 30% tentavam reduzir custos com base na produção em escala e 26% utilizavam canais diferenciados de distribuição. Essas estratégias se mostram imprescindíveis, pois se não pudessem vender seus produtos e serviços, 49% dos clientes os encontrariam apenas em locais mais caros e 22% não teriam acesso a eles. Por outro lado, as estratégias utilizadas para alcançar a base da pirâmide socioeconômica demonstraram ser bastante tradicionais, não envolvendo necessariamente a criação de um modelo de negócio disruptivo.

Um dado surpreendente: apesar de terem como principal objetivo produzir impacto social, apenas metade dos entrevistados afirmaram coletar dados sobre o impacto gerado e, quando o faziam, utilizavam metodologias próprias. Embora se note um esforço em avaliar o impacto social dos empreendimentos, fica evidente que a mensuração é uma dimensão que ainda precisa ser padronizada entre os atores. Sua relevância se torna ainda maior ao considerarmos que o impacto social é um elemento fundamental e diferenciador desse campo.

Em relação à expectativa de crescimento financeiro nos próximos três anos, 56% dos empreendedores declararam esperar levantar até 5 milhões de reais em investimento, grande parte na forma de participação na empresa (*equity*) e, em menor proporção, por meio de doações ou empréstimos.

Do lado dos investidores, o volume total disponível para investimento por negócio variava, mas se concentrava, sobretudo, na faixa de 1 a 2 milhões de reais. Já o valor médio por investimento ficava entre 100 mil reais e 5 milhões de reais, dependendo do estágio da empresa (*start-ups*, consolidação ou expansão).

Como se pode notar, a expectativa do empreendedor em relação ao aporte de investimento esperado sobre o negócio mostrou-se maior do que aquela declarada pelos investidores. Apesar disso, os valores declarados pelos investidores confirmam a percepção de que existe, sim, capital disponível a ser investido em bons modelos, como veremos quando analisarmos os resultados do mapeamento em relação aos investidores.

Desenvolvedores

A maior parte dos desenvolvedores (77,5%) foi fundada após o Plano Real, com a estabilização da economia. Juridicamente, 65% dos entrevistados declararam estar estruturados como organizações da sociedade civil, 15% como empresas privadas, e 10%, como fundações. Metade deles atuavam como aceleradoras, um quarto como incubadoras de negócios, e um quarto como organizações não governamentais.[12]

Havia maior concentração de desenvolvedores na região Sudeste, que contava com 35% das incubadoras e 79% das aceleradoras. O Nordeste era a segunda região com maior concentração e contava respectivamente com 28% e 17% das incubadoras e aceleradoras. Um dado importante foi a baixa presença de desenvolvedores na região Norte, onde há uma expressiva concentração de pessoas pertencentes às classes D e E. Os dados de distribuição e localização dos desenvolvedores indicam claramente a necessidade de ampliar a área de atuação tanto das incubadoras como das aceleradoras para outras regiões do país, já que cada uma delas possui realidades distintas e demandas específicas.

Cinquenta por cento dos desenvolvedores afirmaram depender de captação de recursos de fontes externas de financiamentos e apenas 18% afirmou dispor de fontes de recursos estáveis, o que aponta para a necessidade de os investidores também considerarem incubadoras e aceleradoras, e não somente os negócios, como foco do investimento, especialmente se o interesse consistir no desenvolvimento de um ecossistema de fomento a negócios.

Em relação ao ano de 2009, 70% dos desenvolvedores declararam ter dado suporte a empresas e/ou organizações que atuavam na base da pirâmide. Porém, o mapeamento identificou somente uma aceleradora no Brasil exclusivamente focada no desenvolvimento de negócios que servem à renda baixa, o que indica uma oportunidade interessante para o segmento dos desenvolvedores, tendo em vista o forte investimento tanto do setor público quanto do privado no fomento a negócios direcionados às necessidades da nova classe média emergente e dos segmentos mais pobres da população.

O suporte oferecido pelos desenvolvedores se dá principalmente por meio de cursos, palestras e treinamentos. No portfólio de serviços dos entrevistados também foram encontrados serviços de orientação e consultoria estratégica e em gestão, ampliação de contatos e suporte tecnológico. Na média, cada desenvolvedor oferecia mais de seis tipos de serviços. Cinquenta e oito por cento declararam não cobrar os serviços oferecidos, e 40% afirmaram mesclar a oferta de serviços pagos e gratuitos. Apenas 2% dos desenvolvedores asseguraram cobrar todos os serviços oferecidos.

12 Informações também publicadas por Rob Parkinson, então coordenador do Polo Ande Brasil, em artigo de dezembro de 2011 para o NextBillion Brasil. PARKINSON, R. *Desenvolvedores e investidores, pela ótica do mapeamento dos NS/NI no Brasil.* Disponível em: <http://brasil.nextbillion.net/blog/2011/12/07/desenvolvedores-investidores-pela-tica-mapeamento-nsni-brasil>. Acesso em: 7 ago. 2013.

Os desenvolvedores mapeados não seguiam um padrão formal no que diz respeito ao tipo e duração do vínculo que estabeleciam com os empreendimentos apoiados. Cinquenta por cento dos entrevistados informaram não ter tempo predeterminado de apoio aos negócios. Isso se aplicava tanto para os negócios com os quais havia vínculo formal quanto para aqueles com vínculo informal. Em geral, após o tempo de vigência da incubação ou aceleração, a maioria procurava manter contato com os empreendimentos apoiados, mas sem padrões predefinidos.

Figura 2 – Os desenvolvedores e seu efeito sobre os negócios com impacto social apoiados

Quantos empreendimentos ajudaram a desenvolver nos últimos três anos*		Destes, quantos estão autossuficientes*		Destes, quantos sobreviveram após um ano de emancipação*	
Até 10	30%	0	17%	0	28%
De 11 a 50	28%	De 1 a 10	35%	De 1 a 10	25%
De 51 a 150	22%	De 11 a 50	22%	De 11 a 50	30%
Acima de 150	18%	Acima de 50	13%	Acima de 50	10%
Não sabe	2%	Não sabe	13%	Não sabe	17%
Média	252	**Média**	140	**Média**	98

56% (252 → 140) **70%** (140 → 98)

Em relação ao impacto social, três quartos afirmaram pesquisar e coletar dados de impacto social relativos aos empreendimentos que apoiavam, número maior do que o verificado na amostra de negócios. Entre aqueles que o faziam, as metodologias adotadas por eles variavam desde a pesquisa direta com os empreendedores até avaliações periódicas. Assim como sucedia com os negócios, observou-se que entre os desenvolvedores não existia uma metodologia-padrão para avaliar o impacto social dos empreendimentos. Nesse caso, a ausência de instrumentos de mensuração de impacto tem um peso ainda maior, considerando que o principal serviço prestado por essas instituições consiste em orientar e assessorar negócios que visam gerar benefício social. Soma-se a isso a centralidade inerente a essas instituições no processo de construção do campo dos negócios com impacto social no Brasil.

Investidores

O universo atual dos investidores no Brasil ainda é pequeno e encontra-se em fase de experimentação.[13] No estudo realizado, foram identificados investidores com as mais diversas constituições jurídicas: associações civis, organizações internacionais e multilaterais, fundações e empresas públicas e privadas. A maioria dos entrevistados asseveraram que os recursos para investimento eram de origem nacional, e um número menor investia recursos mistos ou internacionais.[14] Mais informações sobre a forma de atuação e sobre o foco de interesse desses investidores se encontram no capítulo 7, que trata das fontes de investimento.

Os investidores pesquisados declararam oferecer diferentes tipos de investimento: doações (investimento a fundo perdido), empréstimos ou oferta de participação (capital semente ou *venture capital*). Embora não tenham mencionado um número-limite de empreendimentos nos quais estavam dispostos a investir, 50% deles afirmaram pretender destinar todo o capital disponível para investimento em negócios que beneficiassem as camadas mais pobres da população. Em geral, os empreendimentos nos quais investiam eram também apoiados por outras instituições. O coinvestimento com outros atores, ainda que não fosse regra geral, demonstrou que os investidores estão abertos a fazer parcerias aptas a viabilizar o acesso a boas oportunidades de negócio.

Investidores e desenvolvedores pareceram atuar de maneira similar no que diz respeito à prospecção das iniciativas a serem apoiadas, pois ambos afirmaram valorizar principalmente o potencial de impacto do negócio e o perfil do empreendedor. Investidores apontaram, entre as características mais difíceis de encontrar nos negócios avaliados, um modelo de negócio bem estruturado e uma equipe de gestão consolidada.

Assim como no caso dos desenvolvedores, observou-se uma preferência pelo investimento em negócios da área de educação. Por outro lado, os investidores pareceram dar mais atenção aos negócios que operassem na solução de problemas estruturais do país, em áreas como agricultura, tecnologias de informação e comunicação, serviços financeiros, energia e saúde, ao passo que os desenvolvedores afirmaram focar em áreas que catalisassem

13 No estudo, foram identificados apenas catorze investidores que buscavam proativamente negócios com impacto social.

14 Oito entrevistados afirmaram que seus recursos para investimento eram de origem nacional, quatro investiam recursos mistos e dois investiam recursos internacionais.

iniciativas já existentes e que fomentassem habilidades da população da base da pirâmide em setores como artesanato, meio ambiente, cultura e agricultura. O apoio a negócios de tecnologia e saúde para a baixa renda ocupou posição de menor destaque quando comparado a outros setores.

Conclusões

Em síntese, o setor dos negócios com impacto social no Brasil ainda é um campo em fase seminal. Boa parte das iniciativas atua em várias frentes e, por isso, não se encaixa em um conceito predefinido. Nem mesmo a forma ou estatuto jurídico da empresa/organização define o *driver* da iniciativa para se tornar ou não um negócio com impacto social. Se, por um lado, esse fato traz maior complexidade ao campo, por outro, oferece enorme oportunidade para o surgimento de novos formatos e modelos. Mesmo recentes e ainda em fase de consolidação e crescimento, esses negócios já cobrem ampla área geográfica e orientam sua atuação para as oportunidades que se apresentam.

Existe ainda grande concentração de negócios com impacto social que atuam com microcrédito, turismo, artesanato e produção agrícola e extrativista, o que nos leva a inferir que grande parte das iniciativas existentes, com exceção do microcrédito, surge de habilidades e oportunidades que estão ao alcance da mão do público da base da pirâmide.

Poucas ainda são as iniciativas que operam em áreas que causam impacto estrutural na base da pirâmide, como saúde, habitação e tecnologia. Uma das hipóteses para explicar esse fenômeno é o fato de esses segmentos demandarem maior capacidade de inovação, volumes maiores de investimento de capital e empreendedores e equipes com conhecimento especializado. Aqui, portanto, há espaço para investidores e desenvolvedores que queiram investir recursos e conhecimento para ajudar a criar *start-ups* inovadoras nesses segmentos. Aliás, a inovação nos modelos de negócio é ainda um desafio a ser superado, pois esses empreendimentos utilizam estratégias tradicionais para atender à base de pirâmide, apesar de terem potencial para propor soluções que podem ir além da precificação mais acessível e distribuição diferenciada dos produtos e serviços. Vale lembrar que modelos comerciais disruptivos são componentes-chave para enfrentar os problemas relacionados à pobreza, especialmente quando capazes de conciliar retorno financeiro com impacto social positivo.[15]

15 CHU, M. El sector privado y las responsabilidades públicas: el rol de las soluciones comerciales en la temática social. In: *Negocios inclusivos y empleo en la*

Esses negócios podem também ampliar o impacto social indo além da proposta de acesso a produtos e serviços ou geração de emprego e renda. Mais do que inserir esse público na cadeia de produção pela inclusão de trabalhadores informais, migrantes, mulheres e segmentos de maior vulnerabilidade, há espaço para atuar em setores relacionados à inclusão social e à melhoria da qualidade de vida desse público em sentido mais amplo.

Parece existir tanto entre os empreendedores quanto entre os desenvolvedores uma polarização na forma de estabelecer parcerias, principalmente naqueles estruturados como organizações da sociedade civil. Algumas tendem a se aproximar mais do setor público, ao passo que outras se voltam mais para o privado.

O mapeamento constatou que há negócios com impacto social interessantes florescendo nessas organizações, como foi abordado no capítulo 5. Algumas, porém, ainda se mostram reticentes e resistem a receber investimentos e apoio por não concordarem com a adoção de algumas práticas, como prazos curtos para retorno do capital investido, modelos de gestão hierárquicos ou obrigatoriedade de criar negócios que cresçam de forma acelerada. Pelo exposto, pode-se dizer que existe oportunidade para desenvolvedores e investidores atuarem no incentivo a novos formatos de parceria entre organizações da sociedade civil e empresas para cocriação de negócios inovadores, atribuindo a cada um deles o papel que lhes cabe no desenvolvimento desses modelos, e, acima de tudo, respeitando os respectivos princípios, valores e vocações.

Há também uma oportunidade a ser mais explorada, que é o setor público transformar-se num comprador de maior peso dos produtos e serviços ofertados por negócios com impacto social. Essa relação de parceria pode solucionar gargalos na oferta de serviços a que os governos têm dificuldade de atender, seja pelo excesso de demanda, seja por falta de estrutura ou de vocação.

Desenvolvedores e investidores dispostos a apoiar o setor de negócios com impacto social e nele investir demonstraram ter critérios claros para selecionar os empreendimentos a serem apoiados. O perfil do empreendedor e o impacto do negócio foram considerados fundamentais. Porém, encontrar empreendimentos com um modelo de negócio estruturado ainda é um desafio a ser trabalhado tanto pelos empreendedores quanto pelos seus apoiadores.

---

base de la piramide. Estudios internacionales. Madrid: Universidad Complutense de Madrid, 2011.

Entre os desenvolvedores, apesar da complexidade da oferta dos serviços e da diversidade de setores em que atuam, ainda é preciso ampliar geograficamente sua atuação e desenvolver indicadores e métricas comuns para a mensuração de impacto dos negócios que apoiam.

Há abertura de diferentes atores para apoiar e mesmo coinvestir em negócios com impacto social. A presença de espectro variado de instituições envolvidas no fomento a esse novo setor, e também de fundos de investimento com foco exclusivo nesses negócios, assinala que está em curso um movimento capaz de ampliar a forma de fazer negócios no país, criando novos modelos e contribuindo para o fortalecimento do campo dos negócios com impacto social em diferentes dimensões.

OS AUTORES

Antonio Ermírio de Moraes Neto é bacharel em Administração Pública pela FGV, com estudos pelo Babson College, Universidade de Berkeley, nos EUA. Sócio e cofundador de empresas de investimento de impacto como Vox Capital e o fundo GDI do Grupo Votorantim. É membro do Global Agenda Council do Fórum Econômico Mundial.

Daniel Izzo é cofundador e diretor executivo da Vox Capital, primeira empresa de investimentos de impacto do Brasil. Anteriormente, Daniel trabalhou por 12 anos nas áreas de marketing e novos negócios na Johnson & Johnson Brasil e no Submarino. Possui MBA com *high distinction* pela HEC Montreal e é graduado em Administração de Empresas pela FGV-EAESP. É membro do conselho de diversas empresas e World Young Leader pela BMW Foundation.

Edgard Barki é doutor e mestre em Administração de Empresas pela FGV-EAESP, instituição na qual leciona e coordena o Mestrado Profissional de Gestão Internacional e o Programa de Sustentabilidade e Base da Pirâmide do Centro de Excelência em Varejo. Autor de diversos artigos em revistas nacionais e internacionais nas áreas de negócios com impacto social e base da pirâmide e co-organizador do livro *Varejo para a baixa renda*.

Eduardo Diniz é engenheiro eletrônico pela EESC-USP, mestre e doutor em Administração de Empresas pela EAESP-FGV. Professor visitante na University of California, Berkeley (1996-1998), e na HEC Montreal (2007). Professor da FGV-EAESP desde 1999, membro do Centro de Estudos em Microfinanças da FGV, e da comissão de especialistas do Centro de Estudos sobre o Uso das Tecnologias da Informação e da Comunicação (Cetic.br). Diretor e editor-chefe da RAE, Revista de Administração de Empresas, desde 2009.

Gilberto Ribeiro é sócio da Vox Capital. Exerceu diferentes funções nas áreas de finanças, consultoria e desenvolvimento organizacional. Iniciou carreira na área de Fundos e Programas Sociais da Caixa Econômica Federal e atuou na divisão de consultoria da PricewaterhouseCoopers. Em 2011, coordenou uma das áreas de planejamento e controle da primeira operação de *greenfield* de carvão da mineradora Vale, em Moçambique.

Graziella Maria Comini é economista, com mestrado e doutorado em Administração pela FEA-USP, especialização na Harvard Business School e na Universidade de Bologna. É professora do Departamento de Administração da FEA-USP, coordenadora do Centro de Empreendedorismo Social e Administração do Terceiro Setor (CEATS), representante do Brasil no Social Enterprise Knowledge Network (SEKN) e coordenadora pedagógica do MBA em Negócios Socioambientais do Instituto de Pesquisas Ecológicas e da Artemisia.

Haroldo da Gama Torres é economista, demógrafo, diretor de análise e disseminação da Fundação Seade, pesquisador do Cebrap e sócio da Plano CDE. Tem se dedicado ao tema de avaliação de políticas sociais como transferência de renda, educação, nutrição, habitação, saneamento e desenvolvimento urbano. Colabora regularmente com agências multilaterais, ONGs, e diferentes empresas e órgãos públicos no Brasil.

Lauro Gonzalez é doutor em Economia pela FGV-EAESP e professor de Finanças na mesma instituição. É ainda coordenador do Centro de Estudos em Microfinanças da FGV. Foi professor visitante na Université Paris-Dauphine (Paris IX) e *visiting scholar* na Universidade de Columbia, nos EUA. Seus interesses e principais atividades em pesquisa são ligados aos temas inclusão financeira, microfinanças e desenvolvimento.

Luciana Aguiar é antropóloga com doutorado pela Universidade de Cornell e professora associada da Fundação Dom Cabral. Há 22 anos atua junto ao público da base da pirâmide em pesquisa etnográfica, avaliação de impacto e projetos de responsabilidade social em instituições como BID, CGAP, Unesco, Comunidade Solidária e Sebrae. Sócia fundadora da Plano CDE, empresa de consultoria e pesquisa especializada no público da base da pirâmide. Junto ao setor privado, atuou em projetos nas áreas de inclusão financeira, bens de consumo, varejo e comunicação.

Marcel Fukayama é empreendedor Social, CEO do CDI e cofundador do Sistema B Brasil. Administrador de Empresas com MBA Executivo, é cofundador do CDI, organização pioneira em negócios sociais e primeira Empresa B do país. É membro do conselho da U-Touch.org nos EUA e foi líder da Fundação LIVESTRONG no Brasil.

Nina Valentini é bacharel em Administração Pública pela FGV, onde foi cofundadora do Conexão Social, organização estudantil. Coordenou a filial da Aliança Empreendedora em São Paulo, e é sócia da Dois e Meio, produtora audiovisual focada em produções sobre negócios de impacto. É diretora executiva do Arredondar, movimento social do Varejo para a transformação da cultura de doação no Brasil.

Renato Kiyama é administrador de empresas pela FEA-USP, com estudos em Empreendedorismo pela Babson College (Boston, USA). Desenvolveu pesquisas de campo sobre estratégias de mercado que reduzem a pobreza no Brasil, na Índia e na América Latina. Diretor de Aceleração da Artemisia e consultor em várias organizações (SENAC, Banco Central, FIA e GIFE).

Vivianne Naigeborin é assessora estratégica da Potencia Ventures. Foi diretora internacional da Ashoka Empreendedores Sociais, onde coordenou a publicação de dois livros sobre negócios de impacto - *Empreendimentos sociais sustentáveis* e *Negócios sociais sustentáveis* -, lançados pela Editora Peirópolis. Participou da criação do primeiro MBA de Gestão em Negócios Socioambientais no Brasil. É conselheira da Artemisia, ICE, Instituto Inspirare, Hub SP e membro dos Comitês da Vox Capital e Polo Brasileiro da Aspen Network of Development Entrepreneurs.

Editora **Renata Farhat Borges**
Editora assistente **Lilian Scutti**
Produção gráfica **Carla Arbex**
Assistente editorial **César Eduardo de Carvalho**
Capa e projeto gráfico **Silvia Amstalden**
Editoração eletrônica **Eduardo Musa**
Preparação **Mineo Takatama**
Revisão **Laura Moreira**
Impressão **Yangraf**

Dados Internacionais de Catalogação na Publicação (CIP)
Angélica Ilacqua CRB-8/7057

Negócios com impacto social no Brasil/ Organizado
por Edgard Barki et al. – São Paulo: Peirópolis, 2013.

Vários autores
Bibliografia
ISBN: 978-85-7596-326-5

1. Negócios – aspectos sociais 2. Responsabilidade social – empresas - Brasil I. Barki, Edgard II. Izzo, Daniel III. Torres, Haroldo da Gama IV. Aguiar, Luciana

13-0725 CDD 658.4080981

Índices para catálogo sistemático:
1. Negócios – aspectos sociais

Editado conforme o Acordo Ortográfico
da Língua Portuguesa de 1990.
1ª edição | 1ª reimpressão, 2014

EDITORA
Peirópolis

Editora Peirópolis Ltda.
Rua Girassol, 310 f – Vila Madalena
05433-000 - São Paulo – SP
Tel.: (11) 3816-0699 | Fax: (11) 3816-6718
vendas@editorapeiropolis.com.br
www.editorapeiropolis.com.br

FSC www.fsc.org
MISTO
Papel produzido a partir de fontes responsáveis
FSC® C107224